LA

PLÉIADE FRANÇOISE

Cette collection a été tirée à 248 exemplaires numérotés
et paraphés par l'éditeur.

230 exemplaires sur papier de Hollande.

18 — sur papier de Chine.

ŒVVRES POETIQUES

DE

REMY BELLEAV

Avec une Notice biographique et des Notes

PAR

CH. MARTY-LAVEAUX

TOME PREMIER

PARIS

ALPHONSE LEMERRE, ÉDITEUR

M DCCC LXXVIII

NOTICE BIOGRAPHIQUE

SUR

REMY BELLEAU

ous savons peu de chose sur la vie de Remy Belleau, et nous nous voyons contraint à rechercher presque exclusivement dans ses ouvrages et dans ceux de son ami Ronsard, les rares éléments de sa trop courte biographie
Né à Nogent-le-Rotrou, il a célébré cette ville dans les vers suivants :

>   *O terre, en qui i'ay pris naiſſance*
>   *Terre, qui ma premiere enfance*
>   *Alaittas de ton cher tetin,*
>   *Mais helas qui ne me fus guere*
>   *Ny mere nourrice, ny mere,*
>   *Me trainant ailleurs le deſtin.*
>
>   *Toutesfois ie m'eſtime encore*
>   *Heureux, que mon labeur t'honore,*
>   *En te rendant comme ie puis,*

> *Par vne fi baſſe eſcriture,*
> *Le paiment de la nourriture*
> *Qu'autrefois dedans toy i'ay pris*[1].

Ailleurs il se rappelle, non sans plaisir, ni même sans émotion, la chétive source voisine de sa demeure natale, son « petit Ronne argentin[2] ».

Rien dans les Œuvres de Belleau ne peut nous faire connaître l'année de sa naissance. Ses biographes la placent en 1527[3], et comme les archives de sa ville natale, détruites ou dispersées, ne remontent qu'à 1570[4], il est impossible de vérifier cette date.

De la Porte, dans ses *Épithètes*, qualifie notre poëte de « gentilhomme », mais nous n'avons aucune preuve qu'il ait eu un droit officiel à ce titre, décerné quelquefois assez légèrement par de bienveillants amis à ceux qui faisaient bonne figure dans le monde, surtout lorsqu'ils avaient porté les armes avec honneur.

Nous manquons également de renseignements sur l'éducation de Belleau; nous ne pouvons l'apprécier que par les fruits qu'elle a produits et par l'excellente réputation qu'elle lui a procurée. Entre tant de poëtes érudits, il fut, à juste titre, considéré comme un des plus doctes.

> *Tu t'abuſes, Belleau, fi pour eſtre ſçauant,*
> *Sçauant & vertueux, tu penſes qu'on te priſe :*

lui a dit du Bellay[5], dans un accès de misanthropie; et cette flatteuse appréciation est complétement d'accord avec l'opinion générale.

Le caractère sérieux de Belleau ne l'empêchait pas de prendre part aux joyeux divertissements de ses amis.

Nous avons vu dans la biographie de Jodelle[6] que « les

---

1. Voyez, pour le reste de la pièce, l'*Appendice*, à la fin du t. II.
2. T. I, p. 61.
3. « Remy Belleau mourut à Paris le feptieme iour de mars 1577, âgé de cinquante ans. » (*La Vie de Remy Belleau*, par Guillaume Colletet. *Œuvres de Belleau*, édit. de M. Gouverneur, t. I, p. xxij.)
4. *Œuvres de Belleau*, édit. de M. Gouverneur, t. I, p. xxxiij.
5. *Œuvres de Ioachim du Bellay*, t. II, p. 235.
6. P. xiij.

principaux roulets » de ses pièces furent joués par Jean de la Péruse et Belleau, et que ce dernier se trouvait à côté de Baïf pendant la fête quelque peu païenne organisée en l'honneur du poëte tragique[1]. Partout du reste où allait Ronsard on était sûr de trouver Belleau. Ils étaient inséparables, ou plutôt, comme l'a dit d'une façon simple et touchante l'illustre poëte :

... RONSARD & BELLEAV *n'eſtoient qu'vn*[2].

Compagnons de plaisir comme de travail, ils faisaient ensemble de longues excursions dans les environs de Paris, des promenades sur l'eau, des parties de bain. D'ordinaire Ronsard confiait à son ami ses amours véritables ou poétiques ; souvent il l'emmenait dans ses visites galantes ; parfois aussi il le priait sans façon de le laisser s'y rendre seul :

Ne me fuy point, Belleau, allant à la maiſon
De celle qui me tient en douleur nompareille.
. . . .
. . . .
Pour ton profit, Belleau, que ton regard ne voye
Celle qui par les yeux la playe au cœur m'enuoye
De peur qu'il ne reçoiue vn mal au mien pareil.
Il ſuffit que ſans toy ie ſois ſeul miſerable :
Reſte ſain, ie te pri', pour eſtre ſecourable
A ma douleur extreme & m'y donner conſeil[3].

Il est piquant de voir Belleau expliquer ainsi, dans son commentaire sur le second livre de Ronsard, ce passage déjà si clair par lui-même : « Il me prie de ne l'accompagner lors qu'il va voir ſa Maiſtreſſe, à fin que reſtant ſain, ie le puiſſe conſoler, & que le tiers ne ſert bien ſouuent que de rompre l'entrepriſe. »

Quoique assez sobre, Ronsard fait, à l'occasion, de fréquentes libations en l'honneur de ses maîtresses, et s'efforce mais vainement, de décider son compagnon à l'imiter :

---

1. P. xxj.
2. *Élégie XX*. A Remy Belleau, excellent Poëte François. *Œuvres*, p. 420. Paris, Buon, M. DC. XXIII.
3. *Amours*, liv. II, LIV, p. 175.

> *Soit que m'amie ait nom ou Caſſandre ou Marie,*
> *Neuf fois ie m'en vay boire aux lettres de ſon nom*
> *Et toy ſi de ta belle & ieune Magdelon,*
> *Belleau, l'amour te poind, ie te pri'ne l'oublie* [1].

Belleau, qui, plus discret que Ronsard, n'avait jamais laissé échapper le nom de Magdelon, a grand soin de n'éclaircir par aucune note les vers que nous venons de citer. Dans une pièce intitulée : *Election de ſa demeure*, il sacrifie à l'une de ses maîtresses, le séjour de la campagne. Est-ce à Madelon ? Il est impossible de le savoir sûrement, car le poëte se contente de nous apprendre, que d'une aiguille mignonne :

> *Deſſus la gaʒe elle façonne*
> . . . .
> *Les douʒe lettres de ſon nom* [2].

Toutefois, comme il y a peu de noms de douze lettres, il est permis de supposer que l'amante de Belleau brodait à la suite de son prénom de Madelon ou de Madeleine un court nom de famille, qui, bien probablement, commençait par une M. Ce qui nous le fait supposer, c'est que, dans l'édition des *Odes d'Anacréon* de 1574, une rédaction entièrement différente du sonnet commençant par :

> *Depuis que ie baiſé ta bouche vermeillette,*

porte en titre : A M. M. [3] c'est-à-dire, suivant toute apparence : à Madeleine M.

Quant aux vers *ſur la maladie de ſa maiſtreſſe*, ils ne peuvent s'appliquer à la même personne. Il y est question d'une Catherine, que, conformément au goût des élégantes de ce temps, il désigne par le diminutif Catin, alors fort à la mode, et que, dans sa *Bergerie*, il appelle aussi Catelon.

Faut-il prendre au sérieux la *Complainte ſur la mort d'vne maiſtreſſe* et déplorer le trépas de Catin ? Nous ne le croyons pas. La pièce, trop spirituellement triste, ne porte aucune trace de véritable émotion, et semble un exercice littéraire, destiné à ne tromper personne.

Quoi qu'il en soit, Catin, morte ou vive, fut remplacée

---

1. *Amours*, liv. II, XI, p. 133.
2. T. I, p. 80 et 81.
3. Voyez à l'*Appendice*.

dans le cœur de Belleau qui, un peu plus loin, nous chante ses amours d'arrière-saison [1].

En 1554, lorsque Henri Estienne publia pour la première fois le texte d'Anacréon, accompagné d'une version latine, Belleau, en sa double qualité d'érudit et de poëte, se passionna pour cette révélation charmante et inattendue du génie grec, et ne désespéra point d'en transporter quelque chose dans notre langue.

Au premier abord les qualités un peu austères de Belleau paraissaient incompatibles avec l'extrême flexibilité de talent nécessaire à la tâche qu'il avait entreprise.

> *Tu es vn trop fec biberon*
> *Pour vn tourneur d'Anacreon,*

lui dit Ronsard en tête d'une *Ode* qu'il lui adresse [2]; « boy donques, » ajoute-t-il; mais il reprend bientôt d'un ton grave :

> *Mais non, ne boy point, mon* BELLEAV,
> *Si tu veux monter au troupeau*
> *Des Mufes, deffus leur montaigne :*
> *Il vaut trop mieux eftudier,*
> *Comme tu fais, que s'allier*
> *De Bacchus & de fa compagne.*

Un autre obstacle plus sérieux retardait le poëte traducteur, l'exiguité de ses ressources. Un Mécène, aujourd'hui oublié, mais dont sa reconnaissance nous a conservé le nom, Chretophle de Choiseul, abbé de Mureaux, après avoir entendu la lecture d'une partie de son travail, lui procura le moyen de rester à Paris, où il lui était plus facile de l'achever. Belleau l'en remercie avec effusion en lui adressant, le 15 août 1556 [3], sa traduction d'Anacréon, a la faveur de laquelle il fit connaître au public dix de ses *Petites Inuentions,* composées dans sa première jeunesse [4].

A la suite de la dédicace à l'abbé de Mureaux, vient, en tête des *Odes d'Anacréon,* une élégie adressée par Ronsard

---

1. T. I, p. 147.
2. *Odes,* liv. III, XXII, p. 422.
3. T. I, p. 323.
4. T. I, p. 4.

au même personnage, avec qui il paraît lié d'une étroite amitié, et qu'il appelle familièrement « mon Choiſeul, mon demy ». C'est dans cette épître que le brevet officiel de septième poëte de la Pléiade est délivré à Belleau :

> ... la France mere a produit pour vn temps
> Comme vne terre graſſe, vne moiſſon d'enfans.
> . . . .
> Maintenant à ſon tour fertile, elle commence
> A s'enfler tout le ſein d'vne belle ſemence
> . . . .
> Te conceuant, Belleau, qui viens en la brigade
> Des bons, pour accomplir la ſeptieme Pleiade.

D'après ce qui précède, il est permis de croire que c'est Ronsard qui a fait connaître Belleau à l'abbé de Mureaux. Il est probable aussi qu'en le présentant au cardinal de Lorraine, il l'a mis pour la première fois en rapport avec les différents membres de cette illustre maison. En effet, dans une épître des plus hardies, le chef de la Pléiade rappelle en ces termes au cardinal les services qu'il lui a rendus :

> Vn chacun ſe taiſant, car on ne ſcauoit lors
> Qui des deux camps auroit les deſtins les plus forts,
> Il réueilla BAIF pour repouſſer l'iniure
> Qu'on vous faiſoit à tort, par ſa docte eſcriture :
> DES-AVTELS & BELLEAV & mille autres eſprits
> Furent par ſon conſeil de vos vertus eſpris ;
> Il n'eſcriuit iamais qu'il n'euſt la bouche pleine
> Des illuſtres vertus de CARLES DE LORRAINE [1].

On voit, par ce curieux morceau, que Ronsard avait enrôlé successivement toute sa brigade au service de la maison de Lorraine. Belleau s'attacha particulièrement à un frère du cardinal, René, marquis d'Elbeuf, général des galères de France, dont il vante l'affabilité, en homme qui l'a éprouvée et qui s'en montre profondément reconnaissant :

> Diray-ie ſes bontez, ſa nature gentile,
> Sa façon compagnable, & ſa grace facile ?

---

1. Le Bocage royal, p. 723.

> *Ses discours bien couplez, son gracieux accueil,*
> *Vne douceur naïfue, & comme d'vn bon œil*
> *Il caressoit courtois les hommes remarquables*
> *Du beau nom de vertu, qui les rend venerables* [1].

En 1557, quand l'expédition de Naples fut résolue, Belleau voulut y prendre part sous la conduite de son protecteur. Ronsard en fut surpris et affligé :

> *Donc, Belleau, tu portes enuie*
> *Aux despouilles de l'Italie*
> *Qu'encores ta main ne tient pas,*
> *Et, t'armant sous le duc de Guise*
> *Tu penses veoir broncher à bas*
> *Les murailles de Naples prise.*
> *I'eusse plustost pensé les courses*
> *Des eaux remonter à leurs sources*
> *Que te veoir changer aux harnois,*
> *Aux piques & aux harquebuses,*
> *Tant de beaux vers que tu auois*
> *Receu de la bouche des Muses* [2].

Insensible à ces représentations, Belleau ne renonça pas a son projet; c'est en témoin oculaire qu'il parle des exploits du marquis d'Elbeuf :

> *ie l'ay veu*
> *Rouge de feu gregeois & de lances à feu,*
> *Poudreux, noir, ensouffré, & couuert de fumee,*
> *Se lancer furieux contre la poupe armee*
> *Combatant pesle-mesle à bouche de canon,*
> *Pour aquerir d'honneur vn immortel renom* [3].

Bien que le poëte ne nous ait rien dit de la part qu'il prit à l'action, nous savons, par un témoignage contemporain irrécusable, qu'elle fut sérieuse et qu'il a « tousiours fidellement & courageusement assisté de sa teste & de sa main, de sa valeur & de ses conseils [4] », son intrépide protecteur.

1. T. II, p. 73 et 74.
2. *Odes retranchées,* 1609, t. II, p. 425.
3. T. II, p. 73.
4. *Éloges de Scévole de Sainte-Marthe,* mis en françois par Guillaume Colletet, 1644, 4º, p. 266.

L'année suivante, en 1558, le roi fit rédiger par écrit les coutumes du Perche « par Meſſieurs le Preſident de Thou [1], Faye & Violle en l'Aſſemblée des Eſtats de la Prouince tenue au chapitre de Nogent par la ſollicitation de feu meſſire Iuuenal des Vrſins, Eueſque de Lantriguier [2] ».

Cette circonstance ramena le poëte dans sa ville natale. « Il y revint, dit M. Gouverneur [3], en compagnie du docte Daurat, son maître, de Nicolas Goulet, Gérard et Nicolas Denizot, ses illustres compatriotes et amis, tous jaloux de célébrer les grandes assises percheronnes, convoquées à Nogent... Ce ne fut pendant leur durée que jeux et réjouissances. On était dans les plus beaux jours de l'année (juillet), l'affluence était nombreuse et choisie, la joie universelle; la foule prenait ses ébats dans les belles prairies où se promènent l'Huisne et le Ronne, prolongeant les plaisirs et les danses jusqu'au milieu de la nuit, et célébrant à l'envi le jeune poëte nogentais. »

Ce fut à cette occasion que Belleau fit, en l'honneur de son pays, l'ode que nous avons eu occasion de citer dès les premières lignes de cette étude.

Dans le cours de cette même année, Charles III de Lorraine, fils du duc de Guise et neveu du marquis d'Elbeuf, protecteur de Belleau, épousait Madame Claude, fille du Roi Henri II. Remy Belleau célébra cet hymen dans un *Epithalame chanté par les nymphes de Seine & de Meuſe* [4].

Un peu plus tard son cher Du Bellay fut ravi à son affection. Il écrivit un *Chant paſtoral* sur la mort de cet ami tendrement chéri, et ce coup funeste le plongea dans un découragement si profond qu'un instant il sembla désespérer du succès de l'œuvre entreprise par la Pléiade :

> *As-tu pas eu la cognoiſſance*
> *D'vne brigade, dont la France*
> *Heureuſe ſe doit eſtimer,*
> *Qui vint, comme à la ſaiſon belle*
> *Les arrondeaux à tire-d'œlle*

---

[1]. Christophe de Thou, père de l'historien.
[2]. *Hiſtoire des pays & conté du Perche & duché d'Alençon*, par M. Gilles Bry, ſieur de la Clergerie. — Paris, Pierre Le-Mur, 1620, 4º, p. 21.
[3]. *Œuvres de Belleau*, t. I, p. xxxiv.
[4]. T. I, p. 352.

> *Viennent en foule d'outre mer?*
> *Ou comme par la nuict muette*
> *On voit vne eſtoile ſeulette,*
> *Puis mille & mille en vn moment?*
> *Ou dans la marine troublee*
> *La vague en cent flots redoublee*
> *Qui n'enfle que d'vn petit vent?*
> *Mais cette troupe non mortelle*
> *N'a pas trouué la faueur telle*
> *Du ciel, qu'ell' eſperoit auoir :*
> *Car ſon odeur s'eſt toſt perduë,*
> *Comme au vent ſe pert vne nuë,*
> *Ou la lumiere ſur le ſoir.*

Ici vient une douloureuse énumération dans laquelle plusieurs de ses illustres amis sont clairement désignés : Ronsard, que ses lauriers ne préservent point de la maladie, Jodelle, qui « n'a pas pour tromper ſa faim », enfin, dit-il avec émotion :

> *Encores la playe eſt ouuerte*
> *De mon Du-Bellay, dont la perte*
> *Fait perdre aux Muſes le renom*[1].

Belleau, qui ne connut que trop les angoisses de la maladie, fut du moins toujours à l'abri des atteintes du besoin. Le 18 octobre 1556, le marquis d'Elbeuf eut un fils dont il confia de bonne heure l'éducation au poëte qu'il avait pu apprécier de si près et que son érudition, ses talents et son caractère recommandaient également.

Cette position importante présentait de nombreux avantages, mais imposait en même temps des obligations très-étroites. La plus dure pour Belleau fut de quitter Paris et de se séparer en même temps de ses amis et de ses moyens de travail. Il nous explique ainsi fort naïvement, quelle était sa disposition d'esprit lorsqu'il entra en fonctions :

« Auſſi toſt que i'eu ceſt honneur d'eſtre appelé à la conduitte, gouuernement & inſtitution de Monſeigneur le Marquis d'Elbeuf... ie me treuue (& preſque ſans y penſer) au chaſteau de Ioinuille ſans liures, ſans volonté d'eſtudier

---

1. T. I, p. 118-119.

& moins d'efcrire, matté d'vne longue & fafcheufe maladie, refolu de ne forger autre meilleure fortune pour l'aduenir, que d'employer ma vie, mon induftrie, & mon labeur à conduire & guider le gentil & magnanime efprit de monfeigneur & maiftre [1]. » Dans *La Bergerie*, le poëte nous décrit avec complaisance les diverses parties du château et nous fait connaître, jusque dans les plus minces détails, la vie fastueuse, mais un peu monotone, qu'on y mène. Le matin, la duchesse de Guise, mère du marquis d'Elbeuf, « defia fur l'aage [2], » entourée de sa maison, se rend à la chapelle où sont les sépultures de sa famille, et, parmi les plus récentes, celle de son fils, François de Lorraine, assassiné par Poltrot. « Les prieres finies... cefte venerable Dame... remaine iuftement à neuf heures fa troupe en fa chambre, laue fes mains, » puis elle se met à table pour le dîner ; à cinq heures du soir, « fans iamais y faire faute, » a lieu le souper. Belleau signale en passant l'abondance et la qualité des mets. « L'vn & l'autre repas fe trouuant dreffé... de toutes fortes de viandes, de toutes fortes de fruits, felon la faifon : & ce, de la liberalité de cefte bonne maiftreffe [3]. »

Ce nouveau genre de vie, tout en détournant Belleau d'entreprendre de longs ouvrages, le ramena néanmoins à la poésie par un autre chemin : « Comme mal-aifément, & mefme à coups de fourche nous ne pouuons eftranger ny bannir de noftre efcurie, cefte premiere, ie n'ofe dire vaine, affection d'efcrire, ie croy, ou que le trop de plaifir & de loifir, ou la beauté naturelle du lieu & de la faifon, ou bien l'honnefte & douce conuerfation d'vne gaye & vertueufe compagnie, me remirent fur les erres de mes premieres brifees, commençant à faire tantoft vn Sonnet, tantoft vne Complainte, vne Eclogue, vne defcription, & ne fçay telles quelles fictions Poëtiques, felon l'occafion qui lors fe prefentoit [4]. »

A travers l'expression, d'ailleurs très-vive et très-sincère, de la reconnaissance de Remy Belleau pour ses bienfaiteurs, on devine son regret de voir la plupart de ses projets évanouis, et son talent réduit aux minces proportions des sujets de circonstance.

1. T. II, p. 3.
2. T. I, p. 213.
3. T. I, p. 219, 220.
4. T. II, p. 3.

En acceptant d'être le précepteur de Charles d'Elbeuf, il était devenu le poëte officiel de la maison de Lorraine, et se montrait si exact à en célébrer les naissances, les mariages et surtout les morts, qu'il serait facile, en parcourant ses œuvres, de reconstituer un état civil presque complet des membres de cette famille.

Il n'y avait, bien entendu, aucune fête, aucun divertissement auquel Belleau ne prît part comme poëte, peut-être même comme ordonnateur.

Le 28 janvier 1567, l'hôtel de Guise, recevait Charles IX et Catherine de Médicis. On y représentait une imitation du *Miles gloriofus* de Plaute, composée en vers français par Baïf et intitulée *Le Braue*. L'ouvrage imprimé est précédé de cinq pièces de vers adressées par différents poëtes aux principaux spectateurs; elles portent pour titre : *Chants recitez entre les actes de la Comedie*. Le dernier de ces morceaux, qui est un hommage « à Madame » Marguerite de Valois, sœur de Charles IX, a été écrit par Belleau. Il ne figure pas dans ses œuvres posthumes, et il a même échappé aux consciencieuses recherches de M. Gouverneur. On le trouvera dans l'*Appendice* qui termine le second volume de notre édition.

En 1572, Belleau, se trouvant à Paris, voulut réunir la plupart de ses opuscules et s'efforça de leur donner une apparente unité. Il les rassembla dans les deux livres de sa *Bergerie*, qui avait déjà paru auparavant, mais avec beaucoup moins de développements. Il ne se met pas en frais d'imagination pour ajuster tant d'inventions diverses. Souvent ces pièces de poésie sont supposées chantées par des troupes de bergers, d'autres fois on les lit sur des marbres tumulaires, la plupart du temps elles servent d'explications et de légendes à des tapisseries imaginaires.

Il est inutile d'insister sur les inévitables imperfections d'un tel genre d'ouvrage; Belleau, du reste, les a lui-même très-franchement signalées : « Voulant recoudre, dit-il, ces inuentions mal coufues, mal polies, & mal agencees, fans l'efperer ie trouue vn liure ramaffé de pieces rapportees, chofe véritablement qui n'ha membre, ny figure qui puiffe former vn corps entier & parfaict.[1] »

Outre les opuscules de circonstance, Belleau a introduit dans la *Seconde Iournée de la Bergerie* un ouvrage suivi

---

[1]. T. II, p. 4.

et complet, des *baisers*, imités de Jean Second, qui sont lus tout d'une haleine par les personnages. C'est là probablement un des poëmes « faicts... en sa grande ieunesse[1] » que l'éditeur des *Œuvres posthumes* nous indique comme réunis dans *La Bergerie*. Tous ces *baisers* sont adressés à Catin, qui, nous l'avons vu, fut une des premières maîtresses de notre poëte.

Les divers opuscules ainsi rassemblés par Belleau dans sa *Bergerie* n'étaient pas tous inédits. Plusieurs avaient paru à part, au moment où s'étaient accomplis les événements qui les avaient inspirés; quelques-uns d'entre eux ont été complétement modifiés dans la seconde rédaction.

Nous avons signalé dans nos notes tous les changements de ce genre. Il est donc inutile d'y insister ici. Nous attirerons seulement l'attention du lecteur sur trois pièces : *L'Innocence prisonniere, L'Innocence triomphante, La Verité fugitiue.* Écrites primitivement en 1560, en l'honneur de Louis de Bourbon, prince de Condé, seigneur de Nogent-le-Rotrou, elles ont trait à l'arrestation, à la condamnation et à la mise en liberté de ce prince. Belleau, qui, au moment où ces événements s'accomplissaient, était déjà protégé par les Guises, mais qui n'était pas encore officiellement attaché à leur maison, affiche là des sentiments qu'il a eu grand soin de dissimuler plus tard. Dans *La Bergerie* ces trois opuscules sont intitulés : *La Chasteté, Complainte, & Chant de triomphe.* La partie la plus générale en a seule été conservée. Ce sont de purs lieux communs poétiques, où l'on chercherait en vain la plus légère allusion aux faits qui leur ont donné naissance. *La Verité fugitiue* contenait notamment un long passage, d'un caractère tout protestant, dont il ne reste aucune trace dans *La Chasteté*. Ce morceau indique chez Belleau certaines aspirations auxquelles l'ami intime de Ronsard et le commensal des Guises ne pouvait s'abandonner, mais qu'il n'a dû refouler qu'à regret. Elles reparaissent encore, du reste, dans *La Reconnue*, qui n'a été publiée qu'après la mort de Belleau, et qui, par conséquent, n'a pas été soumise par lui à une dernière révision. « Madame l'advocate, » très-bonne catholique, après avoir fait l'éloge d'Antoinette, l'héroïne de la pièce, dont elle ne connaît pas la religion, manifeste ainsi naïvement ses appréhensions à ce sujet :

---

1. T. I, p. XVIII.

> *Ie crains qu'elle ſoit huguenotte*
> *Seulement, car elle eſt modeſte,*
> *En parolles chaſte & honneſte,*
> *Et touſiours ſa bouche ou ſon cœur*
> *Penſent ou parlent du ſeigneur.*

Il est probable que si Belleau avait publié lui-même *La Reconnue*, cet éloge si finement détourné de la Réforme aurait eu le même sort que le morceau de *La Verité fugitiue*.

Un peu après avoir fait paraître les deux parties de *La Bergerie*, Belleau commença son *Diſcours de la Vanité pris de l'Eccleſiaſte* de Salomon. Il en lut les quatre premiers chapitres à Charles IX qui se trouvait alors à Fontainebleau. Le roi, charmé, lui fit répéter plusieurs fois ces vers, et lui ordonna de terminer l'ouvrage; mais l'achèvement en fut retardé par une longue maladie du poëte, qui le tint en langueur deux années entières [1].

Nous ignorons quelle était la nature de cette cruelle affection; nous connaissons seulement le remède qui la guérit ou du moins la fit momentanément disparaître. En décrivant dans ses *Pierres précieuſes* « la pierre laicteuſe dicte galactités » par laquelle il termine son ouvrage, il s'exprime ainsi :

> *Ie ſerois trop ingrat, ayant tiré ma vie*
> *Des ſerres de la mort qui me l'auoit rauie*
> *Sans le ſecours du laict, ſi du laict ne chantoy*
> *La puiſſance & l'effect, dont i'ay fait preuue en moy* [2].

L'efficacité passagère de ce traitement doit faire supposer que le poëte souffrait, soit d'une maladie de poitrine, soit plus probablement encore d'une affection d'estomac.

Enfin rétabli, Belleau se hâta d'achever son *Diſcours*, mais, comme si une étrange fatalité s'était attachée à la publication de cet ouvrage, lorsqu'il parut, le jeune roi qui en avait ordonné l'achèvement n'était plus là, et, moins heureux que le poëte, il avait, depuis un certain temps déjà, donné, par sa mort singulière et prématurée, un terrible exemple de la vanité des choses humaines.

---

1. T. II, p. 261.
2. T. II, p. 256.

Ce fut au duc d'Alençon « fils & frere de Roy » que Belleau fit agréer la dédicace de son livre, le 30 juillet 1576. Quelques jours plus tard, le 12 août, il offrait à Louise de Lorraine, mariée depuis peu à Henri III, des *Eclogues sacrees prises du Cantique des Cantiques de Salomon*, et, pour rassurer la pudeur de cette chaste reine que la vivacité de certaines peintures aurait pu alarmer, il avait grand soin de lui rappeler « que c'est vn amour tout diuin & tout spirituel, par lequel on peut iuger l'heur, la felicité, & le souuerain bien, qui prouient d'estre estroittement vni par viue & ardente amour auec l'Eglise & Iesus-Christ. » C'est à elle aussi qu'il adresse *Le Diamant* dans ses *Amours & nouueaux eschanges des pierres precieuses*. L'ouvrage dédié à Henri III, à cause de la particulière affection qu'il portait « aux vertus & beautez d'icelles », a paru en 1576, en tête du *Discours sur la vanité* et des *Eclogues sacrees*, soit parce qu'il avait été composé le premier, soit, ce qui est plus vraisemblable, parce que portant une dédicace adressée au roi, il devait se trouver en tête du volume.

Ce livre fut le dernier que Belleau publia. Repris, suivant toute apparence, du mal cruel dont il s'était cru délivré, il fut enlevé avant l'âge à l'affection de ses amis. La reconnaissante sollicitude des membres de la maison de Lorraine ne lui fit pas défaut. « Il fut tousiours, dit Scévole de Sainte-Marthe[1], aimé & caressé de cette illustre famille, & ce fut chez elle qu'il acheua le reste de ses jours auec autant de tranquillité que de gloire. » On ignore la date précise de sa mort, mais ce fut le 6 mars 1577[2] que son convoi partit de l'hôtel de Guise pour se rendre à l'église des Vieux-Augustins, dans le chœur de laquelle la dépouille mortelle du poëte fut déposée. Ses fidèles amis, Ronsard, Baïf, Desportes et Amadis Jamin, « ne desdaignerent point de le porter iusqu'au tombeau sur leurs

---

1. *Éloges*, p. 267.

2. Cette date des funérailles est très-nettement déterminée par ce mots de l'inscription que nous reproduisons dans une des notes suivantes : *Supremi voti... curatores pr. Non. Mart. M. D. LXXVII... hoc in tumulo deposuerunt*. Elle a été confondue par la plupart des biographes avec celle de la mort, qui, suivant toute apparence, doit être reculée d'un jour ou deux, tandis que quelques-uns, Colletet entre autres, l'avancent au contraire jusqu'au sept. (Voy. *Œuvres de Belleau* édit. de M. Gouverneur, t. I, p. xxij.)

pieufes efpaules, » dit Scévole de Sainte-Marthe[1]; « ainfi, ajoute-t-il, ces triftes funérailles furent plus honneftes que fuperbes & pompeufes. »

Le tombeau de Remy Belleau fut surmonté de cette inscription, où Ronsard fait à l'un des derniers ouvrages de son ami une allusion trop spirituellement recherchée :

Ne taillez, mains induſtrieuſes,
Des pierres pour couurir BELLEAV,
Luymeſme a baſti ſon tombeau
Dedans ſes Pierres precieuſes[2].

Apres ce quatrain venait une épitaphe latine, puis un distique dont les lettres numérales formaient par leur réunion le millésime 1577[3].

---

1. *Éloges*, p. 267. Le témoignage de Scévole de Sainte-Marthe se trouve confirmé et complété par l'inscription suivante :

Καλλίυδρον νέκυν οἱ περίλοιποι ἄωτον ἀοιδῶν
Ρῶνσαρδος, Βάϊφος, Πόρτιος, ἠδ'Ἀμάδις
Πιερίδων πρόπολον πρόπολοι, τὸν ἑταῖρον ἑταῖροι
Τέσσαρες ἐνθάδ'ἑόν θῆκαν ὀδυρόμενοι

ΛΟΔ. ΜΑΡΤ'ΕΛΛΟΥ.

(*Remigii Bellaquei Poetæ Tumulus.* Lutetiæ, Apud Mamertum Patiſſonium, in officina Roberti Stephani M D LXXVII. 4º de 8 fts. non chiffrés.

2. A cette épitaphe je préfère beaucoup, pour ma part, ces vers plus simples et plus émus du même poëte :

.... *Belleau, qui vivant fut mon bien*
De meſmes mœurs, d'eſtude & de ieuneſſe,
Qui maintenant des morts accroiſt la preſſe,
Ayant finy ſon ſoir auant le mien.

Amours, liv. I, LXXXVII, p. 48.

3. Remigii Bellaquei, Poetæ Laureati, qui cum pietate & cum fide, undequinquagenariam, pulcherrime, omnibuſque gratiſſimus vixit ætatem, extinctos cineres, Diuæ Cæciliæ piis ſodalibus ſolicitandos, ſupremi voti obſeruantiſſimi curatores, pr. Non. Mart. M. D. LXXVII. mœſtiſſimo funere, hoc in tumulo depoſuerunt. (*Deſcription de Paris*, par M. Piganiol de la Force. Nouvelle édition. — Paris, Legras, 1742, t. VI, p. 183.)

Dans l'ouvrage de Piganiol, le distique numéral vient immédiatement après cette inscription, sans aucun titre et sans nom d'auteur. Nous le

Moins de cent ans plus tard, en 1675[1] ces témoignages d'admiration et de douleur, accumulés sur la tombe de Belleau par ses amis, avaient disparu.

« Toutes ces epitaphes que je viens de rapporter, ne se voyent plus, dit Piganiol de la Force, & ont été ou détruites ou cachées par la nouvelle décoration dont on a embelli le chœur[2]. »

M. Gouverneur a conclu un peu trop vite de ce passage que l'épitaphe de Remy Belleau avait été *détruite* à cette époque[3]; cela n'est pas exact. Elle se trouvait au nombre de celles qu'on avait seulement *cachées*. En effet nous la voyons figurer sous le numéro 531 dans le catalogue du Musée des monuments français; mais les amis de notre poëte n'y gagnent rien, car, ainsi que l'a tout récemment constaté M. Guilhermy[4], elle ne s'est pas retrouvée depuis que cette précieuse collection a été dispersée.

N'y aurait-il pas lieu de réparer, au moins dans une certaine mesure, cette perte et tant d'autres analogues, en réunissant dans un même lieu, à défaut des monuments originaux, les textes qui se sont conservés des épitaphes consacrées aux poëtes, aux savants, aux artistes, dont les corps reposaient à Paris? Une telle commémoration trouverait par exemple sa place toute naturelle au musée de l'hôtel Carnavalet.

transcrivons d'après le *Tumulus* de Belleau, qui nous fournit quelques détails de plus :

In eundem, A P. Ronsardo, I. A. Baifio, Ph. Portio,
& Am. Iaminio Poetis clariffimis elatum,
Diftichon numerale.

$Po\!\int\!tera\ LVX\ \int\!eX_{tæ}\ e\!\int\!t\ M_{art}I\ _{t}I_{b}I,\ B_{e}LL_{aq}V_{a},\ V_{ates}$

$QV_a\ \int\!aCIV_{nt}\ \int\!oCI_o\ LVC^{l}I_bV_s\ eX_{eq}VI_{as}.$

Lvd. Martelli.

1. Piganiol, t. VI, pp. 172 et 189.
2. Piganiol, t. VI, p. 184.
3. Œuvres de Belleau, édit. de M. Gouverneur, t. I, p. xxiij, note 2.
4. *Inscriptions de la France,* Paris, 1873, 4°, t. I, p. 412.

AV LECTEVR.

Ie veux bien t'aduertir, gracieux Lecteur, que des Oeuures de feu Remy Belleau, docte & gentil Poëte François, que tu liras en ce liure, tu en trouueras les vnes reueües & aduoüees par leur pere dés son viuant : les autres qu'il a laissees en partie reueües, en partie plus negligees, & qui apres sa mort, recueillies par de ses plus familiers amis, gens d'honneur & de vertu soucieux du renom & de la memoire du defunct, m'ont esté baillees toutes telles qu'elles estoyent pour les imprimer. Tu sçauras donc que la traduction des Odes d'Anacreon, & quelques petites inuentions qui les suyuent iusques à vne traduction de quelques Sonnets en vers Latins, furent mises en lumiere par *l'autheur dés son viuant, enuiron vingt ans auparauant sa mort. Depuis il fit imprimer sa Bergerie, qui est vn recueil de diuers Poëmes qu'il auoit faicts la plus part en sa grande ieunesse, & d'autres en son aage plus meur : lesquels, voulant gratifier les Princes & seigneurs de la maison en laquelle il auoit receu son auancement, leur dediant, il lia par des proses entremeslees, supposant beaucoup d'occasions à son plaisir, comme il est aisé de iuger en lisant, ce que i'ay sceu de ses plus intimes. Les Pierres precieuses, excepté les dix dernieres, le Discours de la Vanité pris de l'Ecclesiaste, les Eclogues sacrees prises du Cantique des Cantiques, sont les dernieres Oeuures qu'enuiron vn an auparauant son decés il meit en lumiere, & ausquelles il auoit mis sa derniere main. Le reste, à sçauoir, les susdites dix Pierres precieuses, quelques Sonnets, Chansons, & autres petites Poësies qui sont sur la fin du second Tome, la Comedie, & ce qui est de traduit d'Aratus (sinon ce qu'il en a inseré dans la* 11e *Iournée de sa Bergerie, touchant les apparences du Soleil & de la Lune pour preuoir la disposition du Temps) n'a peu receuoir la derniere lime de l'Autheur, preuenu par la mort. Laquelle toutesfois ne pourra iamais esteindre sa memoire, tellement que son nom ne demeure tant que l'on parlera François. C'est dequoy ie t'ay voulu aduiser, amy Lecteur, à fin que tu fusses preparé de prendre comme tu dois chacune de ſes Oeuures, pour en iuger ſincerement & candidement, & pour en ſçauoir gré à ſes amis, par le ſoing deſquels ce reſte t'a eſté conſerué.*

LES ODES
D'ANACREON TEIEN,
POETE GREC,
TRADVICTES EN FRANÇOIS,
PAR REMY BELLEAV.

Auec quelques petites Hymnes
de son inuention,
& autres diuerses poesies.

AV SEIGNEVR

IVLES GASSOT,

Secretaire du Roy.

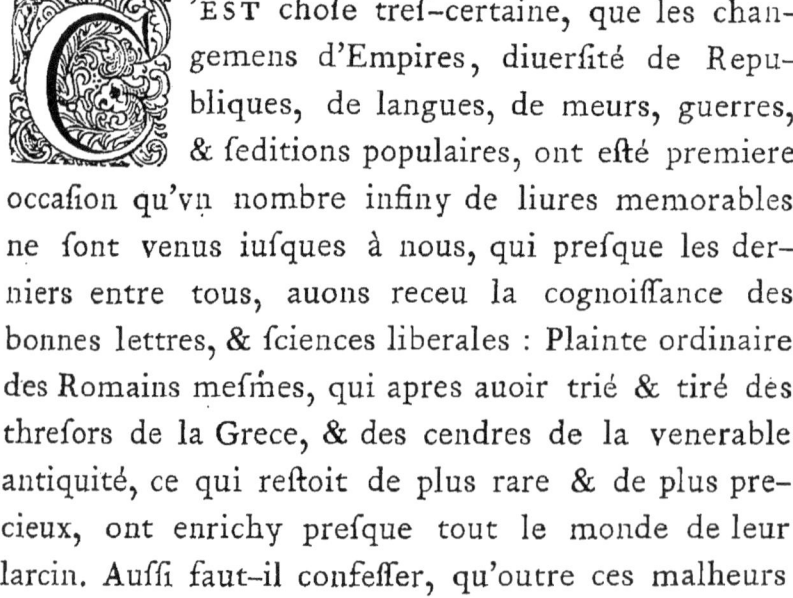'EST chofe tref-certaine, que les changemens d'Empires, diuerfité de Republiques, de langues, de meurs, guerres, & feditions populaires, ont efté premiere occafion qu'vn nombre infiny de liures memorables ne font venus iufques à nous, qui prefque les derniers entre tous, auons receu la cognoiffance des bonnes lettres, & fciences liberales : Plainte ordinaire des Romains mefmes, qui apres auoir trié & tiré des threfors de la Grece, & des cendres de la venerable antiquité, ce qui reftoit de plus rare & de plus precieux, ont enrichy prefque tout le monde de leur larcin. Auffi faut-il confeffer, qu'outre ces malheurs

ordinaires, que les parolles bien couplees & proprement coufues, graces & faueurs d'vn fubiect bien choifi, & ne fçay quel heur, qui veritablement accompagne ceux qui efcriuent bien, ont fait que beaucoup ont efchappé les ruines communes, & dechet ordinaire de tant de fiecles paffez. Et pour venir à ceft heur, ou malheur, combien depuis vingt ans auez vous veu des liures auortez en naiffant,

Pluftoft enfeuelis fous les flancs de la terre,
Que iouïr, bienheureux, des beaux rayons du iour ?

Au contraire ceft Autheur eftranger & des plus anciens, a bien efté fauorifé & du ciel, & de l'heur qui le fait reuiure & relire tant de fois en noftre France, recognoiffant encor auiourdhuy les foupirs de fes amours.

Nec fi quid olim lufit Anacreon
Deleuit ætas, fpirat adhuc Amor.

Car ne reftant de luy que quelques petits fragmens efpandus çà & là, il y a dixhuit ans, qu'apporté d'Italie, il commença à prendre l'air de la France : moy en ce mefme temps, effayant à rendre en noftre langue, la naïueté, & mignardife des Grecs, pour coup d'effay, ie fis chois de ceft Autheur, qui feruit lors d'auantcoureur aux labeurs de ma premiere ieuneffe : maintenant il reuient au monde, m'affeurant qu'il ne me fçauroit recognoiftre au poil que ie porte : moymefme fi i'ofois, le defauoüerois volontiers, pour vne infinité de folles & ieunes inuentions mal feantes à l'âge où ie fuis, fans l'affeurance que i'ay au fain & entier iugement que vous auez en la lecture ordinaire des mieux approuuez autheurs Grecs & Latins, & recherche de l'antiquité. Adieu. A Paris ce premier de Mars.

Voftre plus affectionné
& meilleur amy
Remy Belleav.

LES ODES
D'ANACREON TEIEN,
TRADVITES
DE GREC EN FRANÇOIS.

Que sa lyre ne veut chanter
que d'Amours.

Volontiers ie chanterois
Les faits guerriers de nos Rois,
Mais ma lyre ne s'accorde
Qu'à mignarder vne corde
Pour l'Amour tant seulement :
En essay dernierement
Ie changé cordes & lyre,
Et ia commençois à dire
D'vn haut stile, la grandeur
D'Hercule, & de son labeur,
Mais tousiours elle fredonne
L'Amour qu'elle contresonne,
Comme celle qui tousiours
Ne veut chanter que d'Amours.

Adieu Mars, adieu ton ire,
Puis que mon Lut ne veut dire
Que les Amours deformais,
Adieu Princes pour iamais.

―――――

Que Nature a donné vne particuliere
force & vertu à chacun.

Nature a donné aux taureaux
La corne, & le vol aux oyseaux,
L'ongle au cheual, & la vitesse
Aux lieures, aux poissons l'adresse
De nager, aux Lions les dens,
Et aux hommes d'estre prudens :
Or n'estant plus en sa puissance
Donner aux femmes la prudence,
Que leur a elle presenté ?
Pour toutes armes la Beauté,
La seule Beauté dont la femme
Surmonte l'acier & la flamme.

―――――

Songe ou Deuis d'Anacreon & d'Amour.

N'agueres en plein mi-nuit
Alors que l'Ourse reluit,
Et qu'entre les mains se tourne
Du Bouuier, où ell' seiourne,
Lors que les membres lassez
En dormant sont delassez,
Amour du beau traict qu'il porte
S'en vint heurter à ma porte,
Qu'est-ce qui frappe à mon huis,
Ce dy-ie, alors que ie suis

En mon lit, où ie sommeille ?
  Lors Amour qui tousiours veille
Respond, Ouure hardiment :
Enfant suis asseurément
Mouillé iusqu'à la chemise,
Et bien qu'ores ne reluise
La Lune de ses beaux rais,
I'erre seul par l'ombre espais,
Ouure donc, & n'aye crainte.

  Ie pris pitié de sa plainte,
Allumant mon lamperon
Ie vey son double ælleron,
Et sa trousse descouuerte
Si tost qu'eus ma porte ouuerte :
Alors ce petit Archer
Vient au feu pour se secher,
Ie rechaufe les mains siennes
Tout soudain entre les miennes,
Ie pressure tout moiteux
L'humeur de ses blonds cheueux.

  Si tost que sec il se treuue,
Faison (me dist il) espreuue
Si mon arc est point gasté :
Il le bande, & tout vousté,
Ainsi qu'vn Tan il me iette
Droit au cœur vne sagette,
Puis se va mocquant de moy,
Disant, Hoste, esiouis toy,
Mon arc est bien, & t'asseure
Qu'au cœur en as la blesseure.

De faire honneste chere
pendant qu'on vit.

Sur tous les arbres i' ay desir
Le Myrte, & l'Alisier choisir

Pour boire à leur ombre mouuant,
Et veux qu'Amour d'vn fil de soye
Trousse sa robe qui ondoye
Dessus l'espaule en me seruant.

 Aussi bien galoppent nos iours
Comme vn char qui roule tousiours,
Aussi bien ne restera pas
Chose de nous qui soit plus chere
Qu'vn peu de cendre, & de poudriere
De nos os apres le trespas.

 Donc que nous sert de parfumer
Les tombes d'encens, & semer
La terre de lis & d'odeurs ?
I'aime trop mieux durant ma vie,
Qu'on me parfume, & qu'on me plie
Sur la teste vn chapeau de fleurs.

 Or sus donc qu'on m'aille querir
Ma maistresse auant que mourir,
Auant que ie parte d'icy,
Auant qu'entre les morts ie balle
Là bas sur la riue infernale,
Ie veux espandre mon soucy.

La Rose.

La Rose à l'Amour sacree
Entremeslons dans le vin,
Rose à la fueille pourpree,
Belle, douce, propre, à fin
D'en ourdir vne couronne,
Qui le front nous enuironne,
Pour gayment rire sans fin.

 Rose, l'honneur des fleurettes,
Du Printemps le cher soucy,
Et des Dieux les amourettes,
Et le parfum addoucy

De l'enfant de la Cyprine,
Quand par la troupe diuine
Des Graces il danse aussi.
   Sus donc Bacchus, qu'on m'appreste
Vn tortis fait de ta main,
Et le mets dessus ma teste,
A fin que de roses plein,
Dessous ta treille ie chante,
Tenant sur moy languissante
La pucelle au large sein.

Qu'il faut dancer & boire.

Beuuons, & que chacun tortille
Pour soy, d'vne façon gentille
De roses vn beau chapelet :
La fille portant le Lierre,
Fredonnant dessus sa Guitterre
Dance d'vn pied mignardelet.
Puis qu'vn ieune garson accorde
Aux douces voix, sa douce corde,
Poussant des sons les plus mignars,
Vienne Amour ayant d'or la tresse,
Bacchus, & Venus la Deesse
Aux festins aimez des vieillards.

Qu'Amour l'importune d'aimer.

D'vne branche delicate
D'œillets freschement cueillis,
Amour me chasse & me haste
Pour le suiure, & ie le suys
Par les monts, par les valees,

Et par les eaux reculees,
Et par le fort des taillis.
    Mais las! vne Hydre cruelle
Me mort de morsure telle
Que soudain ie fusse mort,
Sans qu'Amour prompt & accort
D'vne mignarde secousse
Mon frond de ses œlles pousse,
Et riant me dist adonc,
Tu ne veux pas aymer donc?

Songe.

Dessus vn tapis de soye
D'vn dous sommeil me paissant,
Il me sembloit que i'estoye
Des filletes pourchassant,
Courant apres de vitesse:
Mais vne pronte ieunesse
De garçons me deuançoit,
Et pour elles me tançoit:
Puis si tost que de leur bouche
En sommeillant ie m'approuche
Pour les baiser, ie les voy
S'escarter soudain de moy.
    Ainsi pipé de mensonge,
Ie me r'endors sur mon songe,
Pour assoupir mon esmoy.

La Colombe & le Passant.

LE PASSANT.

Où voles-tu Colombelle?
D'où viens-tu mignonne belle?

Où prens tu tant de senteurs,
Tant de parfum, tant d'odeurs
Qu'allant par l'air tu soupires,
Et de ta gorgette tires
Goutte à goutte, & les respans
Par les bois & par les champs?

LA COLOMBE.

Que t'en chaut? ie suis l'aymee
D'Anacreon, enuoyee
A Bathyl son grand mignon,
Bathyl, trop plus grand de nom
Et de puissance que Prince
Qui soit en ceste prouince.
Venus pour cinq ou six vers
A mon maistre que ie sers,
Me vendit, en telle sorte
Que tu peux voir que ie porte
Ses lettres, me promettant
Liberté, mais nonobstant
Auec mon œlle legere
Ie seray la messagere
De ses Amours pour iamais.
Que me vaudroit desormais
De voler par les montagnes,
Par les bois, par les campagnes,
Et sans cesse me brancher
Sur les arbres, pour chercher
Ie ne sçay quoy de champestre,
Pour sauuagement me paistre?
Veu que ie mange du pain,
Becqueté dedans la main
D'Anacreon qui me donne
Du mesme vin, qu'il ordonne
Pour sa bouche, & quand i'ay beu,
Et mignonnement repeu,
Sur sa teste ie sautelle,
Puis de l'vne & de l'autre œlle

Ie le couure, & fur les bors
De fa lyre ie m'endors.
  Voyla tout : plus babillarde
Qu'vne corneille iazarde
Tu m'as faite, de ce lieu
Adieu ie m'enuolle, adieu.

D'vn image d'Amour fait en cire.

  Vn ieune enfant portoit vendre
Amour fait de cire tendre,
Ie luy demande combien
Pour payment il voudroit bien
Receuoir de fon ouurage.
  Ie n'en veux pas dauantage,
Dift-il, quand tu le prendras
De moy, que ce que voudras.
Seulement ie te veux dire,
Que ie n'ouure point en cire,
Et qu'habiter ie ne veux
Auec Amour outrageux
Et ialoux de toute chofe.
  Or fus il faut qu'il repofe
Cefte nuict auecques moy,
Pren cela, contente toy,
Mais fi faut-il que ta flame
Soudain me refchaufe l'ame,
Amour, ou bien peu à peu
Ie te fondray pres du feu.

Excufe de fa vieilleffe aux dames.

  Les femmes difent, Tu es vieus
Anacreon, pour le voir mieus

Pren ce miroüer & voy ta face,
Voy tes cheueux, qui de leur place
Sont tombez, restant seulement
Vn frond pelé totalement.
 Or quant à moy, ie ne sçay pas
Si mes cheueux tombez en bas
Soyent ou non, mais ie sçay fort bien,
Que le vieillard ne doit en rien
Perdre vn seul poinct de son plaisir,
Mais plustost haster le desir
Qu'il a d'y faire son effort,
D'autant qu'il est pres de la mort.

L'Arondelle.

Ha vrayment ie vous puniray
Babillarde, & vous rongneray
De mes cizeaux l'vne & l'autre ælle :
Ou bien, comme la main cruelle
De Teree a fait autrefois,
Vous tondray la langue & la vois,
Qui tousiours, las! quand ie sommeille
Deuant le point du iour m'esueille,
Et de son importun babil,
M'arrache du sein mon Bathyl.

Qu'il veut folastrement boire.

Atys l'effeminé
De rage espoinçonné
Hurle auecques Cybelle,
Et s'eschaufe apres elle,
Et ceux-la qui ont beu

Seulement vn bien peu
De l'eau du Cler parlante,
D'vne fureur piquante
Du Dieu porte-laurier,
Commencent à crier :
Et moy plein du bon Pere,
Et des jeux de Cythere,
Et de parfum, ie veux
Deuenir furieux.

Qu'il eſt vaincu d'Amour.

Ie veux aymer à ceſte heure,
Amour le veut, & m'aſſeure :
Hyer à ſon mandement
N'obeiſſant nullement
Fis refus, il ſe courrouce,
Il prend ſon arc & ſa trouſſe,
Et me ſemont en camp clos.
Pour le combatre, diſpos
D'vn corſelet ie me charge,
Ie pren la hache & la targe,
Et fay teſte d'aſſaillant
Comme vn Achille vaillant.
  Cent & cent traits il me tire,
En parant ie me retire :
Puis quand il eut deſempli
De traits ſon carquois rempli
Il ſe transforme en ſagette,
Et deſpit, ſur moy ſe iette,
Et paſſe tout à trauers
De mon cœur, & de mes ners,
Et tous mes membres deſlie :
D'vn bouclier la main garnie
Pour me parer, ne peut rien.
  Las ! pour neant auſſi bien

Par dehors lon nous enferre,
Puis qu'au dedans eſt la guerre.

Le dépris de Richeſſe.

Ny Gyge Prince de Sarde,
Ny l'or, ny l'argent retarde
Mon plaiſir d'vn petit point :
De cela ne me chaut point.
   Aux Rois ie ne porte enuie,
Seulement ie me ſoucie
De parfumer de ſenteurs
Ma barbe, & de mille fleurs
Faire vn tortis à ma teſte,
C'eſt le ſoing qui plus m'arreſte.
   Dés le matin iuſqu'au ſoir
I'ay ſoucy, non de l'eſpoir
Du lendemain : car qui eſt-ce
Qui de le voir ait promeſſe ?
   Boy donc & prens ton plaiſir
Pendant qu'en as le loiſir,
De peur qu'vne maladie
En te grippant, ne te die,
Il vous faut mourir, or' ſus
Amy, vous ne beurez plus.

Qu'il ne veut chanter que de s'amie.

L'vn chantera les grands faits d'armes
De Thebes, l'autre les allarmes
De Troye, & des Gregeois le pris :
Mais moy las ! comme ie fu pris.
   Iamais le cheualier ſur terre,
Ny le ſoldat ne me fiſt guerre,

Ny la galere deſſus l'eau :
Sans plus vn eſcadron nouueau
Qui ſort de l'œil qui me maiſtriſe,
Eſt ſeul la cauſe de ma priſe.

La façon d'vn vaſe d'argent,
A Vulcan.

Vulcan fay moy d'argent fin
Non pas vn harnois, à fin
De me trouuer aux batailles,
Ie ne veux ny dard, ny mailles,
N'eſcaille, ny corcelet,
Mais vn gentil gobelet,
Vn gobelet à double anſe,
Creux au fond, large la panſe,
Et puis me graue à l'entour,
Non des aſtres le retour,
Ny leur charrette courriere,
Ne l'eſtoile pouſſiniere,
Ny d'Orion le cruel
L'orage continuel.
Qu'ay-ie à faire des Hyades,
Du Bouuier, ou des Pleiades?
  Taille moy deſſus le bor
Vne vigne aux raiſins d'or,
Et d'or vn Bacchus qui pile
Auec Amour, & Bathyle,
Patinans en vn tonneau
A beaux piez le vin nouueau.

Autre façon de vaſe,
A Vulcan.

Fons moy d'argent vn beau vaiſſeau
Vulcan, en qui le renouueau

Soit engraué de telle sorte
Que l'heure printaniere y porte
Des roses la gentille odeur,
Que i'ayme sur toute autre fleur.
Fons moy donc ce profond ouurage
Capable d'vn vineux breuuage,
N'y burinant rien d'estranger :
Ie n'y veux image ranger
Qui porte desastre ou tristesse,
Seulement ie veux qu'on y dresse
Bacchus, race de Iupiter :
Il me plaist aussi d'y bouter
Les Graces, & Venus la gaye,
Venus, qui des nopces s'esgaye.

 Apres, les Amours desarmez,
Au ieu doucement animez,
Et toutes les Graces riantes
A l'ombre des vignes ployantes,
Dessous le raisin pourprissant
Et sous le pampre verdissant :
Mais si Phebus ne s'y rencontre,
Fay, qu'vne brigade s'y montre
De ieunes enfans bien appris
Dessous l'ombre de ce pourpris.

Qu'il faut boire par necessité.

La terre noircissante boit,
Et les arbres boiuent la terre,
La mer boit les vents qu'elle enserre,
La mer, le Soleil qui tout voit,
De luy, la Lune se dessoiue :
Pourquoy donc empeschez-vous tous,
Veu que tout boit, que ie ne boiue,
Mes compagnons, de ce vin dous ?

Qu'il se voudroit voir transformé en tout ce qui touche sa Maistresse.

Iadis la fille de Tantale
  En roch changea sa couleur palle,
  Dessus le sable Phrygien,
  Et se changea la fille belle
  De Pandion, en arondelle,
  Comme dit le peuple ancien.
Hâ que pleust aux Dieux que ie fusse
  Ton miroir, à fin que ie peusse
  Te mirant dedans moy, te voir,
  Ou robe, à fin que me portasses,
  Ou l'onde en qui tu te lauasses,
  Pour mieux tes beautez conceuoir.
Ou le parfum, & la ciuette
  Pour emmusquer ta peau douillette,
  Ou le voile de ton tetin,
  Ou de ton col la perle fine,
  Qui pend sur ta blanche poitrine,
  Ou bien, Maistresse, ton patin.

Or sus filles que l'on me donne
  Dedans ce crystal qui rayonne,
  A longs traits de ce Dieu gaillard :
  Ie suis tant alteré, qu'à peine
  Puis-ie retirer mon haleine,
  Pour la grande chaleur qui m'ard.
Versez moy ceste humeur sacree,
  Et d'vne couronne pampree,
  Couurez de mon front la chaleur :
  Las! ie couure bien d'autre sorte
  La chaleur d'Amour que ie porte,
  Las! ie la couure de mon cœur.

Ce qu'il veut pres l'image de son Bathyl.

L'Ode est manque au Grec.

Fay moy pres ce iouuenceau
Vn ombrageux arbrisseau,
A fin que sa tresse blonde
Soit au branle vagabonde
De ses rameaux tendrelets :
Fay pres de luy crespelets
Les replis d'vne fontaine
Doux-coulant parmy la plaine.
Voyant cest heureux pourpris
Dieux! qui n'en seroit espris!

Que la Richesse ne peut rien contre la Mort.

Si l'Or & la Richesse
  Retardoyent la vistesse,
  La vistesse & le cours
  De nos beaux iours :
Ie l'aurois en reserue,
  A fin de rendre serue
  La mort, tirant à soy
  L'argent de moy.
Mais las! puis que la vie
  A tous viuans rauie
  Ne se peut retarder,
  Pour marchander,
Que me sert tant de plaintes,
  Tant de larmes contraintes,
  Et sanglots ennuyeux,
  Pousser aux cieux?

Puis que la mort cruelle
Sans merci nous appelle,
Que nous seruiroit or'
L'argent & l'or ?
Auant que mort descendre
Là bas, ie veux despendre,
Et rire, à table mis
De mes amis :
Tenant ma Cytheree
Mollement enserree,
Auant le mien trespas,
Entre mes bras.

De viure gayement.

Ie suis né pour prendre fin,
Et pour faire le chemin
De ce trop soudain voyage :
Ie cognois combien i'ay d'âge,
Mais las ! ie ne puis sçauoir
Les ans que ie dois auoir :
Loin de moy fuyez tristesse,
Fuyez ennuis & détresse,
Loin de moy fuyez vous tous,
Ie n'ay que faire auec vous !
Pendant que vif ie soupire,
Ie veux dancer, ie veux rire,
Ayant tousiours compagnon
Le bon Bacchus mon mignon.

Du plaisir qu'il a de boire.

Quand ie boy la tasse pleine,
Tout trauail, & toute peine,

Et tous chagrigneux despis
En moy dorment assoupis.
Qu'ay-ie affaire de me plaindre,
Puis que mort me doit estraindre
Et en despit de mon vueil
Me coucher en vn cercueil?
Faut-il que ie me soucie?
Faut-il que i'erre en ma vie?
Non non ie beuray d'autant,
Compagnons, or' sus auant,
Puis qu'en beuuant tasse pleine,
Tout trauail & toute peine
Et tous chagrineux despis
En moy dorment assoupis.

Le mesme.

Aussi tost mon esmoy
S'endort, que dedans moy
Dedans moy est entree
Ceste liqueur sacree,
Gaillard ie veux chanter,
Et riche me vanter
D'egaler en puissance
De Crœse la cheuance.
Tout à plat ie m'estens
Sur le ventre, & ie prens
Vn tortis de lierre,
Puis le soing qui me serre,
Pour ne l'auoir iamais,
Sous le pié ie le mets.
  S'arme, qui a vouloir
S'armer, pour le deuoir
D'acheter vne gloire,
Quant à moy ie veux boire:
Sus donc Page soudain

Donne ce verre plein,
Mieux vaut se coucher yure,
Que mort sans plus reuiure.

Le mesme.

Bacchus race de Iupiter,
  Le deli-soing, le chasse-peine,
  Si tost qu'ay la poitrine pleine
  De luy, il m'apprend à sauter :
Ce qu'en plaisir me fait passer
  Le fil des ans : puis ma mignonne,
  Quand ie suis las, plaisir me donne,
  Et puis ie retourne dancer.

Le pourtrait de sa Maistresse.

  Sus donc Peintre, sus donc auant,
Peintre gentil, Peintre sçauant,
A ce tableau, que lon me trace
Au vif, le pourtrait & la grace
De ma Mignonne, que ie voy
Maintenant absente de moy,
Mais comme i'ay la souuenance
De ses beautez en son absence.
  Fay luy le cheueu noircissant,
En longues tresses finissant,
Et si peux parfumer la table,
Fay que son cheueu delectable
Soupire vn flair delicieux,
Puis sous le noir de ses cheueux
Fais y, Peintre, vn beau frond d'iuoyre,
Le siege de honte, & de gloire,

Meslé d'vn rougissant vermeil,
Du tout au visage pareil.

 Mais sur tout garde moy la grace
Du sourcy, laissant bonne espace
Entre deux, sans les assembler,
Et qu'on les face resembler,
Et si bien perdre leur vouture,
Qu'ils trompent l'œil & la nature.

 Noire la paupiere, & les yeux
Semblent vn flambeau radieux,
L'vn verd, de Pallas l'asseuree,
L'autre mignard, de Cytheree :
Et pour rendre son teint parfait,
Mesle les roses dans le lait.

 Pein moy sa leure doucelette,
Fort attrayante, vn peu grossette,
Le menton douillet, & le col
Où toutes les Graces d'vn vol
Dressent leurs œlles esbranlees
En mille doucettes volees.

 Au surplus, vn accoustrement
De crespe, mis si proprement,
Que du trauers de sa vesture
Les flots de sa blanche charnure
L'on entreuoye, & que les plis
Monstrent ses membres accomplis.

 Il suffit, ie la voy, c'est elle :
Et possible est que la cruelle,
Par la peinture que ie voy,
Parlera doucement à moy.

Le pourtrait de Bathylle.

Fay moy d'vne façon gentille,
Peintre, en ce tableau mon Bathylle,
Mon mignon, fay luy le poil blond,

Parfumé, noirciſſant au fond,
Le bout, iauniſſant en la ſorte
Que le poil d'or que Phebus porte.

   Laiſſe libre ſon poil meſlé,
Friźé, retors, & creſpelé,
Comme il voudra, errer en ondes,
A l'entour du col vagabondes.
Puis fay que le tendre cerceau
Du ſourci, plus noir que la peau
Des dragons, ſon beau front couronne,
Son front rouſoyant, puis façonne
L'œil brun, doucement rigoureux,
Trampé d'vn appaſt doucereux :
L'vn retirant à Mars rebelle,
Et l'autre à la Cyprine belle,
Diuerſement, à fin auſſi,
Qu'eſtant tous deux meſleź ainſi,
Oeilladant le doux, on eſpere,
Et craignant l'autre, on deſeſpere.

   Puis reſpan deſſus le vermeil
De ſon teint, vn poil tout pareil
A cil qu'on voit, quand ſur la branche
Au matin la Cognace franche
Iaunoye en ſon coton nouueau
Par deſſus ſa iaunaſtre peau,
Meſlant vne honteuſe grace
Tant que pourras deſſus ſa face.

   Mais mon Dieu ie ne ſçay comment
Tu pourras peindre proprement
L'honneur de ſa bouche riante :
Fay la doucement attrayante,
Brief, ſi bien la contrefaiſant,
Qu'elle deuiſe en ſe taiſant.

   Fay luy grand front, hé ma memoire
Outrepaſſoit le bel iuoyre
De ſon col, ſemblable à celuy
Du bel Adonis, puis fay luy
L'eſtomach meſme, & la iointure

Des deux mains du facond Mercure,
Le ventre rond & potelé,
Comme celuy du Cuisse-né.

 Du beau Pollux fay luy la cuisse,
Fay luy son aine qui rougisse,
Son aine tendrette, où soit veu
Entre les deux vn petit feu.

 Puis fay luy son, qui ne face ores
Que bien peu commencer encores
A se chatoüiller du desir
De Venus, & de son plaisir.

 Hâ Dieu que ton art porte enuie
Aux plaisirs de ma pauure vie,
Me celant par sa cruauté
De son dos la tendre beauté!

 Quant au surplus ie n'ay que faire
T'enseigner comme il faut pourtraire
Ses deux piés, voila ton payment,
Et te pry, change promptement
Cest Apollon à ton ouurage,
Et si tu fais iamais voyage
En Samos, sur ce mesme trait
Pein moy d'Apollon le pourtrait.

Qu'Amour est prisonnier de la Beauté, & seruiteur des Muses.

 Les Muses lierent vn iour
De fleurettes l'enfant Amour,
Et le menerent garroté
Dans les prisons de la Beauté :
Puis Venus pour le racheter
A la Beauté vint presenter
Sa rançon, mais il ne peut pas
Sortir affranchi de ses las,

N'en pouuant sortir desormais
Estant son esclaue à iamais.

Qu'il ne veut d'autres armes que le vin.

Or sus permettez que ie boiue
A longs traits, & que ie deçoiue
Mes ennuis, aussi bien ie veux
Ie veux deuenir furieux.
    Le Tu-mere trop manifeste
Alcmeon le fut, & Oreste
Le meurdrier Oreste au pié-blanc :
Mais moy, ie n'aime point le sang,
I'aime bien ce clairet breuuage,
Et puis entrer en douce rage :
Hercule y entra quelquefois,
Branlant en main de son carquois
La pesante charge indontee,
Ensemble son arc Iphytee :
Aiax aussi y entra or,
Quand contre le bouclier d'Hector
Colere au milieu des alarmes
Il faisoit craqueter ses armes.
    Et moy branlant ce verre plein,
Sans arc, & sans espee, en main,
Portant la couronne fleurie,
I'ay vouloir d'entrer en furie.

Le nombre infini de ses amours.

Si tu contes des bois vers
Toutes les fueilles ensemble,
Ou le sablon qui s'assemble

Aux bords de toutes les mers,
Seul me feras le discours
Du nombre de mes Amours.
 Conte vingt Atheniens,
Et puis en adiouste quinze,
Et la troupe bien apprinse
Des Amours Corinthiens,
Ceux d'Achaïe, où la fleur
Des beautez a la faueur,
Contant les Amours nouueaux
De Lesbos, en Ionie :
Ceux de Rhode, & de Carie,
Ce sont deux mille amoureaux :
Puis tu me diras, O Dieux
Aimes-tu en tant de lieux ?
Ie n'ay dit le Syrien,
Ny ceux là que ie souhaite
Et en Canobe, & en Crete,
D'Amour le siege ancien.
Veux-tu conter par les dois
Les Bacchiens, les Indois,
Et tous les feux de Gadire ?
Helas ! ie ne te puis dire
L'Amour qui s'est fait vainqueur
En tant de lieux, de mon cœur.

L'Arondelle.

Hâ Dieu tu reuiens tous les ans,
Tu reuiens tous les ans, mignonne,
Et puis ton petit bec maçonne
Ton nid, au retour du Printems.
L'Hyuer venu, tu t'en retournes,
Ou dessus Memphis tu seiournes,
Ou sur le Nil, las ! mais Amour,
Amour cruel, Amour sans cesse,

Son nid en ma poitrine dreſſe,
Y faiſant eternel ſeiour.
 L'vn de ſes petits, ſur le dos
A le duuet, & branle l'æle,
L'autre eſt en ſa coque nouuelle,
Et l'autre eſt à demi eclos :
Puis ceſte amoureuſe nichee
Touſiours demande la bechee,
Touſiours crie, & touſiours a faim,
Les plus grands, les petits nourriſſent :
Ainſi iamais ils ne periſſent,
En recouuant d'autres ſoudain.
 Qu'eſt-ce Dieux que faire ie doy?
Helas! ie ne puis ce me ſemble
Tel nombre d'Amoureaux enſemble
Couuer, & nourrir dedans moy.

A ſa maiſtreſſe

Pourtant ſi i'ay le poil griſon,
 Ne me dedaigne pas, Maiſtreſſe,
 Ores que tu ſois en ieuneſſe,
Et en ta plus verte ſaiſon.
Voy tu pas que les lis meſlez
 Auecques la roſe vermeille,
 Seruent de grace nompareille
Aux replis de tes chapelez?

Sur vn tableau du rauiſſement d'Europe.

Ce Toreau qui porte en crope
La Sidonienne Europe,
Et qui paſſe la grand mer,

Ie croy que c'eſt Iupiter.
Voyez comme il coupe & ſonde
Les flots de la mer profonde
De l'ongle, puis du troupeau
Iamais on ne veit toreau
Trauerſer l'humide eſpace,
Si ce n'eſt luy qui le paſſe.

Qu'il ne veut apprendre qu'à boire
& non de ſuiure le barreau.

Hé pourquoy m'apprens-tu l'vſage
Du iargon Rhetoricien?
Hé que nous ſert tant de langage
Qui ne nous profite de rien?
Appren moy gouter la liqueur
De ce bon pere qui m'agree,
Et auec Venus la doree
Appren moy d'egayer mon cœur:
Ie griſonne: Page de l'eau,
Du vin, que i'endorme mon ame,
Bien toſt ie feray ſous la lame:
Que deſire vn mort au tombeau?

Deſcription du Printemps.

Voyez comme à l'entree
 Du Printemps gracieux,
La brigade ſacree
 Des Graces, & des Dieux,
Le giron, & le ſein,
Porte de roſes plein?

Voyez comme les ondes
 De l'ecumeuſe mer,
Et les rides profondes
 Commencent à calmer ?
 Et cent ſortes d'oiſeaux
 Se ioüent dans les eaux ?
Voyez comme la Grue
 Eſt deſia de retour ?
 Et le Soleil ſans nue,
 Nous allume le iour ?
 Et chaſſe l'ombre eſpais
 Du trait de ſes beaux rais ?
Voyez en apparance
 Nos iournaliers labeurs,
 Comme la terre auance
 Et enfante ſes fleurs,
 Voyez arbres fruitiers
 Poindre, & les oliuiers ?
Voyez comme on couronne
 La vineuſe liqueur,
 Quand l'attente fleuronne
 Du grain, en ſa verdeur,
 Sous les ombres iſſans
 Des rameaux verdiſſans ?

Qu'il boit mieux vieillard que les ieunes.

 Ie ſuis vieil, & ſi boy mieux
Que la gaillarde ieuneſſe :
I'ay, ſi ie ſuis en lieſſe,
Pour ſceptre, vn flacon vineux,
Le Tyrſe rien ne me vaut,
Et ſi quelcun veut s'esbatre,
Aille guerrier pour combatre
Dans vn camp, il ne m'en chaut.

Donne moy de ce vin doux
Garçon dedans ce grand verre,
A fin que fautelant i'erre
Comme vn Silen, deuant tous.

Du plaisir de boire.

Quand ie boy de ce bon vin,
Soudain ie sens ma poitrine
Qui veut commencer vn hymne
Aux Muses, troupeau diuin :
Tous mes ennuis, & mes maux,
Et mes plaintes langoureuses,
Par les rides poissonneuses
S'escoulent au fond des eaux.
Tout aussi tost ce bon Dieu
Par les haleines souflantes
Des doux Zephirs, odorantes,
Me rauist, quand i'ay bien beu,
I'ourdis vn chapeau de fleurs,
Et sur mon chef ie le plante,
Puis sur ma lyre ie chante
De la vie les douceurs.
De parfum, & d'odeurs plein,
Ie chante ma Cytheree,
Tenant mon cœur, ma sucree,
Estroitement dans mon sein.
I'aime les filles alors,
Et sous la largeur d'vn verre
Tous mes ennuis ie deserre,
Et loing ie les pousse hors.
Quand ie boy c'est le seul gain
Que ie pretens de la vie,
Puis qu'à tous elle est rauie
Par la Parque si soudain.

D'Amour picqué d'vne mouche à miel.

Amour ne voyoit pas enclose
   Entre les replis de la Rose
   Vne mouche à miel, qui soudain
   En l'vn de ses doigs le vint poindre :
   Le mignon commence à se plaindre,
   Voyant enfler sa blanche main.
Aussi tost à Venus la belle,
   Fuyant il volle à tire d'œlle,
   Mere, dist-il, c'est fait de moy,
   C'en est fait, & faut qu'à ceste heure
   Nauré iusques au cœur ie meure,
   Si secouru ne suis de toy.
Nauré ie suis en ceste sorte,
   D'vn petit serpenteau, qui porte
   Deux ailerons dessus le dos,
   Aux champs vne Abeille on l'appelle :
   Voyez donc ma playe cruelle,
   Las! il m'a picqué iusqu'à l'os.
Mignon (dist Venus) si la pointe
   D'vne mouche à miel, telle atteinte
   Droit au cœur (comme tu dis) fait,
   Combien sont naurez dauantage
   Ceux qui sont espoinds de ta rage,
   Et qui sont blessez de ton trait ?

Hymne à Bacchus.

   Beuuons gaillards de ce bon vin,
Et chantons vn hymne diuin
A ce bon pere porte-lance,
A ce bon Bacchus trouue-dance,

C'eſt luy qui porte aide & faueur
A cil qui chante en ſon honneur :
C'eſt luy qui de façon reſemble
A l'Amour, l'amoureux enſemble,
Le mignon, & le fauorit
De Venus qui touſiours luy rit.
 Par luy nous vint la cognoiſſance
De boire, & par luy prit naiſſance
La Grace, & par luy les douleurs,
Et par luy s'eſtanchent les pleurs :
Car ſi toſt qu'vne ieune troupe,
Diſpoſte, nous donne vne coupe,
Nos maux, nos ennuis, & tourmens
S'enuolent compagnons des vents.
 Ca donc ce verre, & que ie noye
Le ſoing qui de nous fait ſa proye.
Que nous ſert de nous tourmenter ?
Dieux que nous ſert de lamenter,
Puis que la vie eſt incertaine
Aux viuans, & choſe trop vaine
De ſe promettre le futur ?
De boire & danſer c'eſt mon heur,
Et dans le giron de ma Dame
Appaiſer l'ardeur de ma flame.
 Que les hommes s'attriſtent tous
Tant qu'ils voudront, quant eſt de nous
Beuuons gaillards de ce bon vin,
Et chantons vn hymne diuin
A ce bon pere Porte-lance,
A ce bon Bacchus trouue-dance.

Comme il veut viure.

I'aime la dance & le ieu
Du bon Denys, ce bon Dieu,
I'ayme auec vne ieuneſſe

Sous ma lyre chantereſſe,
Aux doux accens de ma vois,
Boire de ce vin Gregeois :
Mais ce que plus ie deſire,
C'eſt de chanter & de rire,
D'œillets ayant le chapeau
Auec vn ieune troupeau.
Ie ne porte enuie aucune
Dedans mon cœur, ny rancune,
I'euite les traits legers
Des hommes trop langagers :
Plus que mort ie hay le trouble,
Qui touſiours ſepare & trouble
Par faits & propos mutins,
Le doux honneur des feſtins.

 Paſſon donc nos iours tranquilles
Auec vn troupeau de filles,
Dançans ſous les chants mignons
De ma lyre, & de mes ſons.

―――

La Cigalle.

Há que nous t'eſtimons heureuſe,
Gentille Cigalle amoureuſe!
Car auſſi toſt que tu as beu
Deſſus les arbriſſeaux vn peu
De la roſee, auſſi contente
Qu'eſt vne Princeſſe puiſſante,
Tu fais de ta doucette voix
Treſſaillir les monts & les bois.

 Tout ce qu'apporte la campagne,
Tout ce qu'apporte la montaigne,
Eſt de ton propre, au laboureur
Tu plais ſur tout : car ſon labeur
N'offenſes, ny portes dommage

N'à luy, ny à son labourage.
Tout homme estime ta bonté,
Douce prophete de l'Esté!
 La Muse t'aime, & t'aime aussi
Apollon, qui t'a fait ainsi
Doucement chanter, la vieillesse
Comme nous iamais ne te blesse.
 O sage, ô fille terre-nee,
Aime-chanson, passionnee
Qui ne fus onc d'affection,
Franche de toute passion,
Sans estre de sang ny de chair,
Presque semblable à Iupiter.

Songe de l'Amour.

 N'agueres estant en repos,
Resuant, ie me mis hors d'haleine,
Pensant courir parmi la plaine,
Portant deux ailes sur le dos.
 Lors Amour se met en carriere,
Or'que sa plante prisonniere
Fust d'vn plom pendant, toutesfois
Il me deuance, il me surmonte,
Et en fin tellement me donte,
Qu'esclaue me fist de ses loix.
 Mon Dieu que veut dire ce songe?
Ie sçay qu'Amour m'a mis au plonge
De cent cruautez, mais helas!
De la plus part il est possible
D'en eschapper, mais impossible
Que ie ne meure entre vos bras.

Les fleches d'Amour.

Le mari de la Cyprienne
Dedans la forge Lemnienne,
De fin acier forgeoit vn iour
Des fleches pour l'enfant Amour :
Puis aussi tost Venus la belle
En trempoit la pointe cruelle
L'vne apres l'autre de doux miel,
Mais Amour les mouilloit de fiel,
Quand Mars reuenant des alarmes
Branlant vne grand hache d'armes
En se mocquant les efforçoit.
Lors Amour qui les amorçoit,
 te supply (dist-il) essaye,
Si celle cy feroit bien playe,
Et s'elle a bonne pesanteur,
Pour trauerser vn braue cœur.
 Venus sourit, & l'enfant tire,
Mars la receut, puis il soupire,
Disant, Ell'poise, oste la moy,
Lors Amour luy dist, C'est pour toy.

Que c'est grand malheur d'aimer & de n'aimer point.

C'est malheur que de n'aimer point,
 Et malheur grand que d'aimer ores,
 Et trop plus de malheur encores,
De n'auoir ce qui le cœur poind.
La race en amour ne peut rien,
 On met sous le pié la noblesse,
 De vertu, de meurs, de sagesse,
Il en a trop qui a du bien.

Que puiſſe moürir l'vſurier
  Vilainement, qui miſt en proye
  Aux hommes l'auare monnoye,
  Et qui l'eſtima le premier.
Par elle ont auancé leur cours
  La guerre & les morts execrables:
  Qui pis, les amans miſerables,
  Par elle finiſſent leurs iours.

  I'aime la gaillarde vieilleſſe,
  I'aime la follaſtre ieuneſſe,
  Hé! le vieillard qui librement
  Folaſtre en dançant ieunement,
  Eſt-il pas de cheueux & d'âge
  Griſon, & ieune de courage?

Donnez moy la lyre d'Homere
  Dont la corde n'eſt point meurdriere,
  Ny reteinte au ſang des Gregeois,
  Et puis ce pot pour rendre eſteinte
  Et pour moderer la contrainte
  Et la grand rigueur de nos loix.
A fin qu'yure de ce breuuage,
  Eſpoinçonné de douce rage,
  Deſſous les accords babillards,
  Et ſous les fredons de ma lyre,
  Ie dance, & ie vous puiſſe dire
  En beuuant cent contes gaillards.

Le portrait d'vn payſage.

Ceci eſt corrompu au Grec.

Trace moy, Peintre, vn beau payſage
Où les citez portent viſage

Gaillard, honneste, & valeureux :
Et si la table permet ores,
Trace les passions encores
Et les arrests des amoureux.

Esiouissance de la prochaine vandange.

Enfans, voyci le Dieu
  Qui reuient à ceste heure,
  Le Dieu qui nous asseure,
  Et nous arme en tout lieu.
Le Dieu qui nous rend forts,
  Gais, gentils, & qui dresse
  A baller la ieunesse,
  Et qui nous rend accorts.
C'est breuuage amoureux,
  C'est charme qui nous donne,
  C'est germe qui fleuronne
  D'vn beau sep plantureux :
Sous le grain nourrissant
  Il le cache, & le garde,
  Et sous la sauuegarde
  D'vn rameau verdissant.
Puis on le coupe, à fin
  Que passions nostre vie
  De douleurs affranchie,
  Par le secours du vin.
Bref, que soyons sans maux,
  Iusqu'à tant que l'annee
  En son ply retournee
  Nous remette aux nouueaux.

La façon d'vn baſſin d'argent, où Venus
iſſant de la mer eſtoit enleuee.

 Donquès quelqu'vn a peu grauer
Les flots de la profonde mer?
Et la fureur induſtrieuſe
A peu ſur l'eſchine écumeuſe
De la grand mer, verſer de l'eau
Dans le creux d'vn petit vaiſſeau?
Puis cil qui oſa entreprendre
D'y grauer la Cyprine tendre,
Mere du vieil tige des Dieux
Eſtoit-il pas audacieux?
 Voyez comme il la monſtre nue,
Cachant dans le ſein d'vne nue
De flots, ce qu'il ne faut point voir?
Voyez comme ell' fait ſon deuoir
Les donter, ſur eux apparante
Comme vne écume blanchiſſante
Au milieu des replis marins,
Quand plus ne paroiſſent mutins?
 Ainſi tire & repouſſe l'onde
Auecque les flots vagabonde,
Ia ia le tetin pourpriſſant,
Et ia l'yuoire blanchiſſant
De ſon col, la vague ſurpaſſe,
Et paroiſt dans l'humide eſpace
Comme les lis entortillez
Entre la roſe & les œillets.
 Voyez les Daulphins qui ſe iouent,
Et deſſus leur eſpine nouent
Amour & Cupidon tous nus
Pour tenir eſcorte à Venus,
Se mocquans des fraudes meſchantes
Au cueur des hommes reſidantes?
 Voyez vne grand ſuitte apres

De Dauphins courbez, qui de pres
La ſuyuent pour luy faire hommage?
Puis elle approchant le riuage
Eſgaye ſon cueur gentement
En ſouriant folaſtrement?

Deſcription des vandanges.

Filles, garçons, à paniers pleins
   Portez de toute voſtre force
   Le raiſin à la noire eſcorce
   Sur voſtre eſpaule & ſur vos reins.
Sus verſez dedans le tonneau,
   Et des pieds ſeulement y foulent
   Les hommes nuds, & qu'ils eſcoulent
   Des grappes le germe nouueau.
Chacun honore ce bon Dieu
   D'vne belle hymne de vandanges:
   Chacun chante tant de louanges
   Qu'on en rempliſſe tout le lieu.
Qu'on aille voir ce Dieu coulant,
   Ce Dieu qui rit dedans la tonne,
   Ce Dieu nouueau qu'on empriſonne,
   De colere encor tout bouillant.
Si toſt que le gentil vieillard
   A pris de ce Dieu qui l'enteſte,
   Tremblant des pieds & de la teſte,
   Auſſi toſt il dance gaillard.
Et lors quelque ieune garçon
   Amoureux, de pres eſchauguette
   Le teton de la bergerette,
   Qui dort à l'ombre d'vn buiſſon.
Puis Amour voyant le deſſein,
   D'vne allechante mignardiſe,
   Donne faueur à l'entrepriſe,

Et luy met le feu dans le sein.
Le mignon vient, ell'se defend,
 Ell'se courrouce, il n'en fait conte,
 Mais en fin tellement la donte
 Que douce entre ses bras la rend.
Ainsi Bacchus qui fait le ieu,
 Ose quelquefois entreprendre
 De suborner, & de surprendre
 La ieunesse, quand il a beu.

Les louanges de la Rose.

Amy ie veux chanter l'honneur,
L'honneur de ceste heureuse fleur,
De ceste Rose printaniere,
De ceste Rose familiere,
Et compagne du temps fleuri,
Si de toy ie suis fauori.
 O Rose à la fueille pourpree,
Rose qui la bouche sacree
Et la douce haleine des Dieux
Combles d'vn parfum gracieux.
 Rose, des hommes les delices,
Des Graces les douces blandices,
La fauorite des Amours
Fleurissans en leurs plus beaux iours.
 Le baiser, & la mignardise
De Venus, la seule entreprise
Et le soing des Poëtes vanteurs,
La plante & faueur des neuf Sœurs :
Mesme c'est chose gracieuse
Par dedans la ronce espineuse
De la cueillir, & dans la main
Luy voir espanir son beau sein.
 C'est elle entre autres qui fleuronne

Sur les tortis d'vne couronne.
C'eſt elle ſeule des feſtins
L'honneur & des ſacres diuins
De Bacchus : bref ſans la fleur d'elle
Nulle choſe ne ſe dit belle.

L'Aurore a de Roſes les dois,
Les Nymphes des eaux & des bois
En ont les bras, & la Cyprine
En porte la couleur pourprine.
Elle profite aux langoureux,
Aux malades, & aux fieureux,
Meſme à ceux que la mort cruelle
A mis en la nuict eternelle.

Elle donte & force le temps,
Et retient en ſes plus longs ans,
L'odeur de ſa freſche iouuance.
Or ſus donc chantons ſa naiſſance
Et comme elle a premierement
En terre pris accroiſſement.

Quand Venus encor rouſoyante
Deſſus l'écume blanchiſſante
Apparut au milieu de l'eau,
Et quand Pallas hors du cerueau
De Iupiter, toute animee,
De teſte en pied ſaillit armee :
La terre fort feconde alors,
Heureuſement pouſſa dehors
Le germe ſacré de la Roſe
Qu'elle auoit en ſon ſein encloſe :
Induſtrieux enfantement !
Puis tous les Dieux enſemblément
L'arroſerent du ſaint breuuage
Qu'ils ont aux cieux pour leur vſage.

Ainſi le celeſte troupeau
Tira de l'eſpineux rameau,
Et fit naiſtre en robe pourpree
La Roſe à Bacchus conſacree.

De foymefme.

Auſſi toſt que ie tiens propos
  Seulet auecques ma maiſtreſſe,
  Auſſi toſt i'entre en allaigreſſe,
  Et vieillard ie dance diſpos.
Cybelle demeure auec nous,
  De roſes que l'on me couronne,
  Loing de moy vieilleſſe griſonne,
  Dieux, ie raieunis entre vous!
Donnez moy de ceſte liqueur,
  De ceſte liqueur preſſuree
  Du grain de la vigne pampree,
  Pour voir vn vieillard de bon cœur.
Vn vieillard encor bien appris,
  De bien parler, & de bien boire,
  Et qui de fureur & de gloire
  Encor quelquefois eſt épris.

Qu'on cognoiſt les amoureux.

  Les cheuaux pour les mieux cognoiſtre,
Bien ſouuent à la cuiſſe dextre
Portent vne marque de feu :
On cognoiſt le Parthe barbare
A la façon de ſa Tiare :
Et moy auſſi toſt que i'ay veu
Vn amoureux, ie le deuine:
Car il porte dans ſa poitrine
Vn ſignal, qui paroiſt vn peu.

FIN D'ANACREON.

Traduction d'vne Ode de Sapphon.

Nul me semble egaler mieux
Les hauts Dieux,
Que celuy qui face à face
T'oit parler, & voit la grace
De ton sou-ris gracieux.
Ce qui va iusqu'au dedans
De mes sens,
Piller l'esprit qui s'esgare :
Car voyant ta beauté rare,
La voix faillir ie me sens.
Ma langue morne deuient,
Et me vient
Vn petit feu, qui furette
Dessous ma peau tendrelette,
Tant ta beauté me retient !
Rien plus de l'œil ie ne voy
Pres de toy;
Tousiours l'oreille me corne :
Vne sueur froide & morne
Soudain coule dedans moy.
Ie suis en chasse à l'horreur,
A la peur,
Ie suis plus palle & blesmie
Que n'est la teste flestrie
De l'herbe par la chaleur.
Ia peu s'en faut que la mort
Sur le bort
De sa barque ne m'enuoye,
Et soudain que l'on me voye
Soufler l'esprit demy mort.

PETITES INVENTIONS

ET AVTRES POESIES.

L'HEVRE.

AV SEIGNEVR P. DE RONSARD.

Dieu te gard Fille heritiere
  De ce Faucheur orgueilleux,
  Et la fidelle portiere
  De l'Olympe sourcilleux,
  Qui retiens sous la cadance
  De tes pas, la violance
  De ce grand Tour merueilleux
Dieu te gard gente Deesse,
  Au pied lentement glissant,
  O qu'heureuse est ta paresse,
  Qui ne va point finissant !
  O Dieu qu'heureuse est ta fuitte,
  Au regard de l'entresuitte
  De nostre âge perissant !
Bien que tu sois paresseuse
  La plus qui soit dans les cieux,
  Lon te tient la plus heureuse

Qui foit entre tous les Dieux :
Car tu n'es iamais fuiette
Faire ainfi qu'vne planette,
Vn grand tour laborieux.
O que ta courfe eft fuitiue
Que le temps n'atrappe pas!
Mais à l'homme trop hatiue
Pour luy donner le trefpas,
Qui foudain le mets au monde,
Puis foudain dans la noire onde
Le fais Ombre de là bas.
Toute la force & la grace
Du ciel fe remire en toy :
Et la violante audace
Du temps, ne gift qu'en ta foy,
Qui te rend obeiffance,
Pour cacher fon inconftance
Sous la rigueur de ta loy.
C'eft ton vol lent qui rapporte
Sur fes ælles le bon heur
Du ciel, c'eft luy qui rend morte
Peu à peu noftre douleur,
Nous contentant d'affurance,
Ou repaiffant d'efperance,
Pour franchir noftre malheur.
Toute la troupe admirable
Des feux brillans dans les cieux,
Point ou peu fe rend traitable,
Et familiere à nos yeux,
Comme toy qui nous ordonnes
Tout en tout, & qui nous donnes
Noftre pis & noftre mieux :
Comme toy, qui aux cloftures
D'vn iuoyre, ou d'vn cryftal,
Tranches les iours par mefures
Sous vn mouuement egal.
Tant fut l'ame curieufe
Et la main ingenieufe

Pour animer vn metal.
Comme toy qui du bocage
  Retires le Bucheron,
  Le Pasteur du pasturage,
  Des vignes le Vigneron,
  Le Peintre de la peinture,
  L'Ecriueur de l'escriture,
  Des forges le Forgeron.
Comme toy, qui tousiours veilles
  Proche du lict de Ronsard,
  Et sans cesse le reueilles,
  Afin que d'vn nouuel art,
  Et d'vne nouuelle adresse
  Il flechisse la rudesse
  De sa Cassandre qui l'ard.
Sois luy doncques fauorable,
  Lente Deesse aux pieds moux,
  Ren luy Cassandre traitable :
  » *Amour fauorise à tous,*
  » *Pourueu qu'on le puisse prendre*
  » *Sus l'heure, qu'il veut entendre*
  » *A nous rire d'vn œil dous.*
Retien la course amoureuse
  De son âge dous-coulant,
  De ta main industrieuse,
  Qui au cheual pié-volant
  Donne le frein, & le donte,
  Quand dispos le Soleil monte
  Dans son char estincellant.
Mais pendant que ie te chante
  Ie grisonne & pers la vois :
  Et toy mille fois mourante,
  Tu renais autant de fois
  Sans qu'en la mort tu seiournes :
  Car en mourant tu retournes,
  Et sans retour ie m'en vois.

LE PAPILLON.

AVDIT SEIGNEVR DE RONSARD.

O que i'estime ta naissance
Pour de rien n'auoir connoissance,
Gentil Papillon tremblotant,
Papillon tousiours voletant,
Griuolé de cent mille sortes,
En cent mille habits que tu portes,
Au petit mufle elephantin,
Ioüet d'enfans, tout enfantin,
Lors que de fleur en fleur sautelles,
Couplant & recouplant tes œlles,
Pour tirer des plus belles fleurs
L'email & les bonnes odeurs.
 Est-il peintre que la Nature?
Tu contrefais vne peinture
Sur tes œlles si proprement,
Qu'à voir ton beau bigarrement,
On diroit que le pinceau mesme
Auroit d'vn artifice extréme
Peint de mille & mille fleurons
Le crespe de tes œllerons.
 Ce n'est qu'or fin dont tu te dores,
Qu'argent, qu'azur dont tu colores
Au vif vn millier de beaux yeux,
Dont tu vois : & meritois mieux
De garder la fille d'Inache
Qu'Argus, quand elle deuint vache.
Tu ne vis qu'vn gaillard printemps :
Iamais la carriere des ans
N'offense ta crespe ieunesse
D'vne chagrigneuse vieillesse.
 Au poinct du iour, quand le Soleil
Colore d'vn pourpre vermeil
Ses rayons, tu sors de ta couche :

Et puis au soir quand il se couche
Plongeant ses limonniers fumeux
Au sein de Tethys écumeux,
Dessus le tapis de la pree
En cent parures diapree,
Tu te couches, sans auoir peur
De la Nuit, ny de son horreur.
Et quand l'Aurore rayonnante
A mouillé l'herbe rousoyante,
Tu te pais de manne & de miel
Qui lors se distille du ciel.
» *O vie heureuse, & plus celeste*
» *Que celle des hommes moleste*
» *A suyure les affections*
» *D'impatientes passions !*
» *Tantost le ciel de son audace*
» *D'vn regard triste nous menace,*
» *Tantost vn orage cruel*
» *D'vn brouillement continuel.*
» *L'hyuer, l'Esté ne nous contente,*
» *Mais plustost vne sotte attente*
» *Nous repaist d'esperer en mieux :*
» *Bref, rien n'est ferme sous les cieux*
» *Pour la pauure race des hommes,*
» *Sous les cieux courbez où nous sommes.*
Or vy donques bien fortuné
Mon mignon, sans estre estonné
Des trauerses de la fortune :
Et pendant que l'heure opportune
Te semont à voler, il faut
Par la bouillante ardeur du chaud,
Que le teint du lis & des roses,
Et de mille autres fleurs écloses
Tu pilles, pour rendre mieus teint
De ma maistresse le beau teint.
Puis m'apportant dessus tes œlles
Le beau fard de ces fleurs nouuelles,
I'appendray sur ce ruisselet,

(Qui doucement argentelet,
Coule de la roche pierreuse
Au long de ceste riue herbeuse)
Et mon bonnet & mon chapeau
En ton honneur, à cet ormeau :
Et chantant au frais de l'ombrage
I'empescheray que nul outrage
Ne te soit fait sur le mi-iour
Par les enfans, quand de retour
Ils sont des champs, & que leur chasse
A coups de chapeau te pourchasse,
Et tous échaufez à grans pas
Courent pour t'atterrer en bas,
Hastant & rehastant leur suitte
Apres ton inconstante fuitte,
Pour ton voller trop incertain
Qui trompe leurs yeux & leur main.
 Et si tu fais que la nuit sombre
Te puisse tirer de l'encombre
Des enfans, encor qu'il fust tard,
Va-ten mignon à mon Ronsard,
Que i'aime mieux que la lumiere
De mes yeux, & dont se tient fiere
Ma Muse : car il daigne bien
Lire mes vers qui ne sont rien.
Tu le trouueras dessus Nicandre,
Sur Callimach, ou sur la cendre
D'Anacreon, qui reste encor
Plus precieuse que n'est l'or,
Tout recourbé moulant la grace
De ses trais, à l'antique trace,
Sur le patron des plus secrets
Poetes Romains, & poetes Grecs,
Pour nous reclarcir leur vieil áge :
Puis t'asseant sur son ouurage
Tu luy diras que son Remy,
A qu'il a donné son Fourmy,
Son Fourmi, & depuis encore

Vn double preſent qu'il honore
D'vne Grenouille, & d'vn Frelon,
Pour recompenſe, vn Papillon,
Vn gay Papillon luy renuoye,
A fin qu'en pareille monnoye
Reçoiue le payment entier
D'vn artiſan de ſon meſtier.
  S'il te reçoit en ſa demeure,
Papillon mon mignard, ie meure,
Qu'autant heureux ou plus qu'vn Roy
Viuras ſans peine & ſans émoy
En ta franchiſe couſtumiere.
Car, ſoigneux, qu'ell' te reſte entiere,
Aſſeure toy qu'il gardera
Que l'huile ne t'offenſera,
Ny qu'au feu des tardes chandelles
Tu grilles le bort de tes ælles.

LE CORAL.

A SA MAISTRESSE.

Donques c'eſt toy, bouche couſine
  De ceſte branche Coraline,
  Qui me commandes la vanter.
Las! ſeray-ie touſiours eſclaue
Bruſlant ſous ta parolle graue
  D'vn feu qui ne peut s'alenter?
Sus donc, puis qu'il faut que ie chante
  L'honneur de ceſte heureuſe plante,
  Muſe dy moy premierement
Comme en Coral ell' ſe transforme,
Raportant le tige, & la forme
  D'vne herbe en ſon accroiſſement.
Ell' naiſt en rameaux verdiſſante,
  Deſſous l'écume blanchiſſante,

  Ou contre le roch qu'elle fuit,
  Ou choisist sa terre propice
  Sur la riue, maigre nourrice
  Et de bonne herbe, & de bon fruit.
Puis ayant passé sa ieunesse
  Courbe dechet en sa vieillesse,
  Teste & racine pourrissant,
  Comme les corps de toutes choses
  Qui sont dedans la terre encloses,
  Dont l'humeur les va nourrissant.
Confite en ceste pourriture,
  Mourant, bastist sa sepulture
  Molle, glissante au fond des eaux,
  Mais trois fois heureuse demeure
  Qui fait que iamais ne se meure
  Le sang pourpré de ses rameaux.
Car si tost que le ciel s'irrite,
  Et la mer aigrement dépite
  Caue les flancs des rochers durs,
  Ceste herbe aux riues escoulee,
  Dessous vne écume meslee,
  Emprunte du ciel ses couleurs.
Et s'enroidist en corps solide,
  Si tost que du seiour humide
  Aux bords elle peut s'eslancer,
  Miracle estrange! au creux de l'onde
  Desia morte, vne ame seconde,
  Soupirant tire de nostre ær:
Et soudain paroist toute telle
  Qu'elle estoit en sa fleur nouuelle,
  Et en sa premiere verdeur:
  Ell' porte son fruit, sa racine,
  Sans plus à la couleur sanguine,
  Et le ferme de sa rondeur.
Car en flottant elle s'approche
  Des piés rongés de quelque roche,
  Où soudain se vient empierrer:
  Et restant encor demy molle,

Si ſerrément elle s'y colle
Qu'à peine l'en peut-on tirer.
O Seigneur, que tu nous decœuures
De grands ſecrets, voyant ces œuures,
Petit ouurage de tes mains.
Voyez comme vne herbe fleſtrie,
Au fond de l'eau toute pourrie,
Se fait vn miracle aux humains.
Ce n'eſt pas la force épanchee
Du ſang de la teſte tranchee
De Meduze, qui l'arroſa,
Quand Perſe aux riues ondoyantes,
Sur vn lit d'herbes verdoyantes
Encor tremblante la poſa.
C'eſt le Coral de ma maiſtreſſe,
Qui tient pluſtoſt de la rudeſſe
Du ſang de ce monſtre hideux :
Car tant ſoit peu qu'ell' le deſſerre
Pour ſoûpirer, elle m'empierre,
Reſtant muet deuant ſes yeux.
Donques ô branche Coraline,
Puis que tu portes medecine
De quelque rafraichiſſement,
Appaiſe l'amoureuſe flamme
Qui me va bruſlant iuſqu'à l'ame
Par ne ſçay quel enchantement.
Eſtanche la playe coulante,
Qu'Amour de ſa darde volante
M'a faitte au branle de ſa main :
Et d'vn or fin bien enchaſſee,
D'vn cordon de ſoye enlaſſee
Ie t'auray touſiours dans mon ſein.

L'HVISTRE.

AV SEIGNEVR DE BAIF.

Ie croy que l'esprit celeste,
  L'esprit celeste des Dieux,
  Baissant l'œil, tout courbé reste
  Quelquefois sur ces bas lieux,
  Pour se rire de l'ouurage
  Que la Nature mesnage
  Dessous la charge des cieux.
Au vague repli des nuës
  Elle attache les oyseaux,
  Dedans les forests chenues
  Les plus sauuages troupeaux,
  Et la brigade muette
  Du peuple escaillé ell' iette
  Dessous le marbre des eaux.
Mais elle a bien autres choses
  Et grandes pour enfanter
  Dans son large sein encloses,
  Et qui les voudroit chanter
  Oseroit-il pas encore
  Grain à grain le sable More
  Et les estoiles conter ?
Voyez comme elle se ioüe
  Contre le rocher pierreux
  De cet animant, qui noüe
  Entre deux cernes huitreux.
  C'est, c'est l'Huistre que i'accorde
  Sur la mieux sonnante corde
  De mon cistre doucereux.
Voyés comme elle est beante,
  A fin de succer les pleurs
  De l'Aurore, larmoyante
  Les rousoyantes douceurs,

L'HVISTRE.

Quand de sa couche pourpree
Elle bigarre l'entree
Du matin de ses couleurs.
Puis si tost qu'elle est comblee
Iusques aux bords pleinement,
De ceste liqueur, coulee
Du celeste arrosement,
Soudain elle deuient grosse
Dedans sa iumelle fosse
D'vn perleux enfantement.
Car suçottant elle attire
Peu à peu le teint pareil,
Dont la nüe se remire
Par les rayons du soleil :
Si pure, elle est blanchissante :
S'elle est palle, palissante :
Si rouge, ell' prend le vermeil.
Tant sa nature est cousine
Du ciel, qu'ell' ne daigne pas,
Viuant en pleine marine,
Y prendre vn seulet repas :
Comme ayant la cognoissance
Que de la celeste essance
Tout bien decoule çà bas.
O Nature trop gentille
Sous le couuercle iumeau
D'vne argentine coquille
Qui fait endurcir la peau
D'vne perlette d'eslite,
Et la franche marguerite,
Prendre couleur de son eau.
Thresor, qui la terre ronde
Fait rougir, & fait ramer
Des quatre corniers du monde,
L'Orient, & l'Inde mer :
Thresor, qui de sa merueille
Fait la delicate oreille
Des princesses entamer.

Qui ne la diroit apprife
   De quelques bons fentimens,
Quand elle fuit la furprife
Des pipeurs allechemens,
Ioignant fa coquille en preffe,
Pour rampar de la richeffe,
Qu'elle nourrift dans fes flancs?
Vy, que iamais ne t'enferre
   Le pied fourchu doublement
Du Cancre, qui te defferre
Pour te manger goulument,
Et laiffe ouurir ta coquille,
Sans te monftrer difficile
A mon Baif nullement.

LE PINCEAV.

AV SEIGNEVR GEORGE BOMBAS.

A qui mieux doy-ie prefenter
Ce pinceau que ie veux chanter
Qu'à toy qui fçais prendre la gloire
Des neuf Sœurs filles de Memoire?
Et mouuoir les Dieux aux attraits
Animez dedans tes portraits?
Qu'à toy qui pratiques l'vfage
De mieux labourer vn vifage
Au Pinceau, que Venitien,
Que Flamant, ou qu'Italien,
Encore que toute la France
Admire pluftoft l'excellance
De quelque eftranger, que la main
De celuy qu'ell' couue en fon fein?
   Pinceau à la pointe eftoffee
D'vn poil choifi, pointe animee,
Au mouuoir des artiftes dois,

Qui te manient sur le bois.
 Pointe qui de façon ouuriere
Sçait enfler l'estomach colere
D'vn Peleide, & qui fait or
Soupirer les armes d'Hector,
Rallumant le feu deuant Troye,
Pour auoir mis Helene en proye,
Cause trop iuste à l'estranger,
Pour trop iustement se venger.
Qui fait or Hercule combatre
Geryon, Busyre, & abatre
Mille monstres, mille serpens,
Le braue labeur de ses ans.
 Pointe qui fait ietter les larmes
Au bois, quand aux feintes allarmes
On voit nager au sang des morts
Les cheuaux par dessus les corps.
 Pointe qui de couleur sanguine
Entame la chaste poitrine
D'vne Lucrece, sans douleur,
Pour exemple d'vn noble cueur,
Armant sa main de hardiesse,
Et d'vne dague vengeresse
Du forfait & crime inhumain
Que luy fist le tyran Romain.
 Bref, qui fait ce que la Nature
Nous monstre en sa viue peinture,
Et qui plus est, ce que nos yeux
Ne virent iamais sous les cieux :
Nous repaissant d'vn feint image
Ou de quelque estrange paysage,
Et bref en cent papiers diuers
Le globe de tout l'vniuers.
 Pointe qui de gentille adresse
Dore le poil de ma maistresse,
Et contre-fait l'iuoyre blanc
De son front, & le double rang
De riches perlettes encloses

Entre les boutons de deux roses,
Les œillets & les lis semés
Dessus deux tertres animés,
Le bras iuste, & la main polie,
Qui serre ma mort & ma vie,
Et le reste, que ie ne puis
Conceuoir, tant nauré ie suis.
 Pren donc ce Pinceau & me trace
Les rares beautés de ma Grace,
Fidelle amy, trace-les moy:
La donc: ha mon Dieu ie les voy.
La donc auant, ie t'en supplie
Par la sainte amitié qui lie
Nos deux cœurs, qui ne desliront
Tant que les astres reluiront,
Trace moy ces beautez naïues
Au vermeil de ses couleurs viues.
Mais à fin de ne les souiller
Vueilles ce Pinceau remouiller
Dedans la belle eau qui distile
Tant doucement de ton dous stile.

L'ESCARGOT.

AV SEIGNEVR R. GARNIER.

Puis que ie sçay qu'as en estime
Le petit labeur de ma ryme,
Point ie ne veux estre de ceux
Qui sont au mestier paresseux
Dont ils tiennent la connoissance,
Et en cachent l'experience:
Vrayment ie ne veux estre tel.
Car à l'exercice immortel
Des Muses, i'emploiray ma peine
Pour chercher l'immortelle veine,

Et le furgeon du clair ruiſſeau,
Qui roule du double coupeau
De Parnaſſe, à fin que t'abréue
Quelquefois eſtant ſur la gréue
De mon petit Ronne argentin,
Qui flotte d'vn ply ſerpentin,
Recherchant ton Loir, pour l'hommage
Qu'il luy doit de ſon voiſinage,
Ma langue, pour mieux entonner
Le fredon que ie veux ſonner
Sur mon Lut, de la douce flame
Qui fait vn braſier de mon ame,
Et de l'honneur que ie te doy
Pour l'amitié que i'ay de toy.

 Toutesfois attendant que l'heure
T'en aura l'eſpreuue meilleure
Mis en main, ie te veux tailler
Vne Limace, & l'emailler
Au compas, comme la nature
En a tortillé la ceinture,
Comme au ply d'vn petit cerceau
En boſſe en a fait le vaiſſeau,
Le vaiſſeau que ie veux eſlire
Pour le vanter deſſus ma lyre.

 C'eſt donc toy, cornu Limaſſon,
Qui veux entonner ma chanſon,
C'eſt toy, c'eſt toy race couſine
De la brigade Titannine,
Qui voulut écheler les cieux
Pour mettre en route les hauts dieux.

 Il t'en ſouuient de l'entrepriſe
Et de la victoire conquiſe
Contre vous, car le bras vangeur
De voſtre ſang fut le changeur.

 Quand pour eterniſer la gloire
De telle conquiſe victoire
En ſignal du ſot iugement,
Qu'ils auoyent prins enſemblement,

D'oſer egaler leur puiſſance
A l'immortelle reſiſtance,
De leur harnois & de leurs os
Il en tira les Eſcargots,
Que voyez encor de la Terre
Leur mere (moquant le tonnerre,
La corne droitte, bien armés)
Contre le ciel naiſtre animés.

 N'eſt-ce pas contre la tempeſte
Que portez braue ſur la teſte
Le morion bien eſcaillé,
Bien cizelé, bien eſmaillé,
Et comme race opiniaſtre
Qui cherchez encor à combatre
La marque des vieux fondemens
Et les ſuperbes baſtimens ?
Grimpant a-mont pour faire eſchelle,
Penſant que ſoit la citadelle
Dont Encelade foudroyé
S'atterra menu poudroyé,
Comme par l'eſclat d'vn tonnerre
S'empoudre le bois & la pierre ?
Ou comme le flanc d'vn rampart
A coups de balle ſe depart ?

 Puis d'vne deux-fois double corne,
Braue, tu rampes ſur la borne
De quelque Olympe ſourcilleux,
Ou d'vn Pelion orgueilleux,
Semblant defier la menace
De Iupiter par ton audace.

 Mais, helas ! tout en vn moment
Au ſeul ſoupirer d'vn doux vent,
Tremblant de peur ta laide trongne
Dans ſa coquille ſe renfrongne,
Craignant le foudre puniſſant
Que darde ſon bras rougiſſant.

 O ſotte race outrecuidee
Que la fureur auoit guidee

Non la raison, pour aprocher
Celuy qui la fist trebucher
D'vn clin d'œil! telle est sa puissance
Contre l'humaine outrecuidance,
Telle est la rigueur de ses mains
Contre la force des humains.
 Cela vrayment nous doit aprendre
De n'oser iamais entreprendre,
De n'oser iamais attenter
Chose contraire à Iupiter.
Où tendoit leur sotte auenture
Que pour combattre la nature,
Qui par vn certain mouuement
A sur nous tout commandement?
 Aussi le sang, & le carnage
De leur sort, tesmoigne la rage,
La grand' colere & la fureur
De Bacchus braue auancoureur:
Quand à dos & teste baissee
En peau de lyon herissee,
A coups d'ongles, à coups de dens
Tout pesle-mesle entra dedans,
Et de la rencontre premiere
S'attaque à l'apparance fiere
Du grand Rhete, qui repoussa
De tel effort qu'il l'enfonça,
Et mort estendu sur la place
Empoudra sa sanglante face,
Sans mille, ausquels pour s'approcher,
L'ame & le sang leur fist cracher.
 Et c'est pourquoy pere indontable
Ceste vermine miserable,
Pour plus traistrement se vanger
Encor auiourdhuy vient ronger
L'espoir & la vineuse attente
Du gemmeux bourgeon de ta plante.
 Aussi pour te vanger ie veux
En faire vn sacrifice d'eux,

Dreſſant vn triomphe en memoire
De la braue & gente victoire,
Comme iadis s'enſanglanta
Le couteau du bouc, qui brouta
Le verd tendron de la ramee
Du beau ſep de ta vigne aimee.
 Tu ſeras donc vif arraché
Hors de la coque, & embroché
A ceſt echallas pour trophee,
Où pendra ta chair etouffee
Dans la terre premierement,
Qui produit tel enfantement,
Et telle outrageuſe vermine
Qui ronge la grappe Angeuine.
 Tes armes ie les garderay,
Et puis ie les derouïlleray,
S'il te plaiſt, pour ſeruir d'augette,
Garnier, à ta gente Aloüette.
Ou (ſi tu le veux ramager)
A ton Roſſignol paſſager,
Qui d'vne vois doucement rare
Pleure encor la couche barbare,
L'outrage & le tort inhumain
Que forfiſt la cruelle main
Du traiſtre rauiſſeur Teree,
Aux chaſtes feux de Cytheree.

L'OMBRE.

AV SEIGNEVR NICOLAS.

Eſtant au frais de l'ombrage
 De ceſt ormeau refriſé
Sur les plis de ſon fueillage,
 D'vn beau ſep fauoriſé,
D'vn beau ſep qui l'entortille,

Et qui de grace gentille
A son tige eternisé :
Et prenant l'haleine douce
D'vn doux Zephyr voletant,
Qui de mignarde secousse
Vn doux soupir va souflant,
Ie suis contraint en eschange
De te chanter la louange
De cest Ombre tremblotant.
Ombre gentil qui moderes
Sous vne fresche douceur
Les plus ardantes coleres
Du ciel, estant en chaleur,
Et les plus chaudes haleines
Que reçoiuent point les plaines
Du soleil en son ardeur :
D'vne couleur ombrageuse
Tu contrefais le portrait,
Que la main industrieuse
De la Nature portrait :
Tu contrefais en nuage,
De tout aparant visage
D'vn noir brun, le premier trait.
C'est toy, qui retiens en bride
Des heures le glissant pas,
Et l'inconstance du vuyde
Qui mesures aux compas :
C'est toy qui brunis & voiles
Le feu brillant des estoiles
Qui rayonne contre bas.
C'est toy, qui fais que la Lune
Mene au galop ses moreaux
Le long de la lisse brune
Claire de mille flambeaux :
C'est toy, qui de main maistresse
Pousse' auant la blonde tresse
Du soleil au fond des eaux.
C'est toy, qui sur l'herbelette

De ton Efté froidureux,
Entens la douce mufette,
Et les difcours amoureux
Du berger à la bergere,
Lors que la Chienne en colere
Rend fes abois chaloureux.
Ombre frais ie te falüe,
Ie te falüe, ô l'honneur
De la criniere fueillüe,
Des bois, & de la fraicheur,
Et des Antres folitaires
Les plus loyaux fecretaires
De ma plaintiue langueur.

LA TORTVE.

A NICOLAS GOVLET,

Procureur du Roy à Chartres.

Puis que ie chante en ton honneur,
A tout le moins prefte faueur
Aux cordes fourdes de ma lyre,
Neueu d'Atlas, qu'ell' puiffe dire
Le fort eftrange à cefte fois,
Des nerfs animez de tes doigts
Deffus l'efcaille decharnee
De la Tortüe emmaifonnee,
Qui feiche, vne autre ame receut
Si toft que ton œil l'aperceut:
Change heureux! plus noble que celle,
Qui n'eftoit autre que mortelle,
Et qui ne feruoit que d'apas
Aux pauures mortels d'icy bas:
Mais qui depuis (grande merueille!)
A debouché la fourde oreille
Des bois, des roches, & des mons

A la cadance de ſes ſons.
  Sus donc Muſe qu'on s'éuertüe
A bien chanter vne Tortue,
L'eſmail, & le compartiment
De ſon mobile baſtiment.
  Gentil ouurage de Nature
En ſi bigearre creature,
Au muſle & au pied ſerpentin
Tapi ſous le caue argentin
D'vne oualle, en voûte eſcaillee,
L'vne en l'autre ſi bien taillee,
Que le burin induſtrieux
N'en peut aprocher de ſon mieux.
  Auſſi la Cyprine Deeſſe
Friſant l'or de ſa blonde treſſe,
Lors qu'elle ſe veit en naiſſant
Dans les replis d'vn flot gliſſant
La choiſit pour barque hoſteliere,
Et pour fidelle baſteliere,
Laiſſant roüiller au front des eaux
Les ancres, appuis des vaiſſeaux,
Pour tenir la route en Cytheres
Deſſus les rides marinieres,
Où ſans tourmente elle aborda,
Et, dame, ſon regne y fonda.
  O vrayment heureuſe coquille
Qui receus l'eſcumiere fille
En ſi piteux enfantement!
Ayant d'amoureux ſentiment,
Et de pitié plus que la mere,
Plus que la troupe mariniere,
Plus que la croupe des Daulphins,
Et plus que tous les Dieux marins.
  Ie diray Venus entachee
Du ſurnom d'ingrate, attachee
S'ell' ne t'a dans l'azur des cieux
Entre les flambeaux radieux,
Toy qui l'afranchis de la rage

Des flots, & du cruel orage
Des vents à l'enuy obstinez
Contre sa mere mutinez.
Toy qui tiens sous la double escorce
D'vn petit animant la force,
Pour le plus braue, & le plus fier
De tous animaux défier.

Or' qu'il ait la peau serpentine,
L'ongle & la queue lezardine,
Si n'at-il rien de venimeux,
Ny rien que le serpent hayneux.

Ne guarist-il pas la morsure
D'Aspics noiraux, de sa charnure,
Et le pipeur aueuglement
De tout magique enchantement ?
Son sang esclaircist le nuage
Des yeux & polist le visage :
Son sang vermeillonne le teint
De fiéure ou de langueur esteint :
Tant sa nature est amoureuse
De nostre race langoureuse !

Pourquoy charge-elle sur le dos
L'asseurance de son repos,
En sa petite maisonnette,
En sa petite boytelette ?
N'est-ce à fin de nous contenter
En nostre maison, sans tenter
Mille maux que l'heure importune
A pour guidon de la fortune ?
Mille maux, & mille dangers
Qu'encourons és lieux estrangers ?

Sans encor irriter les ondes,
Des mers horriblement profondes,
Sans foüiller dans le sable encor
Des Indes, les perles & l'or ?
Sans s'acheter d'vne brauade
En combat, ou en embuscade,
Panché sur selle, & le front bas,

Coups de masse, ou de coutelas?
  Aprenons de nostre maistresse,
Nostre mere, nostre deesse,
Nature, qui ne brasse rien
Qui ne se tourne en nostre bien.
Mais las! chetiue race d'hommes
A peine sçauons qui nous sommes,
Ny quel est l'ombre des desseins
De Dieu, en l'œuure de ses mains.
  Le marcher lent de ceste beste,
N'est-ce à fin que l'esprit arreste
La course des affections
De nos bouillantes passions?
  Donques regardons que l'ouurage
De Dieu, n'est pour flatter l'vsage
De nostre pallais desgouté
Seulement, ains que sa bonté
Nous graue par ces creatures
Le portrait de ses escritures,
Non pas les noms tant seulement
Pour nous en seruir d'ornement.
  Va donc sans te haster mignone,
Au lieu où tout l'honneur seiourne
De ton mesnage, & tout le beau
De ta coquille, & de ta peau
En petis astres marquettee,
Mise sous la voûte argentee
De ce bastiment releué
En bosse, & dessus engraué:
C'est dedans la maison honneste
De mon Goulet, qui ia s'apreste
A te dresser dans le contour
De son iardin, vn beau seiour,
Parmy les perlettes roulantes
Dessus les herbes verdoyantes,
Parmy le basme, & les odeurs
Et l'email de cent mille fleurs.
  Puis si l'aller te donne peine,

  Il te promet vne fontaine
Viuante en cryſtal dous-coulant
Deſſus le ſable ſautelant :
Car ton naturel eſt propice
A faire l'vn & l'autre office.
  Eſtant là, n'ayes plus de peur
De choir ſur le roc, ny frayeur
De la violante gliſſade
De l'aigle, ny de ſon onglade,
Ou qu'en ta cheute le Deſtin
D'vn autre Eſchille ſoit la fin.

LE VER LVISANT DE NVICT.

A GVILLAVME AVBERT.

  Iamais ne ſe puiſſe laſſer
Ma Muſe de chanter la gloire
D'vn Ver petit, dont la memoire
Iamais ne ſe puiſſe effacer :
D'vn Ver petit, d'vn Ver luiſant,
D'vn Ver ſous la noire carriere
Du ciel qui rend vne lumiere
De ſon feu le ciel meſpriſant.
  Vne lumiere qui reluit
An ſoir, ſur l'herbe rouſoyante,
Comme la treſſe rayonnante
De la courriere de la nuict.
D'vn Ver tapi ſous les buiſſons,
Qui au laboureur prophetiſe,
Qu'il faut, que pour faucher aguiſe
Sa faulx, & face les moiſſons.
Gentil prophete & bien apris,
Apris de Dieu qui te fait naiſtre
Non pour neant, ains pour accroiſtre
Sa grandeur, dedans nos eſprits!

 Et pour montrer au laboureur
Qu'il a son ciel dessus la terre,
Sans que son œil vaguement erre
En haut, pour aprendre le heur
Ou de la teste du Toreau,
Ou du Cancre, ou du Capricorne,
Ou du Belier qui de sa corne
Donne ouuerture au temps nouueau.
 Vrayment tu te dois bien vanter
Estre seul ayant la poitrine
Pleine d'vne humeur crystaline
Qui te fait voir, & souhaiter
Des petis enfans seulement,
Ou pour te montrer à leur pere,
Ou te pendre au sein de leur mere
Pour lustre, comme vn diamant.
 Vy donc, & que le pas diuers
Du pié passager ne t'offense,
Et pour ta plus seure defense
Choisi le fort des buissons vers.

LA CERISE.

A PIERRE DE RONSARD.

 C'est à vous de chanter les fleurs,
Les bourgeons, & les espis meurs,
Le doux gazoüillis des fontaines,
Et le bigarrement des plaines,
Qui estes les plus fauoris
D'Apollon & les mieux appris:
Quant à moy, rien plus ie n'attente
Sinon chanter l'honneur de l'ente
De la Cerise & son beau teint,
Dont celuy de m'amye est teint.
 En ce fameux & bon vieil age

Auant que le fils eut partage
Auec le pere, & que les Dieux
Viuoyent esgaux dedans les Cieux,
Leur œil & leur main pitoyable
De nostre race miserable
Rechercha les inuentions
Pour adoucir nos passions,
Car au lieu du commun breuuage
Qu'auions à la beste sauuage,
Bacchus pressura des raisins
Le germe sacré des bons vins.
 Cerés changea la nourriture
De ceste brutale pasture
De glans broyez en espis vers,
Secours pour ce grand vniuers :
Car si tost que sa main heureuse
Eut renuersé la motte oyseuse
Qui iamais n'auoit rien produit,
Soudain nous prodigua son fruit.
 Encor la poutre Pelienne
N'auoit la frayeur Oceanne
Dedaigné, ny la toile aux flots
N'aux vents n'auoit tourné le dos,
Sans toy Pallas, qui la premiere
Tranchas l'eschine mariniere
Vogant l'esperance au danger
Pour tirer l'or de l'estranger,
Raportant la fueille sacree
Que ta Cité tint encoffree
Si long temps, dont creut le bon heur
Et de la vie, & de l'honneur.
 Iupiter pour le plus propice
A charpenter vn edifice
Le chesne branchu deterra,
Et puis Apollon enserra
Les doctes frons de la ramee
Verdoyante en sa mieux aimee :
Bref il n'y eut celuy des Dieux

Qu'à chercher ne fuſt curieux
Quelque bien pour l'humaine race,
Tant alors eſtoit en ſa grace.

 Quoy voyant le Dieu Iardinier,
Le foreſtier, le montagner,
La main ſur l'œil penſe & repenſe
De quelle plus douce ſemence
Et de quel fruit plus ſauoureux
Rendroit ſon iardin amoureux.

 Ayant conſulté la Nature,
Qui bouchoit encor l'ouuerture
D'vn germeux pepinier vaiſſeau,
Où giſoit le germe nouueau
De toute l'eſpece des choſes
Au fond ſecrettement encloſes,
Print la Ceriſe, & tout diuin
La planta dedans ſon iardin,
Et l'enta comme la ſeconde
Pour l'entretien de ce bas monde.

 Puis auſſi toſt que ce doux fruit
Hors de la terre fut produit,
Les neuf Sœurs filles immortelles
De Iupiter, femmes, pucelles
Y coururent pour en taſter,
Pour en cueillir, pour en porter
Leur plein giron, ſi que leur bande
En deuint tellement friande
Que meſme Iunon mille fois
S'eſcartant ſeule par les bois
Laiſſa le gouſt de ſon breuuage
Pour en choiſir à ſon vſage;
Pour en auoir en ſa maiſon
En tout temps & toute ſaiſon:
Ainſi la nouueauté martyre
Doucement le cœur qu'elle attire.

 Bref, ce pauure Dieu fut contraint
Se voyant piller en ce point,
Serrer ſon huis, & de mettre ordre

A ce pillage, à ce defordre,
A ce foudain desbordement,
Que ces Dames nouuellement
Par ne fçay quelle friandife
Auoyent commis en la furprife
De fon iardin. Mais l'on voit bien
Que dans ce monde n'y a rien
Que fans art la Nature ouuriere
Ne face ou donne la maniere
De le bien faire. Or peu à peu
Ce fruit par tout le monde eft creu,
Si bien qu'il meritoit l'eftime
Comme premier, d'eftre le prime,
Et comme l'aftre de la nuit
Entre les moindres feux reluit,
Ou comme la grand mer furpaffe
Les flancs de la riuiere baffe,
Ainfi le ius & la douceur,
La beauté, le gouft, la couleur
De la Cerife tant feconde,
Paffe les autres fruits du monde.

  Sus donc Deeffes iardinieres,
Nymphes fruitieres, cerifieres,
Sus donc, des vers foupirez moy
Pour la vanter comme ie doy.

  Rien ne fe trouue plus femblable
Au cours de la Lune muable,
Rien plus n'imite fon labeur
Que ce fruit, auant qu'il foit meur.

  Tantoft palle, tantoft vermeille,
Tantoft vers la terre fommeille,
Tantoft au ciel leue fon cours,
Tantoft vieillift en fon decours.
Quand le Soleil moüille fa treffe
Dans l'Ocean, elle fe dreffe:
Le iour, la nuit egalement
Ell' prend teinture en vn moment.

  Ainfi ce doux fruit prend naiffance,

Prend sa rondeur, prend sa croissance,
Prend le beau vermeillon qui teint
La couleur palle de son teint.

 O sage & gentille Nature
Qui contrains dessous la closture
D'vne tant delicate peau,
Vne gelee, vne douce eau,
Vne eau confitte, vne eau succree,
Vne glere si bien serree
De petis rameux entrelas,
Qu'à bon droit l'on ne diroit pas
Que la Nature bien apprise
N'eust beaucoup plus en la Cerise
Pris de plaisir, qu'en autre fruit
Que de sa grace nous produit.

 A t'elle pas en sauuegarde
De son espece, mis en garde
Le noyau dans vn osselet,
Dedans vn vase rondelet,
Clos, serré dans vne vouture
Faitte en si iuste architecture
Que rien ne semble imiter mieux
Ce grand tour surpandu des cieux?

 Les autres fruits en leur semence
Retiennent vne mesme essence,
Mesme ius, & mesme couleur,
Mesme bourgeon, & mesme fleur:
Mais la Cerise verdelette,
Palle, vermeille, rondelette,
La Cerise & le cerisier,
La merise & le merisier,
(Que i'ayme autant, qu'ayme ma Dame
Le soing qu'elle donne à mon ame,
Que la rose ayme le matin
Et la pucelle son tetin)
Est en liqueur plus differente
Que la marine en sa tourmente,
En son teint plus que l'arc en ciel,

En douceur plus que le roux miel.
 L'vne eſt pour adoucir doucette,
L'autre pour enaigrir aigrette,
Seche-freche pour moderer,
Aigre-douce pour temperer
L'aigreur & la douceur enſemble
Du fieureux alteré qui tremble :
Brief elle a mille alegemens
A mille dangereux tourmens.
 Ou ſoit que meure ſur la branche
En ſon coural elle ſe panche,
Ou ſoit qu'en l'arriere ſaiſon
Cuitte ſe garde en la maiſon,
Ou bien confite, elle recree
L'eſtomac d'vne humeur ſucree,
Donnant au ſain contentement
Et au malade allegement.
 Mon Dieu mon Dieu quel plaiſir eſſe
Accompaigné de ſa maitreſſe
Librement à l'ombre ſe voir
D'vn Ceriſier, & de s'aſſeoir
Deſſus l'herbe encor' blondiſſante
D'vne perlette rouſoyante ?
Et de main forte rabaiſſer
Vne branche pour luy laiſſer
Cueillir de ſa leure tendrette
La Ceriſe encor verdelette ?
 Puis apres de la meſme main
Doucement deſcouurir ſon ſein
Pour baiſer la ſienne iumelle
De ſa ronde & blanche mamelle ?
 Puis luy dire en la baiſottant,
La careſſant, la mignottant,
Cachez voſtre beau ſein, mignonne,
Cachez, cachez, las ! il m'étonne,
Ia me faiſant mort deuenir
Par l'outrage d'vn ſouuenir
Que i'ay de ce marbre qui tremble,

De ceste Cerise, qui semble
Rougir sur vn mont iumelet
Fait de deux demi-rons de lait,
Par qui ma liberté rauie
Dedaigne maintenant la vie,
Par qui ie cesse de sonner
Celle que ie te veux donner,
Mon Ronsard, or que redeuable
Ie te sois, si suis-ie excusable
Par vne extreme affection
D'auoir changé de passion:
Mais en meilleure souuenance
Ne pouuoit tomber ma cadance,
Pour adoucir le contre-son
De ma rude & longue chanson.

 Si l'auras-tu, mais ie t'asseure,
Qu'ell' n'est pas encor assez meure,
Elle sent encor la verdeur,
N'ayant ny le teint, ny l'odeur:
Mais pour tromper la pourriture
S'il te plaist, par la confiture
De ton saint miel Hymettien,
Et du crystal Pegasien
Qui sort de ta bouche sacree,
Tu la rendras toute sucree,
A fin que par toy meurissant
On ne la trouue pourrissant.

 Si tu le fais, ie n'ay pas crainte
Ny des frimas, ny de l'atteinte
Des coups d'vn orage gresleux,
Ny du Ronge-tout orgueilleux,
Ny d'vne mordante gelee,
Ny de la gourmande volee
D'vn noir escadron d'Estourneaux,
Ny du bec des petits moineaux.

 Telle qu'elle est ie te la donne
D'aussi bon cœur, que ta mignonne
T'en a plusieurs fois enuoyé

Pour ton eſtomach deuoyé
D'eſtre courbé deſſus le liure,
Pour la faire à iamais reuiure.

ELECTION DE SA DEMEVRE.

A AMADIS IAMIN.

Puiſque ma Maiſtreſſe dedaigne
L'honneur des bois, & la campaigne,
Puiſque les tertres boſſelus,
Et les ruiſſelets mouſſelus,
Le cryſtal des ondes ſacrees,
L'email des verdoyantes prees,
La frayeur d'vn antre fourchu,
L'ombre d'vn boccage branchu,
Luy deſplaiſent, & que ſa flame
Nourrice d'Amour, ne s'enflame
En lieu ſolitaire & reclus :
Quant à moy ie ne viuray plus,
Egaré loing du populaire,
Ny des Citez, pour luy complaire,
Auſſi qu'en rien ne m'y deſplaiſt
D'autant que ie voy qu'il luy plaiſt.
A Dieu donc garſes foreſtieres,
A Dieu pucelles fontainieres,
Cheurepiés, Satyres cornus,
Faunes, Siluains, & Dieux connus
Non que de leur terre voiſine,
Et de l'innocente poitrine
Du laboureur & du berger,
Sans plus loing leur gloire eſtranger.
A Dieu donc, puiſque ma maiſtreſſe
Orphelins d'honneur vous delaiſſe,
Detournant de vous ſes beaux yeux,
Ie croy qu'en l'obſcur de ces lieux

Amour ne fait plus sa retraitte,
Mais que d'emprise plus secrette
En quelque ville separé
Loing de vous il s'est esgaré,
Enyuré de la douce grace
De celle qu'il suit à la trace,
Comme vn limier trouue dispos
Le cerf craintif en son repos.
Quant à madame ie sçay bien
Que plus n'y est, & sçay combien
Maintenant elle vous dedaigne :
Car elle s'est faicte compaigne
De Pallas Minerue aux yeux pers,
Et moy l'vne & l'autre ie sers.

  O que i'estime estre barbare
Celuy qui de son gré s'esgare
Loing de ces deux diuinitez,
L'honneur des plus belles Citez,
A qui les champs maintenant plaisent,
Maintenant les villes desplaisent,
Seiour de l'Amour espineux,
Et d'Apollon aux blonds cheueux.

  Amour parle nostre langage,
Amour archer n'est si sauuage,
Qu'il estoit lors qu'il encordoit
Son arc à peine, & s'abordoit
Plus tost à quelque cueur champestre
Qu'à cil qui le pouuoit cognoistre :
Lors il n'auoit le bras archer
Pour enfoncer, pour descocher,
Et si n'auoit la main meurdriere
Pour guider sa fleche legere
A quelque cueur de blanc en blanc
Traperçant l'vn & l'autre flanc,
Enrouillant son arme mutine
En sa force trop enfantine.

  Il ne cognoissoit pas encor
Qu'estoit celle à la pointe d'or,

Et comme morne la plombee
Restoit sur le refus courbee.
Mais las maintenant quelle main
Il a pour enferrer vn sein,
Et le troubler d'vne tourmente
Plus forte que celle qui vente
Dessus la mer par tourbillons
Raboteuse en mille sillons!
Il ne va maintenant en queste
Pour le bouuier, ny pour la beste,
Mais bien pour triompher d'vn cueur
Braue, & pour se rendre vainqueur,
Vainqueur non seulement des hommes,
Mais des Dieux, dont sugets nous sommes.

Depuis qu'il commence à hanter
Les villes & les frequenter,
Il sent sa court, & se deguise
D'vn masque artizan de feintise,
Et n'a rien de rustic en soy
Qui tienne rigueur à sa loy.
Il est riche de courtoisie,
Ciuil, gaillard, sans Ialousie :
Ou s'il en donne occasion,
Pour estaindre la passion
Il a la drogue & la racine
Pour faire douce medecine,
Et donner prompt allegement
Par vn secret enchantement.

Ha mon Dieu que ie reçoy d'aise
Quand pour couurir la viue braise
Et pour en cendre l'amortir,
Ie voy ma maistresse sortir
De sa maison toute gaillarde,
Et que d'vne alleure mignarde
Semble me dresser les apas
A la cadance de ses pas!
Ou quand d'vne aguille mignonne
Dessus la gaze elle façonne

Ayant son passereau mignon,
Les douze lettres de son nom,
Ou quand par la troupe voisine
Deuise auecques sa cousine
Par dessus toutes paroissant,
Comme on voit le premier croissant
Parmi le crystal d'vne nuë
Luire entre la troupe menuë
Des astres beaux, non de la voir
Seulette aux champs, & receuoir
Le froid, la pluye, & vagabonde
Griller sa cheueleure blonde,
Son front, sa delicate peau,
Ses yeux, sa bouche, & son teint beau
A la chaleur la plus ardante,
La plus chaude & la plus boüillante
Que l'Auantchien darde sur nous
Meu de colere & de courrous.

 Ou soit que le souillard Autonne
Nous fasche, ou que l'hyuer frissonne
Iusque au foyer de la maison,
Ou que la plus gaye saison
D'vn œil rousoyant nous conuie,
Ie ne prendray iamais enuie,
Voulant tousiours faire l'amour,
Aux champs de faire long seiour.

 Aussi Diane bien apprise
Rougissoit du berger d'Amphryse
Son frere, quand ell' le trouuoit
Chargé d'vn faix qui le greuoit
Courant par la plaine bruslante
Apres vne fascheuse amante
Qui les pas en rien n'estimoit,
Du Dieu qui chastement l'aymoit.

 Combien de fois s'est courroucee
Latone, de voir abaissee
La magesté de son fils beau,
Pour estre garde d'vn troupeau?

Voir sa perruque herissee,
Sa main poudreuse, & creuassee;
Basané le fraiz de son teint;
Du chaud ou de la bize atteint,
Pour en vain suyure vne cruelle,
Farouche, rustique, & rebelle,
Qui plus encor pour s'obstiner
Ayma plutost s'enraciner
En laurier, que d'estre suyuie
D'vn qui l'aymoit mieux que sa vie;
Voulant pour la contenter mieus
En faire vn astre dans les Cieux ?

Iamais Iunon ne fut saisie
D'impatiente Ialousie
Pour voir Iupiter amoureux
En son theatre bien heureux :
Mais bien pour le honteux eschange
De sa grandeur en chose estrange
Oubliant son foudre vsité
Tesmoing de sa diuinité,
Oubliant sa destre puissante
D'éclair & de feu rougissante,
Estrangeant l'honneur de sa peau
En vn cygne, ou en vn toreau,
Pour pratiquer vne surprise
Sur vne femme mal apprise.

Aussi depuis on n'a point veü
Vn Mars, un Iupiter esmeu
D'amour rustiq, pour estre fable
D'vn populace miserable.
Ie sçay fort bien qu'ils l'ont appris
Entre bouuiers, y ayant pris
Vne premiere cognoissance
D'Amour, dès leur petite enfance :
Mais depuis que cette raison
Eut polli la rude saison
Ayant fait leur aprantissage
Au fond de quelque antre sauuage,

Pour mieux pratiquer leurs amours
Ils ont les villes & les courts.

 Et quant à moy, puisque madame
Y fait seiour, & que sa flamme
S'allume en moy de plus en plus,
I'y demourray tout le surplus
De mes ans, à fin que i'y serue
Amour, Apollon, & Minerue.

LES CORNES.

 Or sus Compere iusque ici
Portez ombragé le sourci
D'vn panache qu'auez en teste,
Et puis maintenant ceste creste
Qui vous repaissoit de plaisir
Vous cause vn nouueau desplaisir.
Vrayment ie voudrois bien congnoistre
Qui est cil qui vous fait paroistre
Que c'est vergongne le porter.
Clairement il se peut vanter
Estre vn grand sot, & fust-ce mesme
Vn Platon, & vous sot extréme,
Pardonnez-le moy, de penser
Que cela vous puisse offenser.

 Mais quoy? n'est-ce grande merueille
Que le sourd mesme ouure l'oreille
Au son de ce venteux honneur,
Sans congnoistre si sa grandeur
Soit ou d'vn homme ou d'vne beste :
Et à ce ton esprit s'arreste
Comme vn autre, Compere dous?

 Est-ce chose estrange entre nous,
Entre nous de porter des cornes?
Et vrayment si peu hors des bornes
De raison, que mesme les dieux

Les ont en honneur dans les Cieux.
    Iupiter amoureux d'Europe,
Epris de la belle Antiope,
Changea-il pas de poil, de peau,
Pour l'vne se faisant toreau,
Et pour l'autre vn cornu satyre
Pour mieux deguiser son martyre ?
Luy-mesme au secours Lybien
Inuoqué, pour trouuer moyen
De les porter (ô cas estrange!)
En belier ce grand Dieu se change.
    Quoy? la cheure qui l'alaita,
Qui le nourrit, qui le traita
La feconde cheure Amalthee,
Auoit ell' pas la corne entee
Sur le suc ? & le Cuissené,
A t'il pas le front encorné,
Encorné d'vne corne issante
Encor de son feu rougissante?
    D'vne corne à la pointe d'or,
Là bas qui fist brauade encor
Au portier à trongne mastine,
Apres la route Gigantine?
    Le plus bel autel ancien
Que iamais eut le Delien,
Estoit-il fait d'autre artifice
Que d'vn enrichi frontispice
De cornes mises d'un beau ranc?
    Et la Deesse qui respand,
Et verse aux hommes la richesse
D'vne tant prodigue largesse,
Tient-elle pas entre ses dois
La riche corne d'Achelois ?
Des Nymphes aussi tost sacree
Qu'ell' fut bronchant deracinee
Par Hercule qui cognoissoit
Le toreau qui la nourrissoit?
Honteux qui cele encor sa perte

De joncs & de rouſeaux couuerte.
La belle empriſe de Iaſon
Fut elle pas pour la toiſon
D'vn bellier à laine friſee
Iuſques à la corne doree?

Et ſi tu veux leuer les yeux,
Voy dedans la voûte des Cieux
La Lune courbe qui chemine
D'vne belle corne argentine.

Entre les ſignes de nos mois,
Pour le moins on en trouue trois
S'enorgueilliſſans d'vne corne,
Le Toreau & le Capricorne
Et le Bellier, à coups de cors,
A coups de front, qui tire hors
De ceſte grand plaine eſtoillee,
La ſaiſon de fleurs émaillee.

Regarde ès humides cantons
De la marine les Tritons,
Les Dieux des coulantes riuieres,
Tous n'ont ils pas longues crinieres
Tortes ſur leurs fronts emmouſſez?

Regarde les Dieux heriſſez
Tapis en l'eſpais d'vn bocage
Ou dans vne grotte ſauuage,
Les Faunes, Satyres, Cheuriers,
Le Dieu fluteur, Dieu des bergers,
N'ont-ils pas la caboche armee
D'vne longue & belle ramee?

Sonde, Compere, ſi tu veux
Iuſques aux enfers tenebreux,
Pour voir vne foreſt branchue,
Vne foreſt toute fourchue
De cornes qui d'vn branlement
Crolent le plus ſeur element.
Et ſi ſoudain te vient en teſte
Sortir hors de ceſte tempeſte :
Voyla le Somme tout moiteux,

Tout engourdy, tout pareſſeux,
Qui t'ouure vne porte ſecrete
D'yuoire, & de corne prophete.
Offroit-on les boucs, les aigneaux
Le ſang des non tachez toreaux
Sur gazons faits d'herbes ſorcieres,
S'ils n'auoyent les cornes entieres ?
 Le digne loyer des labeurs
Qu'on donne aux tragiques fureurs
Eſt-il d'vn plus riche trophee
Que d'vn bouc à corne etofee
D'vn beau Lierre verdoyant ?
 Voy vn eſcadron ondoyant
De piquiers rangez en bataille,
Eſt-il pas beſoin qu'il ſe taille
Pour mieux garder l'ordre & le ranc
En Cornes, en front & en flanc ?
 Et puis celles la qui te croiſſent
Choſes d'eſtoupes te paroiſſent.
L'Itale en deſrobe ſon nom,
La mer Aegee ſon ſurnom,
Et ſon nom la pecune ſainte
Des animaux qui ont emprainte
La corne ſur leur front chenu,
Sur leur front doublement cornu :
Puis tu crois que ſoit peu de choſe
De l'vſage qui s'en compoſe.
 Les bouts ſont encornez des arcs,
Les bouts ſont encornez des dars,
La lanterne en eſt encornee,
La panenoſtre en eſt tournee,
Le cornet en prend ſa rondeur,
Et l'eſcritoire ſa longueur,
Et les pignes leur denteleure,
Et leurs eſtuits leur encofreure,
Et mille autres commoditez
Qu'on emprunte de leurs bontez,
Que la raiſon-ingenieuſe

A mis en main industrieuse
Pour en façonner au compas
Mille beautez qu'on ne sçait pas.
　Et puis quelle en est la pratique
Pour regir vne republique,
La cornette des aduocats,
Et des docteurs, & des prelats :
Mille cornes par la campagne,
Parmy les bois, sur la montagne,
La cornemuse des bergers,
La longue corne des vachers,
Des chasseurs la corne bruyante,
La belle corniche regnante
Sur les palais audacieux,
Et la Licorne qui vaut mieux.
　Bref ie croy que la terre basse,
Et tout ce que le ciel embrasse
N'est qu'vne composition,
Qu'vne certe confusion
De cornes mises en nature,
Non les atomes d'Epicure.
　Regarde au ciel, regarde en l'œr,
Regarde en bas, regarde en mer,
Iette l'œil sur toute la terre,
Sur ce qui vit, sur ce qui erre,
Et certes tu ne verras rien
Qui puisse garder l'entretien
De son estre, sans qu'il ne puise
Quelque traict de la conardise.
　Et pourtant pour dire entre nous,
Viuez viuez Compere dous,
Viuez viuez vostre bel âge,
Et mourez auec ce plumage
Et ce bonnet empanaché,
Puis que vous l'auez attaché
A vostre front si proprement,
Viuez Compere heureusement.

EPIGRAMME.

*Carle est borgne d'vn œil, & sa sœur Isabeau
Borgne d'un œil aussi, la plus belle brunette :
Et luy, hors ce defaut, de beauté si parfaitte
Que rien ne se peut voir en ce monde plus beau.
Carle donne cet œil qui te reste à ta sœur,
Pour rendre à son beau front vne grace immortelle :
Ainsi vous serez Dieux : Elle Venus la belle,
Toy, ce Dieu qui sans yeux tire si droit au cœur.*

A SA MAITRESSE.

*Quand ie veux raconter les maus que tu m'aportes
Et les aigres douceurs que tes beaux yeux me font
Ie pers le sentiment, & de mes leures mortes
Ainsi qu'vn petit vent mes parolles s'en vont,
Vne froide sueur s'espand dedans mes veines,
Au lieu de sang caillé, ia pleines de mes peines :
Ainsi sourd & muet, & trampé de sueur
Ie redouble ma mort par vn double malheur.*

COMPLAINTE DV FEV D'AMOVR.

*Bergers, ie vous supply, retirez vos troupeaux
Dessous l'ombre mollet de ces larges Fouteaux,
Tirez vous à l'escart, & recherchez la veine
Soubs ce roch cauerneux, de quelque eau de fontaine
Pour vous sauuer du feu qui s'escoule, amoureux,
Des poulmons eschaufez d'vn pauure langoureux.
L'air comblé de mon feu & les troupes legieres
Des haleines des vents emportent messageres*

Vn scadron allumé de soupirs elancez
Qui couuoient en mon cueur l'vn sur l'autre entassez.
Amour ce petit Dieu, boutefeu de ce monde,
Qui brule de son feu le ciel, la terre, & l'onde,
Ne vomist que ma flame, & ma Dame ardamment
Ne porte dans ses yeux que mon embrasement.
Pource fuyez bergers, vos brebis camusettes
Se pourroient eschaufer de mes flames secrettes :
Les boucs, & les aigneaux, le chien & le pasteur
Pourroient bien euenter les flammes de mon cueur.
Las ie brusle d'amour, & si l'eau de la Seine
Ne coule promptement au secours de ma peine
Pour esteindre l'ardeur du grand mal que ie sens,
Ie crains que le brasier qui deuore mes sens
Ne tarisse alteré des flames de ma peine
Les ondes de la mer & les eaux de la Seine.

SVR DES GRAINES
SEMEES PAR VNE DAMOISELLE
QVI NE POVVOIENT LEVER NY CROISTRE.

 Croissez croissez en ce doux mois,
  Herbes croissez à ceste fois
  Que Iunon est bien disposee :
  Tousiours Zephyr ne soufle pas,
  Ny tousiours ne s'ecoule en bas
  Sur nous l'argentine rosee.
 Est-ce l'humeur qui vous pourrist ?
  Est-ce le chaud qui vous flaitrist,
  Ou la bise qui vous englace ?
  L'humeur qui donne accroissement.
  La chaleur le nourrissement,
  Le vent, la douceur & la grace ?
 Ne cachez plus vostre beauté,
  Ne monstrez vostre cruauté,

Contre la douceur de la fille
Qui vous arrose doucement,
Et vous œillade humainement
Au matin quand elle s'habille.
Ce malheur vient-il de sa main,
Qui vous a mise dans le sein
De nostre mere en sa grossesse
Qui semble n'auoir de plaisir,
Qu'en nous monstrant l'ardent desir
Qu'elle a d'enfanter sa richesse ?
Il vient de son œil flamboyant,
Tousiours chaudement larmoyant
Dessus la couche ensemensee,
Il vient d'vn souspir amoureux,
Ou d'vn regard trop rigoureux,
Ou d'vne trop froide pensee.
Car le trait que dardent ses yeux
Est plus chaud, & brusle trop mieux
Que les rais du fils de Latone :
Puis ses larmes qui vont roulant
Et ses souspirs qui vont coulant
Causent vn froid qui les estonne.
Les prez s'emaillent de couleurs,
Les iardins s'emperlent de fleurs,
Cherchant d'eux mesmt nourriture :
Sans art le laboureur rend bien
Les champs armez d'vn petit rien,
Sans ayde que de la Nature.
Laisse-les donc à la faueur
Du Ciel, leur pere, & le bonheur
Des champs, des bois, & des prairies :
Car ton œil, tes pleurs, ton soupir,
Les feroyent en terre croupir
Plus tost que les rendre fleuries.

SONNET.

De mille morts ie meurs voyant la modeſtie,
 La grace, la façon, & naïue douceur
 De celle qui retient ſous la gente faueur
 Seulement d'vn trait d'œil, & ma mort, & ma vie:
De mille morts ie meurs quand d'vne extreme enuie
 Ie deſire à iamais luy eſtre ſeruiteur
 Et luy faire, amoureux, vn preſent de mon cueur,
 Et de ma liberté qu'elle tient aſſeruie.
Mais ie mourrois du tout ſi mon humble ſeruice
 Pouuoit tant meriter que ſeulement ie viſſe
 De pres ceſte beauté qui de loing m'euertue :
Non non ie ne la veus ny voir ny conceuoir
 Puis qu'en la regardant vn faſcheux deſeſpoir
 Et de pres & de loin cruellement me tue.

CHANT DE TRIOMPHE

Sur la victoire en la bataille de Moncontour.

AV ROY.

Celuy qui contre ſon Prince
 Eleue le front trop haut,
 Et qui trouble ſa prouince,
 En fin trebuche d'vn ſaut,
 Et ſent la iuſte Iuſtice
 De ce grand Dieu puniſſant
 De ſon ſceptre rougiſſant,
 L'horreur de tout malefice.
Au ciel loge vne Deeſſe
 Pour les rebelles fureurs,
 Qui de peine vangereſſe

Punit les outrecuideurs,
Et sur la terre où nous sommes,
Punit ceux qui sans propos
Troublent le commun repos
Des Dieux, des loix, & des hommes.
Ce n'est legere entreprise
 De s'attaquer à des Rois,
Tousiours Dieu les fauorise,
Forge & trampe leur harnois :
Il les sacre, & les couronne,
De vaillance arme leurs bras,
Il les anime aux combas,
Et la victoire il leur donne.
Les Rois ne sont, comme on pense,
 Eleuez de germe humain,
Il y a de la semence
Du fecond & large sein
Du ciel, puis Dieu sous sa targe
Les tient & clos & couuers,
Leur donnant de l'vniuers
Le maniment & la charge.
Aussi les fils de la terre
 Voulans écheller les Dieux,
(Ruse nouuelle de guerre)
Entafferent iusqu'aux cieux
Monts sur monts, roches sur roches
En grands bastions quarrez,
Pour combatre remparez,
Et mieux faire leurs approches.
Mais toute leur fortereffe,
 Si tost qu'on écarmoucha,
Deffous la main dontereffe
De Iupiter, trebucha
Broyant menu comme poudre,
Les membres de ces grands corps,
Rompus, brisez, noirs & morts
Sous les esclats de la foudre.
Ainsi les bouches mutines

De l'escadron Typhean,
Accablé sous les ruines
Des monts, au camp Phlegrean,
Souflent à chaudes haleines
Encore dessous les monts
Et le soufre, & les charbons,
Cruel tesmoin de leurs peines.
Quelle gresle, quel orage,
Dieux ! quelle estrange fureur,
Quel affront, quel brigandage,
Quel massacre, quelle horreur,
Souffre nostre nourriciere
France, ia par tant d'hyuers
Portant ses deux flancs couuers
D'vne vermine estrangere ?
Forçant tous saincts priuileges,
Ils ont polu les saincts lieux,
Et de flames sacrileges
Bruslé les maisons des Dieux,
Puis de cent cruautez rares
Dessous leurs glaiues bourreaux
Fait mille meurdres nouueaux,
Marque vrayment de barbares.
Ils ont de leurs mains brigantes
Volé les temples sacrez,
Et les ombres innocentes
Des sepulchres empoudrez,
Fait tradimens incroyables,
Meurdres, que ceux qui viendront
Apres nous, point ne croiront,
Tant ils sont espouuantables.
Ceste brigade animee
Et de rage & de fureur
Courant sus à main armee
Pour renuerser le bon-heur
Et le repos de la France
Peut bien maintenant sentir
Dedans l'ame vn repentir,

De sa folle outrecuidance.
Sus donc France ma nourrice
  La perle & le petit œil
  Du monde, qu'on s'esiouysse.
  Auant qu'on laisse le dueil,
  Qui desia par tant d'annees
  Flotte dessus ton beau chef,
  Dechiré pour le mechef
  Des cruelles Destinees.
Diray-ie les impostures
  Dont ils ont pipé les grans,
  Et les promesses pariures,
  Amorce des ignorans?
  Sans les entreprises folles
  Pour attirer l'estranger,
  Le Rhein, la Meuse, & la Mer
  Enyurez de leurs parolles?
Ceux qui sous l'Ourse Germaine
  Sentent les mordans Hyuers:
  Et ces Rousseaux dont l'areine
  Se renferme entre deux mers,
  Sont arriuez secourables
  A cest escadron mutin,
  Pour auoir part au butin
  De ces troupes miserables.
Diray-ie les vieilles ruses
  De cest impudent fuyart,
  Le iargon, & les excuses
  Qu'il brassoit pour faire part
  A nostre Roy, dont la destre
  Luy fera sentir combien
  En fin on reçoit de bien
  Pour s'attaquer à son maistre?
Sus donc maintenant qu'on chante
  Les diuins honneurs des Dieux,
  Du Roy, du Frere, & qu'on vante
  Leurs beaux faicts victorieux:
  Auec les Dieux ces deux Princes

Ont defaict leurs ennemis,
Vaincus, chassez, et remis
En liberté leurs Prouinces.
Le ciel se pare d'estoiles,
　Les montagnes de forests,
　La mer de mats, & de voiles,
　Et de peupliers les lieux frez,
　Les Dieux n'ayment que la gloire,
　Les fronts vaillants & guerriers
　L'honneur des chastes lauriers,
　Noble marque de victoire.
L'honneur donna la vaillance
　A l'Amphitryonian,
　De donter la violence
　Du fier lyon Nemean,
　Ieune encor, puis ses faits d'armes
　Le mirent au rang des Dieux.
　L'honneur guide dans les cieux
　Les preux, & vaillans gendarmes.
En sa ieunesse Alexandre
　Epoinçonné de l'honneur,
　Courut l'Indois, pour se rendre
　De tout le monde vainqueur,
　L'Arabe, & l'Onde perleuse
　Qui voit naistre le Soleil,
　Veit le superbe appareil
　De sa main victorieuse.
Cil qui honore sa vie
　Au prix d'vne belle mort,
　Ne porte iamais enuie
» Aux ans : L'honneur est le Fort
» Qui rempare la prouince :
　Bref celuy meurt bien-heureux
　Qui ieune & cheualeureux
　Verse son sang pour son Prince.
Aussi l'honneur a fait croistre
　Le cœur à ce grand guerrier
　A ce grand Dvc, dont la destre

S'eſt acquiſe vn beau laurier,
  Pour honorer ſa conqueſte,
  Et couronner ſon beau front,
  Qui, ieune, a domté l'affront,
  Et l'horreur de la tempeſte.
Ainſi qu'on ne pouuoit croire
  Qu'en ſon enfance Apollon
  Deuſt remporter la victoire
  Du ſerpent à l'œil felon,
  Qui trainoit (peſante charge)
  Vn grand ventre à dos rampant,
  Et couuroit plus d'vn arpant
  Deſſous ſon écaille large.
Delphes reſte eſpouuantee
  Voyant ce monſtre abbatu
  Sous la ieuneſſe indomtee
  De ce Dieu, dont la vertu
  Fiſt lors clairement paroiſtre
  En ce combat furieux,
  Que cil qui ſe prend aux Dieux
  En fin tombe ſous leur deſtre.
Ainſi noſtre pauure France
  Noire de pleurs, & de peur,
  Preſque veufue d'eſperance
  D'auoir iamais ce bonheur
  De voir eſclaircir l'orage
  De ces vents ſeditieux,
  Voit ce Dvc victorieux
  De ce grand monſtre ſauuage.
Monſtre qui de ſon haleine
  Empoiſonnoit l'air François,
  Les eaux, les prez, & la plaine,
  La mer, les monts, & les bois :
  Dont la peſte vniuerſelle
  Deſia rampoit par les champs,
  Peſte meſme que les grands
  Nourriſſoient deſſous l'eſſelle.
Ny la vaillance Eſpagnolle,

Ny la main du fier Anglois,
Ny ceux qui deſſous le Pole
Ont endoſſé le harnois,
Ny la ruſe Piedmontoiſe,
Ny le guerrier Bourguignon,
Le Flament, ny le Breton,
Ny l'impoſture Albigeoiſe,
N'ont iamais tenté de faire
La moindre des cruautez,
Que ce trouble populaire
A fait dedans nos citez :
Ny iamais tant outragee
Noſtre France, à leur abort,
Qu'a faict le cruel effort
De ceſte troupe enragee.
Entre l'vne & l'autre riue,
Deſſus la plaine de Gron,
De Toüé & de la Diue
Se rangent en eſcadron,
Enflez deſia de la gloire :
Mais, las ! ils ne ſçauoyent pas
Que ce grand Dieu des combas
Porte en ſa main la victoire.
Là ces troupes ſe ſont iointes :
Mais les prophetes oyſeaux
Ne branloyent leurs ailes peintes
Sur le coulant des ruiſſeaux
Pour le parti des rebelles.
Car Dieu deſſous ſa grand'main
Conduiſoit tout le deſſain,
Et l'empriſe des fidelles,
Et toy, qui eus en partage,
De Dieu, comme ſucceſſeur,
Le bras, le cœur, & l'image
Du pere, & l'heur, & l'honneur,
Et qui as ſur la terrace
Des murs foibles de Poitiers,
Planté cent & cent lauriers,

Vrais heritiers de ta race:
Qui forçant tous les desastres
  Du temps, braue as combatu
  Les foudres opiniastres
  Du canon, par ta vertu:
  Puis deliurant la muraille,
  De peur, de sac, & de faim,
  Heureux te trouues soudain
  Au fort de ceste bataille,
Où comme ce grand Achile
  Dessus le coulant des eaux
  De Scamandre, file-à-file
  Versas hommes & cheuaux,
  Dedans le sang qui ondoye,
  A flots pourprez par les chams,
  Remarquant tes ieunes ans
  D'vne chere & noble playe.
La terre tremble esbranlee
  Dessous l'effroyable horreur
  Des cheuaux, quand la meslee
  Commence entrer en fureur:
  Le ciel fremit de l'orage
  Des coups, des cris, & du son,
  De la flamme & du canon
  Se brasse vn espais nuage.
Mars soudain laisse la Thrace
  Pour voir ce cruel estour,
  Mais vestu d'vne autre grace
  Qu'il est pour faire l'Amour,
  Quand de la leure doree
  De Venus au blanc tetin,
  Il prend vn baiser sucrin
  De sa bouchette pourpree.
La crespine cheuelue
  De son beau poil iaunissant
  Ne s'esgaroit crespelue
  Dessus son col blanchissant:
  Vn morion sur sa teste,

D'or fin brilloit flamboyant,
Vn grand panache ondoyant
Flottoit le long de la crefte :
Sa poitrine bien garnie
D'vn corcelet Lemnien,
Le labeur & l'induftrie
Du Sterope Eolien :
Bref armé de telles armes
Qu'il eftoit, lors qu'il chaffa
Du ciel, & qu'il terraffa
Les corps de ces fiers gend'armes.
Puis s'eflance fur la croupe
Du courfier du grand vainqueur,
Le Duc d'Aniou, à la troupe
Donnant la force, & le cueur,
Charge (dift-il à ce Prince) :
Les armes que i'ay au poing
Prennent auiourd'huy le foing
Du Roy, & de fa Prouince.
Que les troupes blanchiffantes
De ceft efcadron mutin
Soient teintes de mains fanglantes,
Ils vont contre le Deftin :
» La Caufe fait les alarmes :
» Iufte, elle donne le cueur :
» S'elle eft iniufte, la peur
» Du poing fait tomber les armes.
Charge donq, le temps fe paffe :
Moy qui mefnage le temps,
Du Roy ie garde la place,
Et les lauriers triomphans.
Soudain à tefte baiffee
Il enfonce dans leurs rancs
Pefle-mefle entrant dedans,
Et la troupe a renuerfee.
Comme la face doree
De l'Aurore au char pourprin,
Monftrant fa bouche facree

Moitte encor du bain marin,
Entre les autres lumieres
Du ciel, marche flamboyant :
Ainsi paroist foudroyant
Ce Duc és troupes guerrieres :
Moissonnant cette vermine
De Reistres empistolez,
Et la brigade mutine,
De leurs soldats euolez,
D'vne main prompte & habile,
A grans coups de coutelas,
Ainsi que tombent à bas
Les espics sous la faucille.
La terre est toute ionchee
De corps naurez & sanglants,
Bronchant la teste panchee
Effroyez des assaillants :
Terre de sang enyuree
Des corps nuds, qui sans tombeaux
Seruent de gorge aux corbeaux,
Aux chiens & loups de curee.
Et croy que les Destinees
Humaines ordonneront,
Qu'apres de longues annees
Ceux-la qui renuerseront
Le champ qui ces corps enserre,
Pleurant, maudiront les os,
Qui ont banni de repos
Le ciel, la mer, & la terre.
Hors le coulant de ces ondes,
Tiedes & rouges de sang,
Les Nymphes aux tresses blondes
Se montrent iusques au flanc,
Chantant la victoire belle
Autour de nos estendars,
Marquant le dos des fuyars,
D'vne vergongne eternelle.
Ainsi tousiours la Victoire,

Mon Roy, sur tes estendars
Se puisse asseoir, & la gloire
Sur le front de tes soudars:
Et de son aile enuironne
Ton Frere ce grand guerrier,
Et luy tresse de laurier
Sur le chef vne couronne.
Ainsi te soyent fauorables
Les Cieux, & les Dieux amis,
Pour abaisser secourables
L'orgueil de tes ennemis:
Ainsi tes beaux lis florissent
Sous l'air d'vne douce paix,
Et florissant à iamais
Sous l'orage ne ternissent.
Pendant retourne ta face
Seigneur, & que ton œil dous,
Sous les torrens de ta grace
Puisse escouler ton courroux,
Retenant sous l'ordonnance
De l'Eglise, & de ta Loy,
Le sceptre de nostre Roy,
Ton nom, ton peuple, & ta France.

DICTAMEN METRIFICVM

DE BELLO HVGVENOTICO ET REISTRORVM PIGLAMINE,

AD SODALES.

Tempus erat quo Mars rubicundam sanguine spadam
Ficcarat crocco, permutarat que botilla,
Ronflabatque super lardum, vacuando barillos,
Gaudebatque suum ad solem distendere ventrem,
Et conni horridulum Veneris gratare pilamen,
Vulcanique super pileum attacare penachium :

Nam Iouis interea clochitans dum fulmen aguisat
Et resonare facit patatic patatacque sonantes
Enclumas, tornat candens dum forcipe ferrum
Martellosque menat, celeres menat ille culatas
Et forgeronis forgat duo cornua fronti,
Sic tempus passabat ouans cornando bonhomum
Artes oblitus solis, Diuumque brauadas,
Non corcelletos, elmos, non amplius arma,
Nil nisi de bocca Veneris Mars basia curat:
Basia quæ diuos faciunt penetrare cabassum.
Omnia ridebant securum, namque canailla
Frantopinorum spoliata domumque reuersa
Agricolam aculeo tauros piccare sinebat,
Et cum musetta sestis dansare diebus
In rondum, vmbroso patulæ sub tegmine fagi,
Denique pastillos paruos tartasque coquebat
Pax cœlo delapsa, nouam sponsando brigatam.

  Ceruellos hominum ecce venit piccare Tauanus:
Hunc muscam guespam veteres dixere vilani,
Asper acerba sonans quo tota exterrita syluis
Diffugiunt armenta : furit mugitibus æther
Concussus, fratrum fremuerunt claustra minorum,
Ecce venit, veniensque replet tinnitibus vrbes:
Infernus quid sit, paradisus, quidue diablus,
Quidue fides, quid relligio, quid denique cælum
Omnes scire volunt, per psalmos, per catechismos
Omnibus æternæ situr spes vna salutis.
Incagant primum Papæ, rubeisque capellis,
Euesquis, Pretris, paruos semando libellos,
Succratis populumque rudem amorçando parollis,
Postea sancta nimis, sed garrula predicantum
Turba subit, qua turbidior non visitur vsquam,
Infernum turbauit enim, cœlumque solumque,
Et dedit innumeros flammis, & piscibus escam
Nec pluris faciunt pantoufflam sacrosanctam,
Quam faciunt veteres rognosa in calce sauatas.

  Ah, pereat, cito sed pereat miserabilis ille
Qui menat in Françam nigra de gente diablos

Heu piſtolliferos Reiſtros, traiſtroſque volores
Qui penſant noſtram in totum deſtrugere terram,
Numquam viſa fuit canailla brigandior illa,
Egorgant homines, ſpoliant, forçantque puellas.
Nil niſi foreſtas (domicilia tuta brigantum)
Cherchant luce, tenent grandes ſed nocte caminos.
Blaſphemare deum primis didicere parollis,
Arreſtant homines, maſſacrant, inque riuieras
Nudos deiiciunt mortos, paſcuntque grenouillas.
Piſtolliſque ſuis faciunt tremblare ſolieros
Stellarum, mala razza virum, bona ſalſa Diabli.
Semper habent multo nigrantes puluere barbas,
Semper habent oculos colera, vinoque rubentes,
Lucentes bottas multa pinguedine lardi,
Et cum bandiera longos ſine fine capellos
Nigra quibus pendet caſtrati pluma Caponis.
Non guardant vnquam dritto cum lumine quemquam,
Sed guardant in qua magazinum parte gubernet,
Siue ferat burſa, pourpointo, ſiue bragueta.
Relliquias rapiunt, mitras, croſſaſque doratas,
Platinaſque, cruceſque, adamantas, iaſpidas, aurum,
Veluceas cappas, & totum mobile Chriſti
De magnis feſtis, de viuis, deque trepaſſis.
Altaros, Chriſtum ſpoliant, caliceſque rapinant,
Egliſas ſotoſopra ruunt, muroſque ruinant,
Petra ſuper petram vix vna, aut altra remanſit.
  Omnia ſanctorum in pieſſas ſimulacra fracaſſant,
Permingunt fontes, benedicta, ciboria, miſſam,
Incagant pretris, monſtrantque culamina Chriſto.
Dicam ego ſuſpirans, oculis lacrymantibus, omnes
Horribiles caſus, quos in ſacagamine vidi?
Vidi ſampietros, Crucifixos, virgomarias,
Sebaſtianos, laceros crudeliter ora,
Ora manuſque ambas, populataque tempora raptis
Auribus, & truncas inhoneſto vulnere nares.
  Heu pietas, Heu heu ſacris compaſſio rebus!
Omnia diripiunt, vngliſque rapacibus ipſa
Condita de chaſſis brulant oſſamina ruptis

Aut pro carefmo canibus rodenda relinquunt.
Vt folet incautos laniare famelicus agnos
Dente lupus, gaudetque fatur de cæde recenti.
Coillones facros pretris, monachifque reuellunt,
Deque illis faciunt andouillas atque bodinos,
Aut ceruelaffos pratiquo de more Milani.
Taillant auriculas, collo faciuntque cathenas,
Et fine rafouero raclantque lauantque coronas,
Quam marquam vocitant maior quam beftia fecit,
Vnctos efcoriant digitos, merdantque breuierum,
Et fœcunda premunt tractis genitoria cordis
Vt dicant vbi fcutorum requiefcat aceruus
Factus de miffis, de vefpris, deque matinis,
De Chrifto, altarifque bona de meffe coactus.

   Heu poueros mortos de bieris deque fepulcris
Tirant, effoffum vt poffint pillare piumbum,
Spauantant homines oculis, goticifque parollis,
Et cum goth, ftofh, trinh, viuos mortofque fatigant.
Hoc folamenter dicam, vidi ipfe brigatam
Pretorum templi vifis in limine Reiftris
Concagare fuas nimia formidine bragas.
Namque alij furnos, alij fubiere latebras,
Marineras, caueas, puteos atque antra ferarum,
Et fugere procul, miffa, vefprifque relictis,
Vt timidi fugiunt vifo falcone canardi.
Nil illis troppo calidum, fredumue Diablis,
Omnia coniiciunt carretis atque cauallis
Chaudrones, pintas, plattos, reza calda, falieras,
Landieros, brochas, lichefrittas, pottaque piffos,
AEnea, cuprea, ferrea, lignem, denique totum,
Vnum omnes meftierum agitant quo vita paratur,
Cuncta vocant, ventremque replent de carne falata,
Edocti plenis animam tirare botillis
Et bene compofito rictu imboccare barillos.
Hei mihi quod vinum Francum tam vafta lauarit
Ora, fiti æterna flammifque voracibus vfta.
Ite ite ad Rheni fauces fitibunda propago,
Perpetuofque ignes liquidis extinguite lymphis.

Ite exficcatis vindemia chara tonellis.
Ite, nec in noftrum tam dulce recurrite vinum.
Festa dies aderat Martini femper equeftris,
Cuius læua tenet chlamydem, premit altera fpadam,
Hic caualierus eques gallanditer vfque cauallo
Infidet, auratis bardis, panachifque fuperbo,
Piaffam inter fanctos faciens, femperque paratus
Partem mantelli ftropiato fcindere diablo,
Hac quifque in cheram fefe diffundit amicam:
Namque omnes agitant conuiuia læta, probantque
Dolia perçando, caueis noua mufta reclufis.
Iftum namque diem paffant genialiter omnes
Cum mafquis centum, centumque momonibus auctum,
Festa fed infefti infeftarunt facra mutini.
Nam quis erit vere caldum qui dicet alarmum,
Cum mollinorum (populo tramblante) rotantes
Plus centum tremulis flagrarent ignibus alæ?
Courritur ad clochas, don don quæ fæpe frequentant?
Toxinumque fonat, timidi trompetta villani,
Et taborinorum plan plan, fara ramque tubarum
Per totam auditur vrbem, fit clamor, & ingens
Fit ftrepitus, populufque volans rareforqua frequentat,
Pars animofa ruit, merdat pars altera braguas,
Pars fentinellas ponit, guardafque redoublat,
Merces quifque fuas retrahit, ferratque botiquam,
Efcudos ferrat veteres, ferratque culamen,
Merdofas ferrantque nates animofiter omnes:
Sunt qui mofquettos, colourinas, paffauolantes
Supra parapettos, cafamattas, atque riparos
Braquant, vt poffint flammas depellere flammis.
  Sic ita formicæ vadunt redeuntque frequenter
Victum portando fpallis pro tempore fredo:
Feruet opus, populufque niger noua grana foterrat.
Briga fit armati populi, timor arma miniftrat,
Qui portat brocham, qui lançam, qui iauelinam,
Hic pertufanam, fpadam, groffofque petardos
Veftitos rouilla & cargatos ante mil annos.
Hic barras aptat portis, armatque feneftras

Magnis saxorum cumulis, petrisque quadratis
Et centum gressis, lanternis, potaque pissis,
Quadrupedum quatiunt argentea ferra pauamen,
Moreque Sangorgi coursieris atque rosinis
Nocturnus Guettus plateas galopando subintrat,
Donec fit iournus quo non iournallior alter.
  Quod si iterum redeat, ciues iterumque lacessat
Seditio, inficiens mutino brouillamine Françam,
Forte quid expediat, socij, iam quæritis, istam
Linquamus profugi patriam, natosque, laresque,
Fana, lupisque rapacibus atque brigandis:
Soulieris poudram secouemus, abire necesse est
Quo noscumque ferunt plantæ, quo pontus & aer
Nos vocat, ad ventum plumam iaciamus Amici.
Sed iuremus in hæc, currant prius in mare cerui,
Et pisces boscos habitent, & flumina catti,
Et Nostradamæ prius altas Sequana turres
Exuperet, prius agna lupos, lanietque feroces,
Quam nobis redeat redeundi sola voluntas.
  Hinc procul, hinc igitur, procul hinc fugiamus amici,
Inque nouas terras, Bresillum, seu Calicutum
Migremus subito fatis melioribus acti,
Albanos, Arabas, Parthos, gentemque Moresquam,
Perliferosque maris campos, indosue petamus,
Qui procul hinc habitant extrema culamina mundi:
Turget vbi semper muscatis vua racemis,
Floret vbi semper muguetta, canella, giroflus,
Magnaque formaio fresco montagna liquescit,
Albescunt vbi lacte nouo cita flumina semper
Et mouchæmellis passim sua mella repandunt,
Hic truncis vbi burra fluunt Vanuea cauatis,
Somnus vbi dulcis, requies vbi semper amœna,
Prædica, nec certis signoribus atque prieris
Suffarcita, nouum sparsit fœcunda venenum,
Nec cathechismus adhuc nigri farina diabli,
Seditiosa nimis, nec turba nefanda ministri,
Qui manibus iunctis oculos ad sydera drissant
Et male pegnatam portant in pectore barbam,

Ora melancolico pingentes illita plombo,
Troublarunt nondum mutino troublamine gentem
Caluinus, nec Beza suæ duo vulnera terræ,
Qui semauerunt pestem, cancrúmque tenacem
Fœlici nondum posuere cubilia terræ,
Terræ vbi Lutheros, Zuinglieros, Anabaptistas,
Albigeos, Nicolos, infanda, nefandaque terris
Nomina, Huguenotico nunquam satiata veneno
Est audire nefas, illic namque omnia rident,
Ridet humus, rident pueri, ridentque puellæ.
Illic namque canunt cansones, atque sonetos,
Miscendo pressim luctantibus humida linguis
Oscula, difficili faciles in amore ministros.
Hic lauros agitant verdos, herbasque nouellas
Venticuli molles, tepidi sufflaminis aura:
Illic verdentes fagi, cedrique pinique
Largos protendunt ramos, vmbrasque fugaces:
Non ibi villani socco, cultroque fatigant
Arua, iugo indomiti subeunt nec colla iuuenci.
Semper enim non cultus ager sata læta raportat.
Non ibi spinosis buissonibus atra tumescit
Vipera, nec colubræ pando ventramine repunt:
Semper ibi sed grata quies & plena voluptas.
Non ibi bruslantur nimio caldore Leonis
Arua, nec vrenti de sole creuata fatiscunt,
Nulla gregi clauelata nocet, fallaxque veneni
Herba, nec incanto nocet hic Sorciera maligno,
Semper ibi ver perpetuum, semperque moratur
Alma quies, par imperium, sorsque omnibus æqua.

 Pluraque fœlices mirabimur, hic vbi semper
Temperies æterna manet, cælique solique.
Ergo migremus socij, nam Iuppiter illam
Secreuit nobis patriam simulatque rigenti
Aere, dehinc multo rouillauit secula ferro.

LE MVLET.

A MONSIEVR NICOLAS, SECRETAIRE DV ROY.

Tu dis qu'il n'y a medecine,
Charme, ny drogue, ny racine
Pour secher la fieureuse humeur,
Qui puisse attiedir la chaleur
Du sang qui boust dedans tes veines,
Ny qui puisse alleger tes peines
Qu'vn Mulet, qui d'vn entrepas
Doucement porte Nicolas :
Qu'vn mulet doux, & sans furie,
Qu'vn mulet pris de l'escurie
De ce grand Roy : mais sçachant bien
Qu'aisément on ne tire rien
Des grans, qu'on ne l'achepte au double,
Ie te veux purger de ce trouble
Qui te martelle, & qui veillant
Et dormant te va trauaillant,
N'imprimant en ta fantasie
Qu'vn mulet, qu'vne frenaisie,
Qui ne te fait imaginer
Resuant que fantosmes en l'air
Montez sur grands mulets d'Auuergne.
 Ou bien que ce soit pour épergne
De trois cheuaux qui coustent trop
A nourrir, ou bien que le trot
En soit plus doux, ou que leur amble
Te soit agreable, il me semble
Que pour effacer promptement
Ce penser qui trop follement
Te fait opiniatre attendre
Ce Mulet que tu veux pretendre
Auoir en don de nostre Roy,
Pour te secourir, que ie doy
T'enuoyer le mien que ma plume

A ferré deſſus mon enclume,
Le mien que ma Muſe a dreſſé,
Qui n'eſt foulé, ny haraſſé:
Le mien engraiſſé de mon ſtile
Et ſans bouchon, & ſans eſtrille:
Le mien qui penſé de la main
Ne mange n'auoyne, ny foin,
N'eſtant que l'image & la feinte,
L'attente & l'eſperance peinte
D'vn Mulet qu'on ne peut lier
Ainſi qu'vn autre au ratelier.
Vn mulet fait de telle ſorte
Au lieu de porter que l'on porte,
Le vray fantoſme d'vn mulet,
Qui de laquais, ny de valet
N'a beſoin, tant la creature
Eſt de gente & douce nature:
Vn mulet gras & bien en point,
Vn mulet que l'on ne voit point,
Dont ne faut ſe tirer arriere
Pour en euiter le derriere.

Beſte gentille, en qui la peur
N'entra iamais dedans le cueur
Ny pour moulin, ny pour brouette,
Pour pont de bois, ny pour charrette.
Mulet fait de telle façon
Qui court ſans ſelle & ſans arçon,
Vn mulet peint dedans le vuide
Sans harnois, ſans mors, & ſans bride,
Race qui deſrobbe le nom,
Et l'eſtre du celeſte Aſnon
Qui deſſus la vaze bourbeuſe
Paſſa la ieuneſſe flammeuſe
Du pere Bacchus affolé,
Sans eſtre ſouillé ny mouillé,
Recherchant les foreſts parlantes
Et le bruit des poiſles-mouuantes,
Pour ſe rendre ſain de l'humeur

Dont Iunon le mist en fureur,
Ayant troublé sa fantaisie
D'vne ialouse frenaisie.

 Il n'est de ces mulets hargneux,
Acariastres, & peureux,
Ruans, mordans, tousiours en rage,
A qui faudroit plus de cordage
Pour tenir la teste & les piez,
Qu'à cent nauires bien armez :
Longs d'echine comme vne barque,
Eflanquez, à qui l'on remarque
Fort aisement par le trauers
Des costes, ce grand vniuers.
Comme on voit de nuit, allumee
D'animaux l'escharpe animee,
Et mille flambeaux radieux
Par l'azur crystalin des cieux :
Ou comme au temps que l'on hyuerne,
Par la corne d'vne lanterne
On voit la chandelle estoiler
Et ses rayons estinceller.

 Mulets qui ne font que momie,
Carcasses d'vne Anatomie,
Où vrayment sans souiller les mains
De leur sang, les profetes sains
Pourroyent au trauers des iointures
Predire les choses futures
Decouurant le cueur sautelant,
Le foye ou le poumon tremblant :
Et par le reply des entrailles
Preuoir les tristes funerailles,
Et les euenemens douteux
Dessus les peuples langoureux.

 Vieux mulets qui dessus l'eschine
Nourrissent plus de laine fine
Que ne fait la peau d'vn mouton,
Plus de bourre & plus de cotton
Qu'il ne faudroit pour l'embourreure

De cent lodiers : mais l'encolleure,
La grace & la beauté du mien
Maintenant que i'appelle tien,
Te plaira fort, ie m'en asseure,
C'est vn mulet qui a l'alleure
Douce pour ne bouger d'vn lieu,
Et puis iamais on ne l'a veu
Manger foin, paille ny aueine :
Vn mulet qui a longue haleine,
Le pié seur, & ne bronche pas
Ne faisant iamais vn faux pas.
C'est le mulet que ie t'enuoye
Puis que sortir par autre voye
Tu ne peux de ce mal, reçoy
Ce beau mulet qui vient de moy :
Puis chasse la melancolie
Et me charge la maladie
De ceste quarte, sur le dos
De ce mulet, pour ton repos,
A fin qu'errante & vagabonde
Visitant quelque nouueau monde,
Elle s'estrange desormais
Et chez toy n'habite iamais.

SVR L'IMPORTVNITÉ
D'VNE CLOCHE.

AV SEIGNEVR NICOLAS, SECRETAIRE DV ROY.

Ha celuy qui t'a fondue,
Le premier, & qui t'a pendue
Pour sentinelle dans ce coin,
Clochette, de la mesme main
D'vn laqs courant t'eust estranglee
Plustost que t'auoir esbranlee

En ces tons aigrement mutins,
Pour rompre la teſte aux voiſins,
Et pour eſtourdir les malades,
Pour decouurir les embuſcades
De ceux qui vont faire l'amour,
Ou trauailler ceux qui le iour
Attendent pour faire iournee
Et gaigner leur vie aſſignee
Deſſus la ſueur de leurs mains
Le ſecours des pauures humains.
 Encor ſi tu eſtois de celles
Qui ſonnent des chanſons nouuelles
En carillon, portant le nom
Ou de Marie, ou de Thoinon :
Mais tu n'es rien qu'vne bauarde
Sans adueu, faſcheuſe & baſtarde,
Sans nom, ſans grace & ſans honneur,
La garde d'vn huis & d'vn mur.
 Ou de celles qui font pareſtre
En quels mois les iours doiuent naiſtre,
Ou courts, ou longs, en conduiſant
Les iours qu'elles vont diuiſant
En heures, en quarts, & minutes :
Car ce n'eſt toy qui les aiuſtes,
Marchant lentement pas à pas,
Ne qui les meſure' au compas,
Comme celles-la qui partagent
Noſtre vie, & qui la meſnagent,
Si bien que le Dieu radieux
En ſon cours ne le feroit mieux.
Car lors que ſa face riante,
Et ſa lumiere eſtincelante
Ne ſe découure quelquefois,
Si eſt-ce que leur contrepois
N'eſtant point ſujet aux nuages,
Ny aux brouillas, ny aux orages,
Nous monſtre qu'au ſon d'vn metal
Et ſous vn mouuement egal

Les iours, les mois, & les annees,
Coulent vrayment assaisonnees
Au son des Orloges qui font
Les heures qui vont & reuont.
  Or va donc fascheuse importune
Mendier ailleurs ta fortune,
Va te pendre dans vn clocher
Sans trauailler mon amy cher
Nicolas, qui d'vn mal de teste
Pressé te craint comme tempeste:
Nicolas que i'aime trop mieux
Que la prunelle de mes yeux:
Nicolas qui d'amitié sainte
Et qui de volonté non feinte,
Est tousiours époint d'vn desir
A l'ami de faire plaisir:
Et sur tout, à ceux qui les traces
Suyuent des vertus & des graces,
A ceux qui ont ie ne sçay quoy
De plus riche & meilleur aloy
Que n'a le commun populaire
Qui ne porte rien que vulgaire :
A tous ceux en qui la faueur
Du ciel, a versé le bonheur,
Qui sans fraude sophistiquee
Ont l'ame ouuerte, & non masquee,
Se monstrant tousiours à l'amy
Entiers, & iamais à demy,
A ceux qui de la poesie
Ont l'ame eschaufee & saisie,
A ceux qui sçauent bien chanter,
Mignarder, flatter, pinceter
Les cordes de leurs mains legeres
D'vn lut aux languettes sorcieres.
Bref à ceux qui d'vn air subtil
Ont le cœur net, l'esprit gentil,
Le vouloir bon, tant il se montre
D'heureuse & de bonne rencontre.

Remy Belleau. — I.   8

De peur doncques de ne troubler
Son repos, & de le combler
D'aigreur, & de chaude colere
Va Clochette, & te tire arriere
Loing de nous, & pouffe tes fons
Par les bois, & par les buiffons.
Si tu ne le fais, ie coniure
Ton metal, & prompt ie te iure
Qu'à coups de pierre & de caillous
En bref ie le rendray fi dous,
Que par fon bruit efpouuentable
Il n'offenfera miferable
Mon cher Nicolas, qui fieureus
D'vne quarte vit langoureus :
Autrement, Cloche, ie t'affeure
Que pour eternelle demeure
Sonnante pendras au collier
Ou d'vne Vache, ou d'vn Bellier,
Ou d'vn grand Mouton porte-laine
Du troupeau le grand capitaine,
Ou pour apprendre mille tours
Au col des Singes & des Ours.
Sinon, ie pry Dieu qu'attachee
Loing de nous tu pendes bouchee
De fange, de paille & d'eftrain
Pour rendre muet ton airain :
A celle fin que par ce charme
De nuit ne donnes plus l'allarme
Aux malades, qui dans le lit
Sommeillant s'eueillent au bruit
De ton batail, ou que brifee
Sourde tu tombes mefprifee,
Ou que ton importun caquet
Soit fait compagnon du claquet,
Du baril & de la beface
D'vn ladre verd, ou que l'on face
Sans repofer ny iour ny nuit
Par les champs quinquailler ton bruit

Pendant au col mal asseuree
D'vn cheual de chassemaree,
Tousiours sonnant & brinballant,
Carrillonnant, bruyant, tremblant
Iusqu'à tant que tombes cassee
En mille morceaux despecee,
Ou que ton chant aigrement cler
Semé s'euanouisse en l'ær,
Ou renclos iamais il ne sorte
Plus loing que le sueil de la porte
De la maison, ou de si pres
Muette ne tinte iamais.

SVR LA MALADIE DE SA MAISTRESSE.

En quelle grace plus celeste,
　En quelle beauté plus modeste,
　Pouuoit mieux loger la couleur,
　Qu'entre le lis, l'œillet, la rose
　De ma Catin, en qui repose
　Le seul repos de ma langueur ?
Faut-il qu'en si peu de duree
　Vne grace tant asseuree,
　Vn œil, vn front, vne beauté,
　Vn rouge vermeil qui colore
　Ceste bouche que tant i'honore
　Sente vne telle cruauté ?
Mais ie voy las! qu'en peu d'espace
　Le teint de la rose se passe,
　Et que la grappe se flaitrist,
　Que du lis la teste panchee
　De l'ongle seulement touchee
　Tombant sur terre se pourrist.
Le peu durer ne m'est estrange,
　Ie sçay le iournalier eschange

Des choses qui sont sous les cieux,
Et que le Printemps de nostre age
Coule aussi tost que fait l'image
D'vn songe qui trompe nos yeux.
Ie le puis maintenant connestre :
Car cela que ie pensois estre
En ma Maistresse moins mortel,
Ie l'ay veu comme vne fumee
Au vent se pert en l'air semee,
En peu de temps se rendre tel.
Mais quoy ? la beauté dont la Grece
Anima la prompte ieunesse
A sacquer les armes au poing :
Et celle dont le Peleïde
Eust meurdry le superbe Atride
Sans Pallas qui le print en soing :
A-telle pas de grand foiblesse
Porté le masque de vieillesse,
La voix casse, etiques les bras,
Porté, trainé de main tremblante
La crosse mesme chancelante
Sous l'inconstance de ses pas ?
Le Temps qui tout frape à sa marque
Les chargea toutes dans la barque
De ce barbare passager,
Pour passer sous muet silence
De leur beauté la souuenance
Passant le fleuue mensonger.
Vous doncques qui croyez ma Muse
Tandis qu'Amour ne vous refuse
Vn seul poinct de vostre plaisir,
Voyez voyez qu'vne maistresse
Pour auoir passé sa ieunesse
Sans amy n'a que desplaisir.

A SA MAISTRESSE.

Veux-tu sonder le fonds de mon martyre,
  Veux-tu sçauoir, Maistresse, en quel vaisseau
  Flotte ma vie, & quel orage d'eau
  Quel vent, quel flot tourmente mon nauire?
L'eau sont mes pleurs, & la puissance forte
  Des vents, des flots, mes soupirs & mes vœux,
  La pouppe, soin, & mon esprit douteux,
  Mal sain, mal caut, est la nef qui me porte.
Le mast constance, & le timon l'espoir,
  Le voile erreur, Amour est le pilote,
  Ta cruauté est l'orage qui flotte
  Dessus mon chef, l'ancre est le desespoir.
Et qui pis est, il n'y a mer au monde
  Pour se parer de la vague profonde
  Qui n'ait vn port, vne riue, vn recours:
Mais en la mer où vogue ma fortune
  Ie n'ay faueur du Ciel ny de Neptune,
  Riue ne port qui vienne à mon secours.

ODE.

Sur les recherches de E. Pasquier.

Celuy qui docte se propose
  Bastir auiourdhuy quelque chose,
  Est né sous vn ciel malheureux:
  Car toute œuure laborieuse,
  Qui part de main industrieuse,
  Demande vn siecle plus heureux.
Vn siecle pour le moins, qui prise
  L'ouurier, & qui le fauorise,
  Sans le frauder de son honneur.

Siecle ingrat, qui deſſous la poudre
Laiſſes trop vilement diſſoudre
L'ouurage d'vn gentil labeur,
Tu te ris, ſi l'on te retrace
Quelque trait à l'antique grace,
Tu prens toute choſe à deſdain,
Tu ne fais cas que des eſtranges,
Deſrobbant les iuſtes louanges
De ceux qui naiſſent dans ton ſein.
Tu ne veux qu'vne maiſon grande,
Sans ſçauoir que le temps commande
Sur les deſſeins de ton cerueau,
Enterrant la ſourde memoire
Et de ton nom, & de ta gloire,
Sous l'oubly d'vn meſme tombeau.
La vertu te ſert de riſee,
Et la ſcience meſpriſee
S'eſcoule, & te vient à meſpris :
Rien ne te plaiſt que l'ignorance,
Deſſous la maſque d'arrogance,
Qui fait rougir les mieux appris.
Si faut-il confeſſer encore,
Que le ſaint labeur qui redore
L'honneur de ces ſiecles derniers,
A trouué l'argentine courſe,
De la fontaine, dont la ſource
Enyura les ſiecles premiers.
As-tu pas eu la cognoiſſance
D'vne brigade, dont la France
Heureuſe ſe doit eſtimer,
Qui vint, comme à la ſaiſon belle
Les arrondeaux à tire-d'ælle
Viennent en foule d'outre mer ?
Ou comme par la nuict muette
On voit vne eſtoile ſeulette,
Puis mille & mille en vn moment ?
Ou dans la marine troublee
La vague en cent flots redoublee,

Qui n'enfle que d'vn petit vent ?
Mais cette troupe non mortelle
  N'a pas trouué la faueur telle
  Du ciel, qu'ell' esperoit auoir :
  Car son odeur s'est tost perduë,
  Comme au vent se pert vne nuë,
  Ou la lumiere sur le soir.
Le Laurier, qui le chef enserre,
  Fait l'vn heritier d'vn caterre,
  Plustost que de le rendre sain,
  L'autre se collant sur le liure
  Trompe la mort, pour apres viure,
  Et n'a pas pour tromper sa faim.
L'vn se peint vn visage blesme,
  Et l'autre, aux despens de soymesme
  Enrichist de France le nom :
  Encores la playe est ouuerte
  De mon Du-Bellay, dont la perte
  Fait perdre aux Muses le renom.
Mais Pasquier despitant l'enuie,
  Et le fort dont elle est suiuie,
  Maugré l'iniure de ce temps
  Donne le iour à son ouurage,
  N'esperant tirer dauantage
  De luy, que la roüille des ans,
Encor qu'on y voye descritte
  L'occasion de l'entresuitte
  Des republiques de nos Rois,
  Et comme doiuent les prouinces
  Baisser le chef dessous leurs princes,
  Et sous la rigueur de leurs loix.

DE LA PERTE D'VN BAISER

DE SA MAISTRESSE.

Quelle fiéure defpiteufe,
Quelle audace fourcilleufe,
Quel outrage, quel malheur
A fi toft emblé l'honneur
Du teint du lis, de la rofe,
Sur la bouchette déclofe
De ma Dame, où le baifer
Qui me fouloit appaifer
Eftoit en garde affeuree
Dedans fa léure fuccree ?
Le baifer qui mille fois
A fait l'œlle de ma voix
Ceffer vn vol pour élire
Vne corde fur ma lyre ?
 Car fi toft qu'elle tendoit
Sa bouche qui m'attendoit
Pour me darder vne flame,
Qui brufloit l'vne & l'autre ame,
Pour foupirer dedans moy
Le traict d'amoureux émoy,
Auec vne douce haleine,
Vne haleine toute pleine
De miel, de manne, d'odeurs,
De parfum & de fenteurs,
En quel heur eftoit rauie
L'efperance de ma vie ?
 Tout auffi toft ie fentois
Gliffer vne douce voix
Begayant dedans fes rofes,
Et par fes léures declofes
Errante pour deceuoir
Mon cœur volant pour la voir.

Mais las! ores que ie cuide
Preſſer ſa bouchette humide
Contre la mienne, & baiſer
Ce qui ſouloit m'appaiſer,
Ie ne trouue plus les traces
Ny des Amours ny des Graces,
Helas ie ne trouue plus
En tout qu'vn tombeau reclus
Fait de la léure bleſmie
De la bouche de m'amie.

 Et ſi croy aſſeurément
Que Venus furtiuement
L'a pillé comme effrontee,
Et comme femme éhontee
En ſa foy : car ie ſçay bien
Que ialouſe eſt de mon bien
De long temps, & pour mieux faire
Son larcin veut contrefaire
L'amoureuſe en mon endroit,
Et ſe vante auoir le droit
En ce baiſer, d'heritage.

 Car autre choſe en partage
De ſon Adon ne receut,
Apres que mort l'apperceut,
Sinon de ſoigneuſe prendre
Au bord de ſa leure tendre
Le baiſer qui palliſſoit
Sur l'amant qui finiſſoit.
Et diſt qu'ell' le miſt en garde
Sur la bouchette mignarde
De Madame, mais mon Dieu
Elle a remis en ſon lieu,
Et l'a derobbé à celle
Qui la rendoit immortelle,
A celle qui l'aimoit mieux
Que le rayon de ſes yeux.

 Et c'eſt pourquoy ma mignonne
La faueur plus ne me donne

De ses baisers amoureux,
Trempez d'appas doucereux.
Car la bouche pilleresse,
Et l'audace larronnesse
De Cytheree a repris
Le baiser, qui m'auoit pris.

 Adieu donc léure grossette,
Adieu rose, adieu perlette,
Adieu des plus riches fleurs
Et la grace & les odeurs:
Adieu branche coraline,
Adieu bouchette orpheline
Du baiser, qui de son beau
Faisoit briller le flambeau
D'Amour, entre la closture
De ceste riche ouuerture,
Qui monstroit mieux sa beauté
Que le cœur sa loyauté.

 Adieu larron de mon ame,
Baiser, nourriçon du basme,
Adieu, tant que i'aimeray
Sans toy ie ne baiseray.

CHANSON.

Oncques par traits ou par amorce
Amour ne me donna l'entorce,
Pour esclauer ma loyauté
Sous l'empire d'vne beauté,
Ny par tressure blondissante,
Ny par œillade languissante
D'vn œil larron à demy clos,
Ny par les deux boutons eclos
Sur vne leure coraline,
Ny par le laict d'vne poitrine,

Par les roses, par les œillets
Semez sur deux monts iumelets :
Par vne face destournee,
Ou faueur de couleur donnee
D'vn bracelet, ou d'vn anneau,
Ou d'vn cordon, ou d'vn chapeau,
Pris sur la tresse, ou d'vne rose
Dans la blanche poitrine éclose,
Ou d'vn doigt pressé doucement,
Ou d'vn pié mis furtiuement
Sur le mien, ny d'autre cautelle
Onc ne fus pris en sa cordelle.
 Ie n'idolatre point les yeux,
Encores qu'ils decouurent mieux
Le secret de nostre pensee,
Qu'vne beauté si tost passee :
Non que ie vueille mespriser
La Beauté pour authoriser
La Vertu qui point ne dedagne
La Beauté pour humble compagne.
 Cela sied bien quand tous les deux
Se peuuent accoupler entre eux :
Car l'vn & l'autre rend aimable
Son subiect par eux desirable.
 Mais puis que la fiere beauté
Plus souuent loge cruauté
Que vertu, & qu'en mesme place
Ne loge la crainte & l'audace,
Pour mieux recueillir le plaisir
Ie voulu la Vertu choisir.
 Ie suis amy des neuf pucelles,
Amy des Graces immortelles,
L'esprit me contente trop mieux
Ny que le teint ny que les yeux :
Il n'est point suiect à la bize,
Tant plus vieillist, tant plus le prise :
La ride ny le changement
De l'âge n'ont commandement

Sur luy, & n'ont rien de semblable
A cest Archer, autant muable
Qu'vn Protee, aussi peu durant
Qu'vne fleur qui naist en mourant.
 Il tient encor de la nourrice,
Qui dedans la couche tortice
Nourrit sa mere entre les vents,
Troubles & mariniers tourmens :
Il en retient de l'inconstance
De la mer, & de la naissance
De sa mere, aussi le bourgeon
Retient du greffe, & le sourgeon
Du naturel de la fontaine,
L'herbe de l'humeur de la plaine,
De bonne semence bon grain,
De mere douce enfant humain.
 Amour est oyseau de passage :
Car las ! aussi tost que nostre âge
Se rend de l'hyuer compagnon,
Aussi tost s'enuole mignon
Haut à l'effort : car sa nature
Ne peut endurer la froidure,
La vieillesse point ne luy plaist,
Aussi hors de son poinct elle est.
 Mais ny l'audace sourcilleuse
Du Temps, ny la Parque orgueilleuse
N'ont puissance ny d'outrager
La Vertu, ny de l'estranger :
Et c'est pourquoy ie la veux suyure
Et par elle à iamais reuiure.

COMPLAINTE,
SVR LA MORT D'VNE MAISTRESSE.

*Sacré Laurier, & toy gentil Ormeau
Au tige verd & refrisé rameau,*

Qui ſurpendus ſur la grotte ſauuage
Embruniſſez l'herbe de voſtre ombrage,
Ombrage frais où ſont accompagnez
Les doux Zephyrs qui nous ont ſoulagez
Cent & cent fois, quand la Chienne aboyante
Nous chaſſoit loing ſous la roche pendante
Madame & moy. Hé ſi vous ſçauez bien
Quel heur m'eſtoit, & de plaiſir combien
I'auois alors que d'vne humble ſimpleſſe
Et d'vn refus, ma gentille maiſtreſſe
Entre mes bras doucement ſe poſoit
L'œil demy clos, & puis ſe repoſoit.
Hà ſeigneur Dieu qui ne portoit enuie
Au doux repos de mon heureuſe vie?

 Mais maintenant qui iette plus de pleurs,
Ou qui eſt plus abyſmé de malheurs
Que moy chetif, chetif & miſerable
Ne voyant rien qui me ſoit agreable?
Soit que la nuict d'vn voile bruniſſant
Couure la terre, ou que le iour naiſſant
Monſtre par tout ſa lampe iournaliere,
Lampe celeſte, & celeſte lumiere,
Iamais l'ennuy, le trauail ſoucieux,
Tant ſoit-il peu, donne tréue à mes yeux.

 Touſiours touſiours ma playe ſe rempire,
Et peu à peu ſe mine en ſon martyre:
Comme en hyuer l'on voit deſſus vn mont
Par le rayon que la neige ſe fond.

 Qu'eſt deuenu le vermeil de la roſe,
Le lis, l'œillet, & la richeſſe encloſe
Entre les ronds de ce marbre enleué
D'vn doux ſoupir viuement animé?

 Las il eſt mort! & la fiéure rongearde
De ces beautez la grace a mis en garde
Entre les mains de l'auare nocher:
Cruelles mains, couſines d'vn rocher,
Qui n'eſpargnez la beauté ny la grace,
Ains peſle-meſle, & d'vne meſme audace

Les entaſſant en vn meſme batteau
Vous les paſſez à l'autre bord de l'eau
(Au moins ceux-la qui l'amour en leur vie
Ont bien traitté ſans haine & ſans enuie)
De ce Royaume où ſont les champs heureux,
Où en repos viuent les amoureux.
 Là couple à couple on s'aſſiet ſous l'ombrage
Des myrtes ſaints, eſcoutant le ramage
Du Roſſignol : là les petits ruiſſeaux
D'vn gazouillis imitent les oyſeaux
A degoiſer : là les douces haleines
Des vents mollets refraichiſſent les plaines,
Plaines qui ſont d'vn beau tapis de fleurs
Bien eſtoffés en cent mille couleurs,
Que les ruiſſeaux de lait touſiours arroſent,
Où les Amans & nuict & iour compoſent
(Si nuicts y ſont) le rond des chapelets
Dançant autour des myrtes verdelets.
 Là là iamais la foudre ny la greſle,
Ny le frimas le recoy ne martelle
De ces ſaints lieux : là iamais la chaleur
Ny la froidure euente ſa fureur.
De iour en iour vne ſaiſon nouuelle,
Vn beau Printemps touſiours ſe renouuelle,
Portant trouſſé le cheueu blondiſſant
Autour du rond d'vn rameau verdiſſant,
Tenant en main ſa Flore couronnee
D'vn verd tortis de myrtine ramee,
Tous les pieds nus, portans touſiours entr'eux
En cent reflots ondoyez leurs cheueux.
On ne voit point qu'autre neige y deſcende
Qu'œillets, que lis, que roſes & lauande,
Rien que douceurs, rien que manne & que miel
En ces beaux lieux ne diſtile du Ciel.
 Adieu Lauriers, adieu grotte ſauuage,
Prez, monts & bois, & tout le voyſinage
Des cheure-piés Faunes & Satyreaux,
Et le doux bruit des argentins ruiſſeaux,

Adieu vous dy, ma Maistresse m'appelle:
I'aime trop mieux las! soupirer pres d'elle,
Que viure en ris sans elle en ce bas lieu.
I'enten sa voix, adieu lauriers adieu.

LE DESIR.

Celuy n'est pas heureus qui n'a ce qu'il desire,
   Mais bien-heureux celuy qui ne desire pas
   Ce qu'il n'a point : l'vn sert de gracieus appas
   Pour le contentement, & l'autre est vn martyre.

Desirer est tourment qui bruslant nous altere
   Et met en passion : donc ne desirer rien
   Hors de nostre pouuoir, viure contant du sien,
   Ores qu'il fust petit, c'est fortune prospere.

Le desir d'en auoir pousse la nef en proye
   Du corsaire, des flots, des roches & des vents :
   Le desir importun aux petits d'estre grands,
   Hors du commun sentier bien souuent les déuoye.

L'vn poussé de l'honneur par flateuse industrie
   Desire ambitieux sa fortune auancer :
   L'autre se voyant pauure, à fin d'en amasser
   Trahist son Dieu, son Roy, son sang & sa patrie.

L'vn pippé du Desir, seulement pour l'enuie
   Qu'il a de se gorger de quelque faux plaisir,
   En fin ne gaigne rien qu'vn fascheux desplaisir,
   Perdant son heur, son temps & bien souuent la vie.

L'vn pour se faire grand & redorer l'image
   A sa triste fortune espoind de ceste ardeur,
   Soupire apres vn vent qui le plonge en erreur.
   Car le Desir n'est rien qu'vn perilleux orage.

L'autre esclaue d'Amour desirant l'auantage
  Qu'on espere en tirer, n'embrassant que le vent,
  Loyer de ses trauaux, est payé bien souuent
  D'vn refus, d'vn dédain, & d'vn mauuais visage.

L'vn plein d'ambition desireux de parestre,
  Fauorit de son Roy, recherchant son bon-heur,
  Auançant sa fortune, auance son malheur,
  Pour auoir trop sondé le secret de son maistre.

Desirer est vn mal, qui vain nous ensorcelle :
  C'est heur que de iouïr, & non pas d'esperer :
  Embrasser l'incertain, & tousiours desirer
  Est vne passion qui nous met en ceruelle.

Bref le desir n'est rien qu'ombre & que pur mensonge
  Qui trauaille nos sens d'vn charme ambitieux,
  Nous déguisant le faux pour le vray, qui nos yeux
  Va trompant tout ainsi que l'image d'vn songe.

―――――

D'VN BOVQVET ENVOYÉ

LE MERCREDY DES CENDRES.

Ce Bouquet de menu fleurage
  Vous seruira de tesmoignage
  Que nos beaux iours coulent soudain
  Comme la fleur, & qu'il faut prendre
  Le plaisir sans le sürattendre
  Ny le remettre au lendemain.
Sans attendre que la vieillesse
  D'vne froide & morne paresse
  Rende nos membres froids & gours,
  Passant en douceurs amoureuses
  Et mignardises gracieuses
  Ce qui reste de nos beaux iours.

Aussi bien ceste Parque fiere
  Pour nous coucher dedans la biere
  Desia nous attend sur le port,
  Mon Cœur, croyez-moy ie vous prie,
  Passons doucement nostre vie,
  On ne sent rien apres la mort.
Rien n'y a d'apparence humaine,
  Il n'y a sang, ny poux ny veine,
  Cœur, poulmon, ny foye, ny ners,
  Ce n'est rien qu'vne Ombre legere
  Sans sentiment & sans artere,
  Proye de la terre & des vers.
Vous sçauez ce que dit le Prestre
  Quand plus deuôt de sa main destre
  De cendre il nous croise le front,
  Clairement nous faisant entendre
  Que nos corps sont venus de cendre
  Et qu'en cendre ils retourneront.

A SA MAISTRESSE.

Ta bouche en me baisant me versa l'ambrosie,
  Dedans le ciel voûté dont se paissent les dieux,
  Et moy en suçottant & ta langue & tes yeux
Ie dérobé, larron, & ton ame & ta vie :
Ce fut au cabinet où ie pris amoureux
  Les faueurs dont i'espere en fin me rendre heureux,
  Cabinet le seiour des baisers & des Graces,
  La retraicte d'Amour, où mourant de plaisir
Heureux ie mis la main sur les mignonnes traces
  Qu'Amour pour se loger a bien voulu choisir.
Sus donc approche toy & me baise mignonne,
  Suçons & ressuçons l'vn & l'autre à son tour
  Le petit bout sucré que la mere d'Amour
  A confit dans le miel des baisers qu'elle donne.

Las ! que dy-ie mon Cœur ? à peine auons pouuoir
Vous & moy tant soit peu libres nous entreuoir,
Tant y a dessus nous de fenestres ouuertes :
Mais si le feu d'Amour aussi vif que le mien
Eschaufoit vostre sang, vous auriez le moyen
Trouuer & temps & lieu pour soulager nos pertes.

LA NVICT.

O douce Nuict, ô Nuict plus amoureuse,
 Plus claire & belle, & à moy plus heureuse
Que le beau iour, & plus chere cent fois,
D'autant que moins, ô Nuict, ie t'esperois.
Et vous du ciel estoiles bien apprises
A secourir les secretes emprises
De mon Amour, vous cachant dans les cieux
Pour n'offenser l'ombre amy de mes yeux.
  Et toy, ô Sommeil secourable,
   Fauorable,
  Qui laissas deux amants seulets,
   Eueillez,
  Tenant de la troupe lassee
  L'œil & la paupiere pressee
  D'vn lien si ferme & si doux
  Que ie fus inuisible à tous.

Porte benigne, ô porte trop aimable
 Qui sans parler me fus si fauorable
A l'entr'ouurir, qu'à peine l'entendit
Cil qui plus pres ton voisin se rendit.
Doux Souuenir trop incertain encore
S'il songe ou non, quand celle que i'honore
Pour me baiser me retint embrassé,
Bouche sur bouche estroitement pressé.
  O douce main gentille & belle,
   Qui pres d'elle

LA NVICT.

Humble & secrette me tiras!
   O doux pas
Qui premiers tracerent l'entree!
O Chambrette trop asseuree
D'elle, de l'Amour, & de moy,
Garde fidelle de ma foy.

O doux baisers, ô bras qui tindrent serre
 Le col, les flancs, plus fort que le lierre
A petits nœus autour des arbrisseaux,
Ou que la vigne alentour des ormeaux!
O léure douce où gouté l'ambrosie,
Et cent odeurs dont mon ame saisie
Se sentit lors d'vne extreme douceur!
O langue douce, ô trop celeste humeur,
  Qui sceut si bien les feux esteindre,
    Et contraindre
  Soudain de ramollir l'aigreur
    De mon cœur!
  O douce haleine soupirante
  Vne douceur plus odorante
  Que celle du Phenix qui part
  Du nid où en mourant il ard.

O Lict heureux, l'vnique secretaire
De mon plaisir & bien que ne puis taire,
Qui me fis tel que ne suis enuieux
Sur le nectar, doux breuuage des Dieux.
Lict qui donnas en fin la iouissance,
De mon trauail heureuse recompanse:
Lict qui tremblas sous les plaisans trauaux,
Sentant l'effort des amoureux assaux.
  Vous ministres de ma victoire
    En memoire
  A iamais ie vous vanteray:
    Et diray
  Tes vertus, ô lampe secrette
  Qui veillant auec moy seulette

Fis part liberale à mes yeux
Du bien qui me fist tant heureux.

Par toy doublé & par ta sainte flame
Fut le plaisir, dont s'enyura mon ame :
Car le plaisir de l'amour n'est parfait,
Qui sans lumiere en tenebres se fait.
O quel plaisir sous ta clairté brunette
Voir à souhait vne beauté parfaite,
Vn front d'yuoire, vn bel œil attirant!
Voir d'vn beau sein le marbre soupirant,
 Vne blonde tresse annelee
  Crespelee :
En double voûte le sourcy
  Raccourcy,
Voir rougir les vermeilles roses
Par dessus deux leures décloses,
Et de la bouche les presser
Sans peur d'estimer l'offenser.

Voir vn gent corps qu'autre beauté n'egale,
Où la faueur des Graces liberale
Des astres beaux, de Nature & des Cieux
Prodiguement verserent tout leur mieux.
Voir de sa face vne douceur qui emble
L'vn de mes sens, à fin que tous ensemble
Confusément cest heur ne prinsent pas
Pour se souler des amoureux appas.
 Mais, Amour, pourquoy tes delices
  Tes blandices
S'escoulent vaines si soudain
  De ma main ?
Pourquoy courte la iouissance
Traine vne longue repentance
D'auoir si peu gousté le bien
Finissant qui s'escoule en rien ?

Ialouse Aurore, & par trop enuieuse,

Pourquoy fuis-tu la couchette amoureuse
De ton vieillard, & me hastes le temps
D'abandonner l'amoureux passetemps!
Puissé-ie autant te porter de nuisance
Que ie te hay : si ton vieillard t'offense
Cherche vn amy plus ieune & plus dispos,
Et nous permets que viuions en repos.

D'VNE DAME.

Bran vous me cajollez, laissez-moy, ie vous prie :
   Que cerchez-vous illà, vous n'y auez rien mis ?
   Et sçay que vostre amour en autre lieu promis
Sera le seur tesmoin de vostre piperie.
Penseriez-vous, Monsieur, que i'aye esté nourrie
   De si mauuais tetin, que ie n'entende bien
   Que voudriez, en passant, iouïr de l'amour mien
Pour faire puis apres que tout le monde en rie ?
Non non ie ne suis pas de celles que pensez
   Qui pour le seul plaisir tiennent recompensez
   Les seruices qu'Amour pour ses trauaux desire.
I'aime bien le discours, i'aime bien la vertu :
   Mais i'aime mieux celuy qui braue a combatu
   L'esperance, la peur, sa dame & son martyre.

ELLE MESME.

C'est maintenant qu'il faut que librement ie die
   Tant m'estes importun, que vous me caiollez,
   Taisez-vous ie vous pry, Monsieur, vous m'eniollez
De vos propos succrez qui m'ont toute estourdie.
Or qu'en me caressant, vostre ame, vostre vie,
   Vostre espoir, vostre cœur, humble vous m'appellez,
   Ie sçay sous ces beaux mots que vous dissimulez,

Et cachez doucement le nom de voſtre amie.
Anda ie ne veux point vous ſeruir de iacquet,
Ie ſçay ce que l'on dit, & comme le cacquet
Meſme entre nos voiſins ſe iette à l'auanture.
Mais ie merite bien auoir vn ſeruiteur
Qui m'aime & me careſſe & me donne ſon cœur,
Et non pas de ſeruir d'ombre & de couuerture.

DE LA BLESSEVRE D'AMOVR.

N'agueres ie vey ma Mignonne
Qui façonnoit vne couronne
De lis, de roſes & d'œillets
Et de cent boutons vermeillets,
Pour croiſtre de fueille honoree
L'honneur de ſa treſſe doree,
Et l'émailler de cent couleurs,
La trouſſant au rond de ſes fleurs.
Apres l'auoir bien arroſee
D'eau de parfum, & bien poſee
Sur ſon chef, au tour du chapeau
Ie vey ce petit Dieu oyſeau
Amour, qui tremouſſant les œlles
S'aſſiet ſur ces roſes nouuelles :
Puis ſautelant à demy-tour
Baiſa doucettement l'entour
L'entour de ſa bouchette tendre,
Mais las! en ſe voulant étendre,
Abaiſſant l'vn & l'autre flanc,
Il ſe piqua iuſques au ſang
Du bout d'vne eſpingle attachee
Sous les fleurs doucement cachee,
Si bien que le ſang qui couloit
De ſon viſage, & qui rouloit
Le long de ſa blanche poitrine,

Et de sa léure couraline,
Meritoit mieux de surnommer
Vne fleur, & la renommer,
Que celuy que la dent porchere
Tira de la cuisse tant chere
D'Adonis. Mais quoy? voletant
Triste, fasché, tout sanglotant,
Portant la léure déchiree,
La couleur palle, & empiree,
Volle à sa mere, & luy monstra
Sa douleur, & luy remonstra
Comme il receuoit vne iniure
Du bout d'vne épingle pariure,
Pariure d'auoir traistrement
Nauré ce Dieu cruellement.
Et s'il n'en auoit la vengeance
Il iura que par la puissance
De sa fleche & de son carquois,
De son feu, de son arc turquois,
Que iamais ne darderoit flamme
Sur la poitrine de la femme.

   Venus voyant perdre le sang,
Print en sa main vn linge blanc
Pour luy ressuyer le visage,
Et pour addoucir le courage
Du mignon, qui se courrouçoit
Outre mesure, & qui tançoit,
Se print d'vne face riante
Et d'vne voix doucement lente
A dire ainsi, Ha n'as-tu pas
Sous l'amorce de tes appas,
Cent & cent fois en eschauguette
Nauré les cœurs d'vne sagette?
Et d'vne fielleuse poison
Bruslé le sens & la raison?
Et causé dedans nos poitrines
Vne douleur, que les racines,
Ny les drogues ny le sçauoir

Du fils d'Apollon n'ont pouuoir
De guarir, & que la pointure
De ton dard est beaucoup plus dure
Que celle qui t'a offensé
Sans iamais y auoir pensé
Et qui ne pense auoir sur elle
Pauurette, vne playe mortelle
Que ton arc dessus moy vainqueur
A bien causé dedans son cueur ?
   A peine eut finy la parolle
Qu'Amour tout irrité s'enuolle
En quelque secret inconneu :
Car depuis il ne s'est point veu.
Et c'est pourquoy ma toute belle
Humaine se monstre & cruelle.

CHANSON.

Autre maistre n'ay que l'Amour,
   Ie le seruiray nuict & iour :
   C'est pourquoy ie l'ay fait seigneur
   Et de ma vie & de mon cœur.
D'estre serf point ne me desplaist,
   Mon cœur estant si bien qu'il est
   Cent fois plus doucement traitté
   En seruice qu'en liberté.
Aussi le maistre que ie sers
   N'est fascheux, rude ny diuers :
   Et si n'est pas courtois & dous
   A moy seulement, mais à tous.
Quelque mal-plaisant, importun,
   Mal-né, mal voulu de chacun,
   Appellera ce Dieu cruel :
   Mais ie ne le cognois pour tel.
Ie n'ay de luy que du bon-heur,
   Du plaisir & de la faueur,

Et qui vit sous luy langoureux
Ie croy qu'il n'est point amoureux.
Amour est compagnon du temps,
Et de l'Automne & du Printemps :
Moymesme ay son feu decouuert
Dessous les glaces de l'hyuer.
L'vn porte le visage peint
De palle frayeur qui le poind :
Et l'autre n'est iamais content,
Alteré du bien qu'il attend.
L'esperance & le desespoir
Soit pour cil qui n'a le pouuoir
Acquerir, estant seruiteur,
D'vne maistresse la faueur.
Quant à moy si i'auois le poinct
Aymant, qu'on ne demande point,
Mais qu'on prend en temps & en lieu,
Ie ne voudrois pas estre Dieu.

CHANSON.

Autre amour que le tien me vient à déplaisir,
Autre feu que le tien ne peut mon cœur saisir,
La mort seule a pouuoir
D'eschanger mon vouloir
Puis que de bien aimer tu te mets en deuoir.

Mon cœur est vn rocher haut éleué dans l'ær,
Que les flots ny les vents ne sçauroyent esbranler,
Ferme contre le vent
D'vn fascheux poursuyuant,
Qui ialoux de mon heur mon bien va deceuant.

Le iour que dans mes yeux Amour de son beau trait
  De vostre grace belle engraua le portrait,
     Ce iour comme vaincueur
     Se fist Roy de mon cueur,
Et tyran, de ma vie empieta le bon-heur.

Ie tenois ces propos m'estimant bien-heureux
  Lors que de vos beautez ie deuins amoureux.
     Mais hà traistre cruel
     Maintenant tu n'es tel,
Amour, dont ie cognois que tu n'es immortel!

Car les Dieux de là haut ne sont vains ny menteurs,
  Ils ne sont médisans, imposteurs ny trompeurs:
     Tu n'as iamais esté
     Qu'vn pipeur effronté,
Ennemy coniuré de toute verité.

Où sont les beaux discours dont fol ie me paissois,
  Maistresse? où est le temps qu'abusé ie pensois
     Auoir conquis cest heur
     D'estre ton seruiteur?
Et maintenant ie voy que ce n'est que rigueur.

Quelque temps i'ay vescu plus content que les dieux
  Abusé de ta bouche, abusé de tes yeux:
     Maintenant tu me dis,
     Que libre tu ne puis
Aimer, & plus te suy Maistresse, & plus me fuis.

Ie n'auois rien plus cher pour gage de ma foy
  Qu'vn seul petit escript que ie gardois de toy,
     Pour fidelle tesmoin
     De l'amour peu certain,
Mais tu l'as importuné arraché de ma main.

Adieu Maistresse adieu, ou traitte mieux mon cœur,
  Que n'as depuis vn an qu'il est ton seruiteur:
     Malheureux est pour vray,
     Maistresse ie t'en croy,
Qui vit en seruitude & qui peut estre à soy.

COMPLAINTE.

Ie n'ay membre sur moy, nerf, ny tendon, ny veine
  Qui ne sente d'amour l'amoureuse poison,
  I'en atteste le ciel, mon ame, & ma raison,
  Vostre bouche & vos yeux seurs tesmoins de ma peine.
Mais plus ie le vous dis & moins vous le croyez,
  Plus vous rens descouuert le secret de mon ame,
  Moins il vous apparoist, plus vous monstre ma flame
  Et ma playe cruelle, & moins vous la voyez.
Plus ie me monstre bon, & moins vous m'estes bonne,
  Plus ie pense estre aimé de vos gentes beautez,
  Plus ie sens de vos yeux les rares cruautez,
  Plus ie pense estre libre & plus ie m'emprisonne.
Plus i'honore, craintif, la graue maiesté
  De vostre front maistresse, & l'influence heureuse
  De vostre esprit gentil, plus m'estes rigoureuse:
  Plus m'approche de vous, & plus suis reietté.
Ie n'ay rien de l'Amour que la crainte & la honte:
  Car vous dites tousiours en vous moquant de moy,
  Non que ie n'aime point, & si ie vous aimoy,
  De vous voir plus souuent que ferois plus de conte.
Plus vous en quiers mercy, & plus vostre rigueur
  S'enaigrist contre moy, plus d'vn œil pitoyable
  Ie demande pardon plus estes imployable,
  Plus ie vous sers mon Cœur, & moins ay de faueur.
Oreste appaisa bien les fureurs vengeresses
  De sa mere outragee, & aux Ombres d'Hector
  Achille pardonna, au ciel les Dieux encor
  Pardonnent aux humains leurs fautes tromperesses.
Le vent n'esprouue pas dessus les arbrisseaux
  Sa force violente, il froisse, il déracine
  Les vieux chesnes branchus, il cerche la marine,
  Les roches & les monts non les petits ruisseaux.
Or i'estime à grand heur auoir eu quelque place
  Au fort de vostre cœur, mais aussi ie n'ay pas
  L'ame si trescouarde, & le cœur si tresbas
  Que ie ne pense aimant meriter quelque grace.

Vous diftes qu'en aimant vous voulez eftre aimee,
　D'autres armes Amour s'eft-il iamais armé ?
　Mais ie fçay qu'en aimant ie ne fuis pas aimé,
　Ce qui rend de foufpirs ma complainte animee.
Vn plus cheri que moy des Graces & des Dieux,
　Du Ciel & de Fortune, & de plus prompte flame
　Vous pourra bien aimer : mais de plus gentile ame,
　Si ce n'eft Amour mefme, il ne peut aimer mieux.
Mais ie me plains en vain à vous inexorable,
　Sans mercy, fans excufe, & bref de me douloir
　Eft embraffer le vuide, & fans raifon vouloir
　Efcrire deffus l'eau, & reconter le fable.

AMOVR MEDECIN.

La larme à l'œil fur la bouche à Madame,
　Lors qu'elle eftoit en fon accez fieureux
　I'alloy cueillant vn baifer fauoureux,
　Tel que celuy que le pigeon peureux
　Prend fretillard pour appaifer fa flame.
Elle des mains mifes deuant fa bouche
　Le deftournoit ne voulant qu'il fuft pris,
　Craignant que deux d'vne fiéure furpris,
　Comme ils eftoyent de mefme flamme épris,
　Ne fuffent morts en fi douce écarmouche,
Difant, Mon Dieu, d'vne voix foible & lente,
　N'achepte point fi cherement ceft heur,
　Ce vain plaifir, ce tant peu de faueur,
　Leger payment de fi griefue douleur,
　Et te repais d'vne plus douce attente.
Alors le trait de ma langue animee
　Pouffant fait breche, entre & gaigne le fort,
　Tant que forcee elle endure l'effort
　De ce baifer qui vient à mon fupport
　Sur le rempart de cefte bouche aimee.

Restant vainqueur ie gousté les delices
De ce baiser qu'on m'auoit refusé :
Car mon dessein tant fust authorisé
Du dieu d'Amour, qu'il fust fauorisé
Cueillir le fruit de mes douces malices.
Morte reuient, & guarist de ses peines
Sans m'offenser de sa fiéureuse humeur,
S'on ne disoit l'amoureuse fureur
Estre vn chaud mal, vne fiéure, vne peur
Qui va glaçant le sang dedans les veines.
Depuis Phebus ne fist la medecine,
Mais surmonté & vaincu de l'Amour
De son bon gré luy quitta dés ce iour
L'art de guarir des fiéures à son tour,
Tant fut d'Amour la puissance diuine.

SONNETS.

Quand i'entreuoy ceste espaule auancee,
Ce pié croisé, ceste tremblante voix,
Ce dos courbé ainsi qu'vn arc Turquois,
La barbe blanche & la face abaissee :
Quand i'entreuoy ceste ride enfoncee
Dessus le front à cacher tous les doigts,
Cest œil caué d'vn corps sec comme bois,
Vn amas d'os, la dent noire émoussee :
Quand i'entreuoy ce masque, ce tombeau,
Se mettre en poinct, contrefaire le beau,
Et sous la cendre vne flamme conceüe :
Ie dis alors, voyant ce corps perclus
Faire l'amour & qui ne marque plus,
Qu'on cognoist l'age & la force à la queüe.

Ie fuy comme la mort ceste vieille importune
Qui deçà qui delà me suit de toutes parts,

Qui m'espie & m'aguette, & de poignans regards
Me tient ensorcelé de façon non commune.
Pren pitié de mon mal & chasse l'infortune
Dont ie languis, Amour, & que ses yeux paillards
Ne me poussent iamais aux perilleux hazards
D'vne si violente & mauuaise fortune.
C'est vn gouffre, vne mer, vn abysme profond,
Vne hale, vn esgout, vne bourbe punaise,
Vn soupiral venteux, vne chaude fournaise,
Vne mare, vn fangeas qui n'a riue ny fond,
Que ie sens, que ie voy, & ne puis m'en distraire
Tant le destin me force à suyure mon contraire.

A sa Maistresse.

Ne croyez pas qu'vne fascheuse absence
De vos beaux yeux, Maistresse, ait le pouuoir
De me tirer du seruice & deuoir
Qu'humble ie dois à vostre souuenance.
Ne croyez pas qu'elle ait ceste puissance
Dessus mon cœur, qui ne peut conceuoir
Que vos beautez, qui pourroyent émouuoir
Vn rocher mesme à vostre obeissance.
Non non mon cœur n'est pas vn feu couuert,
Vn petit feu épris en vn bois vert,
Qui meurt soudain, soudain s'on ne l'attise :
Le mien est prompt meslé de soufre vif,
Qui iusqu'à l'os me consomme hastif,
Et dont mon ame est follement esprise.

I'auoy n'a pas long temps fait esclaue mon cueur,
Pour seruir les beautez d'vne gente maistresse,
Esperant que le temps, l'amour & la caresse
De mon loyal seruice adoucist sa rigueur.
En seruant i'esperois, mais vn espoir trompeur

Par vne douce amorce a pippé ma ieuneſſe,
N'ayant en fin receu que trauail & rudeſſe
Pour toute recompenſe & toute autre faueur.
Laſſé de ſupporter ce trop faſcheux martyre,
Cherchant nouueau parti, content ie me retire
Sans plus rien eſperer d'elle ny de ſes yeux,
Fuyant la cruauté de ceſte fiere amante,
Ainſi que le nocher ſauué de la tourmente
Se trouuant ſur le port, fuit les rochs ſourcilleux.

―――――

Ce beau front releué la demeure des Graces,
Ces deux aſtres iumeaux la retraite d'Amour,
Ce coural ſoupirant le gracieux ſeiour
Où les baiſers mignars de long temps ont leurs places,
Ce diſcours amoureux où les douces fallaces,
Les ruſes, les attraits ſeiournent tour-à-tour,
Cauſent que ie languis & la nuit & le iour
Sous l'effort rigoureux de ſes fieres menaces.
Ce creſpe d'or friſé me fait deuenir glace,
Et de palle frayeur me fait bleſmir la face,
Mais ſes yeux ont pouuoir de me faire vne roche.
Son ombre me fait peur, ſa preſence m'altere
Et pers le ſentiment quand d'vne œillade fiere
Me dédaigne & ne veut que d'elle ie m'approche.

―――――

Ce iourdhuy que chacun prodigue ſa largeſſe,
Liberal ie vous donne en eſtreine mon cœur :
Encor que le preſent ſoit de peu de valeur,
Ne le refuſez pas ie vous ſupply maiſtreſſe.
Logez-le pres du voſtre, & ſoyez ſon hoſteſſe,
Il n'eſt pas importun, rapporteur ny menteur,
Et ſçay qu'il vous fera fidele ſeruiteur,
Si de vous il reçoit quelque douce careſſe.
Donnez-luy tant ſoit peu d'honneſte liberté,
Ouurez-luy le threſor de voſtre volonté,
Soyez-luy comme vn roch conſtante & non muable.

S'il peut gaigner ce poinct il eſt recompanſé
   Des faueurs qu'il pretend, & trop mieux auancé
S'il cognoiſt ſeulement qu'il vous ſoit agreable.

Allez mon Cœur, le ſecours de ma vie,
   En qui i'eſpere auancer mon bon-heur,
   Le ciel benin, le ſoleil net & pur
   Vous accompagne & ſans vent & ſans pluye.
Que l'Aquilon n'éuente ſa furie,
   L'air ſon courroux, ny l'hyuer ſa rigueur
   Contre ce front, dont la fiere douceur
   De ſes attraits a mon ame rauie.
Vn doux Zephyr, vn eternel Printemps,
   Mille amoureaux & mille paſſetemps,
   A petits ſauts volent touſiours pres d'elle.
Mais appaiſant voſtre orage mutin
   Dieux, appaiſez le ſien, à celle fin
   Qu'à ſon retour ne me ſoit plus cruelle.

Vn ſi gentil eſprit que le voſtre, Maiſtreſſe,
   N'eſt point ſans ſentiment des amoureux appas,
   On le voit à vos yeux, on le voit à vos pas
   Pleins de la maieſté d'vne grande Princeſſe.
On le ſent aux baiſers, on le voit à la treſſe
   De ce poil chaſtaigner qui me tient en ſes las,
   Encor vous le niez : peu d'honneur ce n'eſt pas
   D'vn grand Dieu comme Amour ſe pouuoir dire hoſteſſe.
Doncques ie vous ſupply ne dites plus, mon Cueur,
   Qu'Amour meſme des Dieus & des hommes vaincueur
   Ne tient plus aſſiegé le rempart de voſtre ame.
Ou ne me faites plus ceſt accueil gracieux,
   Et ne iettez ſur moy le charme de vos yeux
   Lors ie confeſſeray que n'aimez point, ma Dame.

N'eſt-ce vn grand mal, dites ie vous ſupplie,
 Eſtre nay libre & n'auoir liberté,
 Auoir des yeux & ne voir la clairté
 Du beau Soleil qui me donne la vie?
N'eſt-ce vn malheur lors qu'il nous prend enuie
 De ſoupirer, auoir l'air arreſté
 De nos poulmons? n'eſt-ce vne cruauté
 Qu'il faut ſe taire eſtant pres de s'amie?
Or tout ainſi qu'vn palle criminel
 Qui languiſſant deſſous l'ombre eternel
 D'vne priſon, la lumiere reclame :
Ainſi ie vis abſent de vous, mon Cueur,
 Morne, penſif, aueugle & plein de peur,
 La glace au front & le feu dedans l'ame.

Sur vne Lettre bruſlee.

O cruauté d'Amour, ſera donc toy Vulcan
 Qui bruſlera, cruel, de flamme vengereſſe
 La lettre que la main de ma chere maiſtreſſe
 Secrette m'eſcriuit aux premiers iours de l'an?
Eſt-ce le ſouuenir de ce Dieu Thracien
 Qui t'eſpoinçonne encor de ialouſe deſtreſſe
 Lors que ta femme & luy, de chaiſne trompereſſe
 Couplez deuant les Dieux tu les mis au carquan?
Vulcan, ie ne ſuis pas de nature guerriere,
 Ne ſois ialoux de moy, & ne ſoit heritiere
 Ta flamme de la lettre où ie voy peint mon heur :
Mais s'il la faut bruſler, ta force ie deſpite,
 Amour me voulant bien, l'a de ſon trait eſcrite,
 Pour la ſauuer du feu, au profond de mon cœur.

Vous me dites ſans fin, & le tiens pour le ſeur
 Que ne voulez aimant en rien eſtre forcee,
 Qu'il ne ſoit verité, ie vous vey courroucee
 Hier quand maugré vous ie vous baiſé, mon Cœur.

Doncques ie vous supply pour m'oster ceste peur
Desormais tant soit peu de vous rendre offensee,
Humaine pardonnez à ma chaste pensee,
Et remettez la faute aux traits de ma fureur.
Fureur qui nuict & iour me trauaille sans cesse,
Qui va troublant mon ame & me force & me presse
Presque de vous forcer meu de vostre beauté.
Las! c'est moy qui forcé languis dessous la force
De vostre maiesté : mais quoy? plus ie m'efforce
Humble de vous seruir, moins ay de liberté.

Deux ans sont ia passez, vous le sçauez Maistresse,
Quand pour vous estrener ie vous donné mon cœur,
Qui depuis est resté vostre humble seruiteur
Sans vous auoir manqué de foy ny de promesse.
Traittez-le humainement & luy faites caresse
Seulement d'vn trait d'œil, ou de quelque faueur
Dont il puisse alleger la charge du malheur
Qu'il souffre en bien seruant vne si fiere hostesse.
Non ne le faites pas, traitez-le rudement,
Ie connois son humeur, il vous sert seulement
Pour tirer du plaisir de son plaisant martyre.
Ie tenois ces propos quand mon cœur dépité
Dist, I'aime mieux cent fois perdre ma liberté
En seruant ses beautez qu'estre Roy d'vn Empire.

Maistresse croyez moy ie ne suis point menteur,
I'en appelle à tesmoin les troupes immortelles
Quand en mes ieunes ans ce Dieu qui a des ælles
Ficha premierement ses traits dedans mon cœur.
Oncques ie ne senti l'amoureuse rigueur
Ny le fer aceré de ses fleches cruelles,
Si fort que maintenant que sous vos graces belles
Auez plongé mon ame en extreme fureur.

A cela ie le sçay, vous me direz, Maistresse,
　Que la flamme d'Amour n'est pas souuent l'hostesse
　De l'hyuer bruineux qui rend le poil grison.
Ie sçay bien toutesfois que les flammes plus fortes
　Croupissent bien souuent dessous les cendres mortes,
　Et que le feu s'allume en tout bois de saison.

Douce mere d'Amour, mais farouche & cruelle
　Aux hommes fouruoyez qui vont fuyuant tes pas :
　Mere ie te supply ne me recherche pas
　Pour me dresser encor quelque embusche nouuelle.
Ie n'ay que trop languy durant la saison belle
　De mon gaillard Printemps sous les sorciers appas,
　Puis maintenant recreu, mal armé, foible & las
　Tu me viens, importune, appeller en querelle.
Ie tenois ces propos quand vostre bouche tendre
　Vinstes ioindre à la mienne, & bord à bord estendre
　Le coural soupirant de vos léures, mon Cœur.
Alors ie reconneu que toute ame gentile
　Est capable en tout temps de sa flamme subtile,
　Et qu'il est malaisé d'euiter sa fureur.

Depuis que ie baisé ta bouche vermeillette,
　Et que ie suçotté le petit bout moiteux
　De ta langue succree, & tasté bien heureux
　L'yuoire doux poly de ta cuisse douillette :
Depuis ie n'eu repos, vne flamme secrette
　Aussi tost dans mon ame escoula par les yeux,
　Et de soupirs ardans vn escadron venteux
　Pres d'elle se campa pour seruir d'échauguette.
Qui dormiroit, mon Cœur, nourrissant dedans soy
　Tant d'ennemis ensemble, ainsi que dedans moy
　Sans tréue nuict & iour ie nourris miserable ?
Mais sçachant bien, mon Cœur, que sous vostre bonté
　Vous ne cachez rigueur, dedain ny cruauté,
　I'espere qu'à mon mal vous serez secourable.

Euſſé-ie autant de fois baiſé ta bouche tendre,
 Ta paupiere, ton œil, ta gorge, ton beau ſein,
 Que i'ay baiſé de fois la lettre que ta main
 Depuis trois iours, mon cœur, ſecrette m'a fait prendre.
Euſſé-ie autant de fois retiré de la cendre
 Des ſepulchres Gregeois, & du marbre Romain
 Pour celebrer ton nom quelque antique deſſain,
 Que i'ay releu de fois le ſujet pour l'apprendre.
Or le ſçachant par cœur le plongé dans le feu
 Sous le papier muſqué : auſſi toſt que l'ay veu
 En cendre s'amortir, & promptement s'eſteindre,
Eſt-ce le feu, mon Cœur, qui me bruſle importun,
 Plus celeſte & plus vif que le noſtre commun?
 Ouy : car le plus ardant gaigne touſiours le moindre.

Vous me dites ſans fin que ce n'eſt la ſaiſon
 De ſuyure de l'Amour l'inconſtance legere,
 Qu'il faut matter ſa chair & ſe mettre en priere
 Humblement deuant Dieu dreſſant ſon oraiſon.
M'amour ie le confeſſe, helas c'eſt bien raiſon
 En ce temps miſerable addoucir la colere,
 Et le trait puniſſant que darde ſa main fiere
 Sur le chef de nos Rois, leur ſceptre & leur maiſon.
Plus me mets en priere & plus fais penitence
 Moins ie ſens addoucir voſtre fiere arrogance,
 Plus veux domter ma chair plus rebelle apparoiſt.
De ieuſne & d'oraiſon l'ire de Dieu s'appaiſe,
 Plus ie vous vay priant moins plaignez mon malaiſe,
 Plus me faites ieuſner plus l'appetit me croiſt.

CARTEL.

Des Cheualiers d'Amour.
1575. le 3. Iuin.

AVX DAMES.

Dames, dont les vertus & les rares beautez
Animent aux combats les promptes volontez
De ces ieunes guerriers, ie vous supply de croire
Que la Mort de l'Amour n'emporte la victoire :
Bien meurt ce masque feint, qui sans affection
Sans foy, sans loyauté farde sa passion,
Ce fantosme d'Amour, qui en naissant auorte
Indigne des honneurs de ce beau nom qu'il porte,
Ce Mattois, ce pipeur, ce Démon, ce Lutin,
Inconstant, passager, & volage, & mutin,
Qui se repaist, friant, d'amorces tromperesses,
De surprises, d'attraits, de ruses piperesses,
Et qui charmant nos yeux n'entre iamais au cœur.
Tel Amour vieillissant, perist en son erreur.

 Mais l'autre est immortel, les faueurs de sa grace
Tirent du ciel voûté le germe de sa race,
C'est le mignon choisi des hommes & des Dieux,
Le fidele entretien de la Terre & des Cieux,
Des Elemens confus la liaison premiere,
De ce grand Vniuers la feconde matiere :
De ses traits empennez le violant effort
Ne se peut alterer par échange de mort :
C'est vne passion, vn desir, vne flame,
Qui fait la sentinelle au rampart de nostre ame,
Et guide nos pensers : C'est vne deïté
Estroittement vnie à l'immortalité.

 Amour est tout diuin, le Destin, ny l'Enuie
Ne sçauroyent retrancher les souspirs de sa vie :
Car estant immortel, la Terre ne peut pas
Trionfer de ce Dieu, affranchi du trespas.

Et s'il mouroit encor, plus noble sepulture
Ne prendroit que vos yeux, sa douce nourriture :
Car de vous il prend vie, & dans vos cœurs épris
Se repaist, immortel, de vos diuins esprits.
   Amour iamais ne meurt, sa diuine semence
Tousiours retient l'odeur de sa premiere essence :
Et ne faut s'attrister, ny porter le grand dueil
Comme s'il gisoit mort dans le fond d'vn cercueil :
Il loge en vos beaux yeux, qui de flammes cruelles
Nous alterent bruslant iusques dans les moüelles,
Et viuant & voyant nous le sentons en nous
Tantost comme tyran, tantost benin & dous.
   Cause que nous voulons en foule, ou en carriere,
A cheual, ou à pié, ou ioints à la barriere
Maintenir que l'Amour est plus vif & plus fort,
Plus gracieux & doux, & cent fois plus accort
Qu'il ne fut onc çà bas, asseurant que les Dames
Hostesses de ce Dieu, & de ses viues flammes,
Ont plus de loyauté, de grace, & de douceur,
Que ne peut meriter vn loyal seruiteur :
Et que iamais Amour, quoy que l'on vueille dire,
Ne porta l'arc en main en vn plus doux Empire.

CARTEL.

   Ces Cheualiers d'honneur qui n'ont rien dedans l'ame,
Ny plus auant au cueur que l'amoureuse flame
Qui sort des traits aigus de ce petit Archer,
Quand de son arc voûté viennent à décocher,
Aduertis qu'en ce lieu se dressoit vne lice
Pour rompre ou pour iouster, & pour faire exercice
Des Armes, & d'Amour, & par acte guerrier
Porter le front couuert de l'honneur d'vn Laurier,
Sont venus en ce lieu pour mettre en euidence,
Faisant à coups de main preuue de leur vaillance
Et courage gentil, voulant monstrer à tous

Qu'à la seule faueur d'vn œil gentil & doux
Ne veulent espargner ny le sang ny la vie,
Ny le bien, ny l'honneur, & que la seule enuie
Qu'ils ont de vous seruir, est cause qu'en ce lieu
Sont arriuez soudain tous épris de ce Dieu
Que l'on appelle Amour, pour monstrer leurs prouesses
Deuant les yeux mignars de leurs chastes maistresses,
Et pour espandre aussi & la vie & l'honneur
Pour acquerir sans plus le nom de seruiteur.

CARTEL.

Dames dont les beautez & les douces faueurs
Animent aus combats cent & cent seruiteurs
Les repaissant d'honneur qui braue les conuie
Perdre pour vos beaus yeus & le sang & la vie :
Croyez ie vous supply que ces deux Cheualiers
Hommes faits & choisis, bons & vaillans guerriers,
Amoureux de vertu & d'honneur & des armes,
Ensemble ont resolu non par feintes allarmes,
Par soupirs redoublez, ou par affection
D'vn langage fardé de vaine passion
Acquerir les faueurs d'vne belle maistresse.
  Mais ils veulent premier que la seule prouesse
Serue de truchement & soit l'auantcoureur
Pour fidelle tesmoin de ce qu'ils ont au cœur,
Iurant deuant vos yeux qu'ils n'ont volonté d'estre
Esclaues de l'Amour, sans vous faire parestre
L'effet de leur merite, ou soit à coups de main,
A cheual ou à pié, ou par autre dessain
Qui se peut pratiquer en foule ou en carriere
Deux à deux, seul à seul, ou de lance guerriere
Se choquer brusquement & rompre de droit fil,
Non pas de conquester par vn moyen subtil
Comme estre bien en poinct, ou de porter visage
Sous le charme sorcier de quelque doux langage,

La moindre des faueurs que vos rares beautez
Donnent pour recompense à tant de loyautez.
Non, ils ne veulent pas s'allumer de la flame
Qui reschaufe le sang & glisse dedans l'ame
Doucement par les yeux, que deuant ne iugez
S'ils meritent cest heur d'estre mis & rangez
Entre ceux que l'Amour & l'honneur fauorise.
 Voulant donc mettre à fin ceste belle entreprise
Sont venus en ce lieu pour mieux faire paroir
Et reconnoistre à l'œil l'effet de leur deuoir,
En ce lieu plein d'honneur, en ce lieu venerable,
Lieu comblé de vertu & grace incomparable
De cent rares beautez qui mettroyent en erreur
Vn cœur, fust-il de roche ou de metal plus dur :
Et tout ainsi qu'on voit la couleur blanche & nette
Sur toutes apparoistre excellente & parfette :
Ainsi l'affection de nostre loyauté
Est sincere & parfaite en toute pureté.
 Doncques si vous voyez que par nostre vaillance
Nous puissions meriter quelque peu d'asseurance
De vous faire seruice & de nous rendre heureux,
Ie sçay que vous auez le cœur si genereux,
Que vous embrasserez de volonté meilleure
L'honneur & la vertu qu'vne grandeur malseure,
Qu'vne vaine richesse, ou quelque grand thresor :
Car la vertu vaut mieux qu'vne montagne d'or.

CARTEL.

Ce ieune Cheualier en tous nouueaux allarmes
Amoureux de l'honneur, & d'Amour & des armes,
Ores qu'il soit foiblet à porter le harnois
A cheual ou à pié, ou à rompre le bois
Iustement de droit fil d'vne lance guerriere,
Manier de pié coy, en rond ou en carriere
Le cheual courageux, a sceu qu'vn grand tournoy

Se dreſſoit promptement en la Cour d'vn grand Roy,
Et que nul n'y pouuoit y monſtrer ſa proüeſſe
Sans porter les faueurs d'vne belle maiſtreſſe.
 Doncques ie vous ſupply par vos rares beautez,
Source de cent rigueurs & de cent cruautez,
Par les chaſtes attraits de voſtre bonne grace,
Par le creſpe doré qui luit ſur voſtre face,
Par toutes les bontez & toutes les douceurs
Qui logent dans voſtre ame & trauaillent nos cœurs,
Me faire tant d'honneur en ceſte fleur premiere
D'vne douce faueur honorer ma priere:
Me ſentant animé du gracieux accueil
De voſtre bonne grace & faueurs de voſtre œil,
I'eſpere, courageux, de vous faire pareſtre
Qu'au monde n'y a rien qui mieux arme la deſtre
D'vn ieune Cheualier, & luy hauſſe le cœur
Qu'Amour, guide fidelle à rechercher l'honneur.

A L'AMOVR.

 Ta fleche, ton arc me deſplaiſt,
Ton aigre-dous plus ne me plaiſt,
Amour, ſi i'eſtois en galere
Plus d'heur i'aurois eſtant forcere,
Que de voir à chaſque moment
En moy naiſtre vn nouueau tourment.
Ie ſuis laſſé d'eſtre à la touche,
I'ay touſiours le fiel en la bouche,
I'ay touſiours les piez enchaiſnez,
Les membres rompus & geſnez
De ſuyure l'ombre de tes pas
Sous l'amorce de tes appas.
Plus ie ne vais à tes briſees,
Ny par tes flammes attiſees,
Affranchi de ta paſſion,
Morte eſt en moy l'affection

Qui brusloit la tendre ieunesse
De mon cœur & de sa maistresse.
 Or va donc en Gnide ou Paphon,
Euolé plaisantin boufon :
Va donc, & le reste empoisonne
Du ciel, & de çà bas moissonne
Les cœurs de la flamme qui part
Du fer aceré de ton dard.
 Mais ores me vient aux oreilles
Ie ne sçay quoy de tes merueilles,
Ie ne sçay quelle baye encor
De fleches à la pointe d'or,
Et mille & mille autres volees
De rebouchantes & plombees :
Et bref vn discours enuieux
D'auoir mesme esclaué les dieux
Sous le ioug : mais si i'ay memoire
Voy la braue & gente victoire,
Quand ton pere au bras rougissant,
Sous le pié laissa languissant
Le feu brillant de son tonnerre
Pour faire l'amour en la terre
Empruntant quelque corps nouueau,
Comme d'vn Cygne ou d'vn Toreau.
Bref toute la troupe immortelle
A nourry la playe cruelle
De tes traits en pointe acerez
Dedans leurs estomachs sacrez :
Citoyens de l'estoilante arche
Iusqu'à la boiteuse démarche
De ce forgeron Lemnien,
Et de l'Amphitryonien
Ce faquin d'Hercul que l'on vante
Auoir eu la main si vaillante :
Ie sçay que ton bras a donté
Tout ce que sous le ciel voûté
S'eschaufe, s'accroist & soupire :
Ie sçay que ta chaleur inspire

L'ame mouuante aux elemens,
Sondant iusques aux fondemens
De la long-bruyante marine
Pour brusler la chaste poitrine
Des filles de Phorce aux yeux pers :
Bref tu tiens de cest vniuers
La serue & tournoyante bride,
Tu es & l'escorte & la guide
Des feux qui roulent par les cieux,
Et de la volonté des Dieux.

 C'est toy qui les ælles legeres
Du Destin serues messageres
Retranches à ta volonté :
C'est toy qui premier garrotté
As d'vne chaisne mutuelle
L'alliance perpetuelle
Des choses en confusion :
C'est toy qui fis seionction
Des semences de toutes choses
Au sein de ce chaos encloses.

 Tu es le repos eternel,
Et l'entretien continuel,
Et le seur appuy de Nature :
Tu trampes de miel la pointure
De nos desastres, retenus
Au sein de ta mere Venus
Auecques les Graces bien-nees,
Et les tardiues destinees.

 Tu pais nos amoureux desirs
Du nectar doux de tes plaisirs :
Mais aussi i'ay bien cognoissance
Comme plus souuent ta puissance
Se tire en sinistres dessains,
Et comme tes brigantes mains
Arrachent, vollent & tenaillent,
Pillent, tourmentent & trauaillent
Nos cœurs pauurement languissans
Sur le fil de nos meilleurs ans.

*Ainſi doncques te ſoyent taillees
Les mains, & tes fleches rouillees
Si tu les forces d'aborder
Nos cœurs, & ton arc encorder
Pour les enferrer de ta fleche,
Qui nous ſert d'amorce & de meche,
Pour noſtre bon-heur eſtranger
Et en furie le changer.
 Mais en ce, cognoiſſant tes ruſes
Et le payment de tes excuſes,
Ie me ſuis tellement diſtrait
De ta viſee, que ton trait
Mordre ne peut deſſus mon ame,
Ny la bruſleure de ta flame,
Ny la force de ta rigueur
Seulement attiedir mon cœur.
 Voy donc que i'ay laiſſé les armes,
Mes yeux ne fondent plus en larmes,
Et plus n'en ſortent deux ruiſſeaux,
Plus ie n'ay de ſoupirs nouueaux
Ma froide poitrine eſchaufee:
Plus ne me charme vne boufee
De flots roulez en creſpillons,
Où mille & mille éuantillons
D'Amour ſouflent nouuelle peine
Au ſoupir de leur douce haleine.
 L'œil qui s'eſleuoit à l'égal
D'vn front d'yuoire ou de cryſtal,
Nouant d'vne douceur benine
Deſſous vne voûte ebenine,
De ſes rayons me dardoit lors
D'vne ſecouſſe mille morts:
Mais maintenant le penſer meſme
Me cauſe vne douleur extréme,
Me hayant moymeſme en penſant
Cela que i'allois pourchaſſant.
 La bouche au dedans emperlee,
La neige ſur le ſein coulee,*

Et les deux tertres iumelets,
Le lis, les roses, les œillets,
Et mille beautez que Nature,
Prodigue en telle creature,
Me sont comme masques ternis
Et de ceruse & de vernis.

 Or Amour contre ta rudesse
N'ay-ie pas vne forteresse?
N'ay-ie pas vn rempart d'airain
Contre les efforts de ta main?
S'onq tu trainas l'œlle pendante
Et ta sagette languissante:
Maintenant tu peux bien voler
Sans armes, sans arc parmy l'œr,
Tant ta façon est mesprisee
Que ta trousse est deualisee,
Pour auoir fait estrangement
Vn si soudain eschangement.

 Tu n'es celuy qu'on pensoit estre,
Celuy qui en naissant fist naistre,
Et qui tira en corps diuers
Les semences de l'Vniuers:
Arrachant la masse inconnue
Comme du ventre d'vne nue,
La tirant d'vn fort tenebreux
Comme d'vn sepulchre poudreux:
Celuy qui les desirs modestes
Inspira de flammes celestes,
R'accouplant les saintes moitiez
Du fort lien des amitiez.

 Mais las maintenant, quel eschange!
N'as-tu plongé dedans la fange
D'vne paillarde volupté
Nostre muable volonté?

 On ne voit plus la chaste flame
D'vne Thisbé pour vn Pyrame
S'enferrer le sein d'vn couteau:
Ny d'vn mal-enfilé cordeau

Phyllis la Rodopeïenne,
Non d'autre main que de la sienne,
S'estrangler pour vn Demophon.
On ne voit plus vne Saphon
Pour son Phaon precipitee :
Ny sur la marine irritee
Au boüillant des flots outrageux,
Noüer vn Leandre amoureux :
Brusler Didon pour vn Enee,
Vne Ariadne forcenee
Au vent espandre ses douleurs,
Ny dessus l'arene ses pleurs :
Echo n'est plus par les montagnes,
Dedans les bois, par les campagnes
Beante apres ce iouuenceau
Narcisse, attiré de son beau :
Bref tous ces actes memorables,
Ces faits, & ces amours louables,
Amour, ne sortent plus de toy
Ny de la douceur de ta loy.
Aussi les tout-diuins Poëtes
Des Dieux fidelles interpretes,
Mesprisans ta diuinité,
Ta puissance & ta dignité,
Onc en leurs vers ne te donnerent
Vn seul present, ne te sacrerent,
Pour te rendre à tous immortel,
Ny d'vn temple, ny d'vn autel :
L'vn à Rhode & l'autre à Candie,
Cyllene, Epidaure, Arcadie :
L'vn le chesne Dodonien,
L'autre le recoy Cyrthien,
Delphes, Athenes & Tenare,
Larisse, Deles & Patare,
Bois, fleuues, fontaines, ruisseaux,
Antres, rochers, fleurs, arbrisseaux :
Mais toy tu ne fus en ta vie
Onc heritier que de l'enuie

De deux traits à la pointe d'or,
Et citoyen d'vn nid, encor
Emprunté des biens de ta mere,
De Gnide, Cypre & de Cythere.
 Or maintenant ton bras archer
Pourroit mille traits décocher
Contre le roch de ma poitrine,
Ma poitrine diamantine,
Auant qu'ell' se puisse entailler
N'en quelque sorte s'escailler.

ODE.

A Monsieur Garnier.

Garnier, qui d'vne voix hardie
 Vas animant la Tragedie,
 Aspiré des saintes fureurs
D'Apollon, qui chaud de sa flame
Vas bruslant & poussant ton ame
 Au sacré labeur des neuf Sœurs :
Qui d'vne grace douce & fiere,
 Sçais enfler l'estomach colere,
 Et rabaisser le front des Rois :
Et qui de vers hautains & braues,
De mots, & de sentences graues
 Fais rougir l'échaffaut Gregeois :
Qui de complaintes non communes
 Vas lamentant les infortunes,
 Malheur ordinaire des grans :
Pleurant la douleur échaufee
De celle qui viue étouffee
 Aualla des charbons ardans :
Qui des premiers en nostre France
 Tiras sous la docte cadance,
 Et sous les accens de tes vers,

Vne amour chaste, vne amour folle,
Rendant la voix & la parolle
Aux Ombres mesmes des Enfers :
Soupirant de voix amollie
Les iustes pleurs de Cornelie,
Qui veit le riuage écumer
Et rougir du sang de Pompee,
Et Scipion d'vn coup d'espee
Nauré se plonger dans la mer.
Ie serois d'ingrate nature
Ayant succé la nourriture,
Et le laict tout ainsi que toy,
Sous mesme air, & sur mesme terre,
Si l'amitié qui nous tient serre
Ie n'estimois comme ie doy.
Aussi l'on verra les riuieres
Trainer leurs humides carrieres
Contremont, lors que s'oublira
La memoire, & l'amitié sainte,
Qui tient nos cœurs de ferme estrainte,
Et que le nœud s'en deslira.

A MONSIEVR PALINGENE,

sur la traduction de Sceuole de Saincte-Marthe.

Tu ne pouuois choisir le iour de ta naissance
  Vn surnom plus fatal, pour renaistre deux fois,
  Que le tien qui Romain perdant & vie & vois
Soupire maintenant le doux air de la France.
Si ton ombre là bas a quelque souuenance
  Du labeur des viuans, ha ! bon Dieu, que tu dois
  D'honneur & de faueur à ce docte François,
Qui vange de l'oubly la superbe impudence.
C'est luy qui fait parler vn langage nouueau

Aux cendres de ceux-là, dont les Ombres profettes
Begues errent là bas sur les riues muettes,
Les retirant de mort, & sauuant du tombeau :
Ainsi le fils d'Anchise à la riue Apuloise
Sauua les Dieux Troyens de la flamme Gregeoise.

CHANT D'ALLAIGRESSE

sur la naissance de Fran. de Gonzague, fils de Monseigneur de Neuers.

Du Latin de M. du Chesne Lecteur du Roy.

Prince gentil & beau, Prince plein de douceur,
De race genereuse, & comblé de bon-heur,
Fauorisé du ciel, dont l'heureuse naissance
Fait naistre quant & soy l'heureuse paix en France,
Paix qui d'vn fort lien a saintement reioints
Deux freres pour l'absence auparauant desioints :
Quand sera-ce mignon, que pour ces bons offices
Rendre nous te pourrons assez d'humbles seruices ?
Car la paix que le peuple, & par vœux & par pleur,
Que le sage Senat par aduis saint & meur,
L'Eglise par priere, & que la force humaine,
L'art ny l'inuention n'ont peu rendre certaine,
Par toy germe diuin apparoist à nos yeux
Comme l'aube du iour de ton feu radieux :
Ayant chassé la nuict & l'ombre stygiale
Qui couuroit le beau chef de la fleur liliale.
 Enfantement heureux, & digne à l'aduenir
Dessous le ciel François d'immortel souuenir.
Car si ia ton enfance, en iugement petite,
Commence à s'honorer par vn si grand merite,
Quelle esperance apres pouuons-nous conceuoir
Lors que tu seras grand d'esprit & de pouuoir,

Quand tu voudras bien-né imiter de ton pere
Les palmes, les lauriers, & la lance guerriere?
　Par augure certain du ventre maternel
Cela fut remarqué, que deuois eſtre tel,
Quand d'vn fieureux accés ta chere & douce mere
Fut ſi proche de mort, que la foſſe & la biere
Beantes l'attendoyent preſtes à l'engloutir
Sans le diuin ſecours qui l'en vint garantir,
Sçachant bien qu'vne fois les valeurs de ta vie
Seroyent l'heureux repos de ta douce patrie.
　Doncques le peuple bas, & l'Egliſe, & la Cour
Vont beniſſant l'enfant cauſe d'vn ſi beau iour :
La France à deux genoux fait ſon humble priere
Au Seigneur tout puiſſant, qui deſſous ſa main fiere
Fait trembler l'Vniuers puis qu'en ta naiſſance or',
Nous voyons de retour le premier âge d'or,
Puiſque du Dieu Ianus tu as fermé la porte
De cent chaiſnes à fin que le trouble n'en ſorte,
Qu'autour de ton beau front ſe ramagent touſiours
Les Delices, les Ieux, les Ris & les Amours :
Vn Printemps eternel ſur tes léures fleuriſſe,
Touſiours ſur ton berceau ſoit la douce Blandice,
Les Graces, les attraits & cent baiſers mignars
Autour de ton beau col pendillent fretillars.
　Ainſi ſoyent donc heureux le Prince & la Princeſſe
Qui t'ont fait voir le iour, toy en ta petiteſſe
Heureux d'eſtre né grand & d'illuſtres ayeux,
Ainſi la France allaigre en front victorieux
Ayant veu ſon grand Duc, porte la branche viue
De lauriers verdoyans, & toy celle d'oliue.

AV SIEVR SALOMON.

Ainſi qu'au poinct du iour la Pucelle éueillee,
　Seulette en ſon iardin va cueillant de ſa main
　Les plus gentilles fleurs pour honorer ſon ſein

Et faire vn beau tortis à sa tresse annelee.
Ainsi qu'au renouueau on voit la troupe aellee
Des fillettes du ciel dessous vn air serain
Voler de fleur en fleur pour paistre leur essain,
Et pour confire en miel leur charge non foulee :
Ainsi tu vas triant au iardin des neuf Sœurs
D'industrieuse main, les mieux fleurantes fleurs
Pour te ceindre le front d'vne couronne torte
En cent lauriers sacrez, & pour nous faire voir
Par cent doctes suiets l'effet de ton sçauoir,
Aussi docte & parfait que ton beau nom le porte.

DIALOGVE.

LE PASSANT.

Où est ton arc Amour, ta fleche, ton flambeau,
Et les replis dorez de ton pennache beau ?
Pourquoy roule en tes mains vne triple couronne,
Et la quatrieme encor ton beau chef enuironne ?

AMOVR.

Passant, ie ne suis nay de la folle Cypris,
Ny du fangeux Plaisir le neueu point ne suis,
I'allume à la vertu les ames plus modestes
Pour les guider au ciel dans les troupes celestes.
Car les quatre Vertus quatre couronnes sont,
Mais Prudence premiere a choisi mon beau front.

IMPRECATIONS

sur la mort du seigneur Loys du Gaz,

prises du Latin de M. de PP.

L'Autheur donc de ta mort, du Gaz, est inconnu,
Et iusques à present sous silence tenu

L'audacieus forfait, & n'eſt lieu qui pareſſe
Où ſe puiſſe attacher mon ire vangereſſe :
Nemeſis le ſçait bien, & le ſçait bien ce Dieu
Ce deuin Apollon, qui a l'œil en tout lieu :
Mars le ſçait bien auſſi, & de larmes communes
De leur cher nourriçon pleurent les infortunes,
Et de commun accord enſemble ont arreſté
De ceſt aƈte meſchant vanger la cruauté.
 Mais ô Dieux! ie vous pry ne ſouilleʒ vos ſagettes
De ſang ſi corrompu, ny d'ombres tant infettes,
Mais que le criminueux, l'aſſaſſin & l'autheur
Viue eternellement ſans ſentir la faueur
De la mort, quant & ſoy qui tout malheur entraine.
 Quiconque ſoit celuy qui ſuruiue à la peine
De ce meurdre cruel, qu'il m'ait pour ennemy,
Aiſe de ſon malheur, & mourant à demy
D'vn œil caue & tranſi languiſſant recognoiſſe
Vn autre Gaʒ en moy qui vaincueur apparoiſſe
Sauf & ſain de retour, ne ſouffrant mal ſinon
Et viuant, & voyant, des filles d'Acheron.
Roule vif garrotté ſur les œlles bruyantes
Du roüet d'Ixion, ſous les cymes pendantes
D'vn rocher esbranlé ſoit touſiours en frayeur,
Bruſlé, tari de ſoif, & paſmé de chaleur,
En l'eau iuſqu'au menton, d'entrailles renaiſſantes
Paiſſe des fiers oyſeaux les bouches rauiſſantes.
Et ſi quelque ſentir aux Ombres de là bas
Reſte apres vn tardif & pareſſeux treſpas,
Soit de meſmes bourreaux, & de meſmes martyres
Tourmenté ce meurdrier ou d'autres qui ſoyent pires,
A fin de ſoulager les coupables damneʒ
De ſupplices plus doux ſe voyant condamneʒ.
 Des Eumenides ſœurs la garde plus cruelle
Sur le ſueil de ſon huis face la ſentinelle,
Et les ſoucis mordans, le remors & la peur
Couchent dedans ſon liƈt pour le mettre en fureur.
 Sus doncques Tiſiphon, induſtrieuſe appelle
Tes ſœurs pour inuenter quelque peine nouuelle,

Tire Mezention du profond des Enfers
Et Perille artizans de supplices diuers :
Fay bruire sur sa peau vne large courroye
Tant que le sang meurdry de tous costez ondoye
Coups sur coups redoublez, fouettant, hachant, brulant,
Le dos de ce meurdrier de toutes parts sanglant,
Trauaillé de prison, & de torches ardantes
De coups, de pois, de gesne, & de lames bruslantes
Ou dans vn sac de cuir estroitement enclos,
Le Singe & la Vipere alterant son repos
Le tourmentent sans fin, pour auoir eu l'audace
De priuer la patrie & d'honneur & de grace.

   Au lieu le plus secret qui soit en ma maison,
Du Gas, ie veux auoir ton image & ton nom
Entier & d'or massif, aux autres soit d'eslire
Te faire, si leur plaist, de bronze ou de porfire,
A fin qu'en épanchant de ce sang ennemy,
Inuoquant ta faueur, ton nom & ton amy,
Sur les autels jumeaux le Deuin & l'Auspice
Te puisse heureusement offrir son sacrifice.

   Ie te salue, ô Gas, & deuôt en ce lieu,
I'honore ta vertu d'vn eternel adieu :
Et si des champs heureux y a quelque esperance
Aux Ombres de retour, vien voir la doleance,
Le regret memorable, & les pleurs de ton Roy,
Assiste à ma priere, & aux vœux que pour toy
Ie dresse en ton obseque, à fin que ton saint Ombre
S'en retourne appaisé dans le Royaume sombre.

   Heureux puisque la Parque a voulu retrancher
La trame à tes beaux iours, auant que trebucher
Tu veisses ta Patrie, helas qui ne pend ores
Que d'vn petit filet & tout pourry encores !

   Heureux puis que ton corps par le mesme troupeau
Des Muses fut porté iusques dans le tombeau,
Ton corps outré, nauré en cent façon cruelles,
Indignement forcé de cent playes mortelles,
Massacré dans le lict d'vne assassine main
Sous le fauxtradiment d'vn meurdrier inhumain.

Playes dont pour iamais immortelles les rendre,
Les Muses au poinçon dessus l'escorce tendre
Des verds Lauriers de Pinde, en signe de douleur,
Dépites ont graué le nombre & la grandeur,
A fin qu'en les voyant croisse la souuenance
Que tu n'as le renom d'estre mort sans vengeance.
Mais trois fois plus heureux qui as eu la faueur
D'auoir les yeux fermez, pour le dernier honneur,
Des blanchissantes mains de Maistre & de Maistresse,
Yeux pressez de sommeil, noüans en l'ombre épaisse
De l'eternelle nuict, & trois fois plus heureux
Que ma Muse sacree a dessillé tes yeux
Par ces vers, truchemens de mon humble priere
Pour les faire iouïr de la douce lumiere.

EPITAPHE

d'Anne de Montmorency Conestable de France,

du Latin de M. de Pimpont.

Cesse Spartain vieillard, cesse de plus vanter
Le discours de ta vie, & cesse de chanter
D'vne tremblante voix ces vers hautains & graues,
(Reproche vergongneux,) Nous auons esté braues,
Ieunes, vaillans & forts: Mais vous gentils François,
Fauorisez de cœur, & de langue & de vois
Ce grand Montmorency, qui pres de sa mort ores
Se vante auoir esté, & n'estre moins encores,
Braue & vaillant guerrier, or que le ply du temps
Et sa viste carriere eust ia borné ses ans.
  Car la France tombant en ciuiles allarmes,
Et prenant de rechef secretement les armes,
Sage, prompt & hardy fist rampart de son corps
Aux bataillons crestez, & soustint les efforts
De l'orage voisin, sacrifiant sa vie

Dessus l'autel sacré de sa douce patrie,
Détournant, renuersant, repoussant, empeschant,
Du mur Parisien la tempeste approchant.
 Mais Mars trouuant à poinct sous la teste sacree
De ce grand Cheualier la face desarmee,
Le poil blanc & chenu, attaque front & flanc,
Et d'vn coup redoublé les fouille de son sang,
Meslant playe sur playe, aux flancs, deuant, derriere,
Et de lame meurdriere il rauit la lumiere
De ce grand Conestable, à fin qu'il ne peust pas
Composant, ou restant vaincueur maistre du pas
Fermer du Dieu de paix le temple, & pitoyable
Mettre fin aux malheurs de ce temps larmoyable,
Si que la maiesté de ce Dieu des combas
Et l'acier enroüillé ne languist icy bas.
 Mais Pallas amoureuse & d'honneur & de gloire
Le charge sur sa targue, où comblé de victoire
Morne & transi de coups, le porte glorieux
A son Roy, & aux siens, mesme victorieux
De l'Enuie, qui brusle ainsi qu'vn coup de foudre
La cyme des rochers & les reduit en poudre,
Ferme au Pere les yeux deuant ses enfans chers,
Couronne le cercueil de branches d'Oliuiers,
Et de Lauriers sacrez aux victoires celebres,
Pour Hache verdoyante & pour Cyprés funebres :
L'appelle par trois fois, le dit pour ses beaux faits
Digne de commander & en guerre & en paix.
 Passant, n'offense pas ceste ame genereuse,
Ains espargne les pleurs, & de l'ombre poudreuse
De ce tombeau sacré de Lauriers reuestu
Appren d'estre vaillant & suyure la vertu.
Anne, vy donc heureux, puis que la part meilleure
Reste encores de toy suruiuante à ceste heure :
Anne vy donc heureux, qui ne fus languissant
Ny de bras engourdis les vertus embrassant :
Anne, vy donc heureux, & d'esprit indontable
D'alaigresse, d'honneur, & grace inimitable,
As vescu ieune & vieil, d'âge en âge suyuant,

Dés ta naiſſance heureux & viuant & mourant,
Puis que les faits premiers de ta ieuneſſe tendre
Reſpondent aux derniers, & qu'il ne faut attendre
Rien d'heureux icy bas, ny durable, ny fort,
Que la ſeule Vertu qui reſte apres la mort.

EPITAPHE

de Monſeigneur le Duc de Guyſe.

Ce grand Prince guerrier, ce grand chef des armees,
Tel que les ſiecles vieux, ny le ply des annees
Des ſiecles aduenir ne peurent oncques voir,
Ny ne verront encor qui l'egale en pouuoir
De force, ou de vertu, de vaillance ou de gloire
Pour grauer de ſon nom l'immortelle victoire.
 Ce grand Prince guerrier, plus qu'autre homme vaillant,
Fuſt à garder vn fort, ou fuſt en l'aſſaillant,
A conduire vne armee, ou ranger ſous l'enſeigne,
Ou bien d'eſcarmoucher le ſoldat en campaigne.
 Ce grand Prince guerrier qui d'vn bras genereux
Rendoit noſtre François braue & victorieux,
L'ayant fait aſſez fort, pour de ſes mains hardie
Mettre deſſous le pié les forces ennemies.
 Ce grand Prince guerrier qui laiſſoit pour iamais
Si plus il euſt veſcu en ce monde la paix,
Ce grand Prince guerrier, ce Prince des batailles,
Ha Dieux! auant le temps ſous les fortes murailles
D'Orleans, mutiné, non de force de bras,
Ou de lance ou d'eſpieu, ou trebuchant à bas
D'vn cheual, terraſſé, mais par la main meurdriere
D'vn plom empoiſonné eut vn coup par derriere,
Qui luy perce l'eſpaule & luy froiſſe les os,
Dont mourut ce grand Prince, & mis en doux repos,
Ne pouuant pas mourir par force ou par vaillance
Du ſoldat ennemy, ny du fer de la lance

Du Cheualier armé, or qu'il fuſt le premier
Pour aller au combat, & iamais le dernier :
Ou ſoit qu'il combatiſt en muraille aſſiegee
Main à main, à cheual, en bataille rangee.
Car la vertu guerriere, & le ſang & le nom
Empeſchoyent qu'il mouruſt autrement qu'en traiſon.
 Ainſi le grand Achil, la gloire Pelienne,
Ayant eſté plongé dedans l'eau Stygienne,
Ne pouuoit pas mourir s'il n'euſt eſté nauré
De Paris le Troyen par la plante du pié.
 Ainſi de ces deux chefs les vertus auancees,
Par fraude & par traiſon ont eſté renuerſees :
Ainſi ce grand Achil ſeur rempart des Gregeois
Sans qui du fier Deſtin les indomtables lois
Ne pouuoyent pas ſouffrir que Priam ny que Troye
Fuſſent de l'eſtranger ny des Gregeois la proye.
 Ainſi ce Cheualier colomne des François,
Le ſecours de l'Empire & l'appuy de nos Rois,
Sans qui nous n'eſperions que la ville rebelle,
Ny ſon peuple mutin, ny ſa vaine querelle
Se peuſt rompre ou gaigner au milieu des combas
De ceſte guerre ſainte, a franchi le treſpas.
Mais la Grece en la mort de ſon vaillant Achile
Ne trouua ſa ruine, ains luy fut treſ-vtile,
Car redoublant ſa force empriſt ſous le danger
Par le ſang de beaucoup, d'vn ſeul l'ame vanger.
 Mais las rien ne t'eſmeut, ô France malheureuſe !
Ny la mort de ce Prince en qui viuois heureuſe,
Ny luy ny ſon ſecours, ſous lequel tu pouuois
Seurement ſouſtenir le ſceptre des François :
Ne pouuant conceuoir tant de iuſtes complaintes,
Ayant de ton ſang meſme encores les mains teintes,
Sans craindre que les grands tombent deſſous la main
D'vn meurdrier aſſaſin par vn meſme deſſain,
Pour ranger auſſi toſt tout le peuple fidelle,
Eſclaue ſous le ioug d'vne loy trop cruelle.

EPITAPHE

du Baron de Santonay.

Pendant que la ieuneſſe animoit aux alarmes
Et mon bras & mon ſang alteré de l'honneur,
Deſia ie batiſſois de la Parque vaincueur,
Entre les ennemis mon tombeau dans mes armes :
Mais Mars en fut ialoux, & m'oſtant le harnois
Me rend en ma maiſon, où finiſſant ma vie
I'ay veſcu tant heureux, que ie ne porte enuie
Ny viuant ny mourant à l'heur meſme des Rois.
   Or la mort m'a vaincu, non la peur ny la guerre,
Et pour mettre à iamais en plus heureux repos
Et en gloire plus grande & mon ame & mes os,
Laiſſé l'vn dans le ciel, l'autre dedans la terre.
   Ainſi doncques fuyant l'ordonnance du fort
Des trois fatales Sœurs, ie donne à la memoire
La gloire, le bonheur, le nom & la victoire,
De guerre, de repos, de vaillance, & de mort.

L'OMBRE DV SIEVR DE SILLAC

aux ſoldats François.

Soldats, le ſeur appuy, & la force choiſie,
  Pour rendre le repos à l'empire François,
  Mourez enſeuelis dedans voſtre harnois,
  Ainſi mourant le Ciel ſera voſtre patrie,
Comme à moy, qui choiſi d'vne main ennemie,
  Pour me parer d'vn plom, ne fis autre pauois
  Que d'vn cœur animé de la faueur des Rois,
  Eſpandant pour le mien prodiguement ma vie.
Plus vieil ie ne pouuois receuoir dauantage

De gloire ny d'honneur : la vertu, non pas l'âge
Honore le trespas, de celuy qui vaincueur
Donne son ame au ciel, à ses amis les larmes,
 Son corps à sa patrie & son sang & ses armes,
 Et rend à ses amours ses soupirs & son cœur.

CONTRE L'AMOVR.

Il me desplaist d'auoir iamais tenté
 De louanger ta puissance cruelle,
 Cruel Amour, l'asseurant immortelle
 Et que du ciel venoit ta parenté.
Il m'en desplaist, car ce n'est qu'vne erreur
 Qui glisse en nous : & comme par le songe
 Naist vn plaisir qui s'escoule en mensonge,
 Ainsi nous paist & trouble ta fureur.
Tu n'es point Dieu, & n'a rien sous les cieux
 Suget à toy, ny dessous la puissance
 De ta main forte, ores qu'à l'inconstance
 De tes effets se captiuent nos yeux.
Si tu restois auant que ce potier,
 Potier gentil à la main imagere,
 Eust destrampé l'audace mensongere
 De son larcin pour former l'homme entier.
Si tu restois auant qu'en diuers corps
 Esparse fust la semence embrouillee
 De ce chaos, ta sagette enrouillee,
 Ton arc, ta trousse où estoyent-ils alors?
Lequel des Dieux empenna de fureur
 Ton dard meurtrier à la pointe doree,
 De quelle main fut la mieux enferree,
 Et quelle trampe emploma sa vigueur?
Cela n'est rien, car le charme inhumain
 Qui nous enchante, & la force indomtable
 Que dis auoir sur la nature aimable,
 Ne vient de toy ny de ta fiere main:

Il vient de nous, mais las! pour voiler mieux
   De noſtre mal la trop folle entrepriſe,
   Nous voulons bien que ce Dieu fauoriſe
   Noſtre malheur d'vn tiltre glorieux.
O ciel, & vous ſaintes diuinitez
   Qui retenez la cognoiſſance entiere,
   Comme moteurs de la cauſe premiere,
   De l'amitié & toutes loyautez:
Ie vous ſupply ne permettez iamais
   Que ma nef tombe en ſi cruel orage,
   Et ie rendray le ſeruice & l'hommage
   Que ie vous doy de bon cœur deſormais.

PRIERE A DIEV.

  Sus ſus mon ame, auant gaignons le port,
Nous ſommes forts, car Dieu eſt notre fort,
Bien aſſeurez, car c'eſt noſtre aſſeurance,
Bien defendus, car c'eſt noſtre defenſe,
Les membres ſiens, & luy eſt noſtre chef
Qui nous retire & ſauue de mechef,
Les enfans ſiens, & luy eſt noſtre pere.
  Sus donc, mon ame, auant qu'on le reuere,
Et qu'en luy ſeul on fonde ſon eſpoir,
Et qu'à luy ſeul on rende le deuoir,
Soit du genoil, de l'œil ou de la teſte
Qu'à le ſeruir humblement on s'appreſte.
Car à luy ſeul nous ſommes ſeruiteurs,
Et à luy ſeul nous deuons tous honneurs,
C'eſt le ſeigneur qui de là haut regarde
De cent flambeaux qu'il retient pour ſa garde,
Et qui le Ciel appelle pour teſmoin
De nos pechez qu'il regarde de loin:
Il a des yeux & ne peut noſtre offenſe
Eſtre cachee à ſa grand' prouidence.

Sers-le donc seul, puis selon tes desseins
Il benira l'ouurage de tes mains,
Il benira toy, les tiens & ta race,
Et largement le thresor de sa grace
Il espandra sur la teste de ceux
Qui leur espoir cachent dedans les cieux :
Sur tous ceux-la qui sa grandeur admirent,
Dessus ceux-la qui de bon cœur aspirent
Deuers le Ciel gardant ses saintes loix
En sauourant le doux miel de sa voix.
Car elle est douce & viuement emprainte
Dedans nos cœurs, ceste parolle sainte
Feroit trembler le plus seur element,
Ayant sur tous force & commandement :
Elle a pouuoir d'abaisser les montagnes
Et de haulser les plus humbles campagnes,
Voire amollir les costes des rochers,
Ouy d'asseurer les timides Nochers,
Pendus au dos des vagues de Neptune,
Et de forcer les forces de Fortune,
Ouy de pouuoir & fendre & renfermer
Entre deux monts les grands flots de la mer,
Et d'appaiser les ardantes coleres
Et les arrests des celestes lumieres :
Bref elle peut bouluerser à l'enuers
Les fondemens de ce grand Vniuers.
 Donc cil qui l'a au cœur & dans la bouche,
Craindre ne doit que le malheur le touche,
Craindre ne doit les couteaux ny les feux :
Car il fait cheoir poil à poil nos cheueux.
 Lors cognoistront tous les peuples estranges
Que tu auras espandu tes louanges
Le bras armé, la gloire & la grandeur
Sous la iustice & le nom du Seigneur,
Lors tu verras la celeste rosee
Tousiours rouler sur la terre arrosee
D'vn beau Printemps riche de cent couleurs
Et parfumé d'vne moisson d'odeurs :

Il haulsera les cornes de ta gloire
En tous endroits en te donnant victoire
Sur tous ceux-la qui feront ennemis
De toy, des tiens, & de tes chers amis.
Loüé de tous, ny mal-voulu d'aucun
Tu marcheras braue deuant chacun,
Soit au sortir, soit à ton arriuee,
Le sourci haut & la teste leuee,
Multipliant nuict & iour à foison
Tes biens aux champs, & dedans ta maison
Tes boucs, tes bœufs, tes brebis camusettes,
Tes grains, tes fruits, ton miel & tes auettes,
Armant tes champs de beaux épics grenus
Et non d'iuraye ou de chardons menus,
Il changera toute ton indigence
En heur, en biens, & ruisseaux d'abondance.
  Allant, courant il benira tes pas,
Il benira ton repos, ton repas,
De iour, de nuict, & de main mesnagere
Il fermera sur le soir ta paupiere,
La défermant quand du marin sejour
Le beau Soleil aura tiré le iour:
Il aura soin de ton petit mesnage,
De tes enfans, de toy, de ton ouurage.
  Doncques, Seigneur, monstre nous le sentier,
Fay nous la voye & marche le premier,
Sans toy, Seigneur, nous perdons esperance
De nous trouuer sur le port d'asseurance:
Sois donc, Seigneur, la colomne de feu,
Qui conduisoit de nuict le peuple Hebreu:
Sois nous, Seigneur, la colomne chenue,
Qui les guidoit sous l'espais de la nuë,
Durant le iour, à fin que tes enfans
Puissent entrer, du malin trionfans,
Au beau seiour de la terre promise
A Israël la force de Moyse.

AV ROY,

sur vn Crucefix peint dans ses heures sortant d'vn sepulchre.

Mieux ie ne puis remarquer la memoire
  De vostre nom & vostre bras vaincueur,
  Que par le sang & le bras du Seigneur
  Qui de l'Enfer emporta la victoire :
Mieux ie ne puis au monde faire croire
  Vos faits guerriers, que par l'ayde & faueur
  De ce grand Dieu qui va cachant nostre heur
  En ce tombeau seur tesmoin de sa gloire.
Pour son saint nom vous auez combatu,
  Par luy aussi vous auez abbatu
  L'orgueil felon d'vne troupe ennemie.
Que pourroit-il en terre faire mieux ?
  Dedans sa playe il vous garde les cieux,
  Et par sa mort vne eternelle vie.

Si l'Amour que tu dois au lieu de ta naissance
  Te touche iusqu'au cœur, ou si quelque deuoir
  De parens & d'amis reste pour t'esmouuoir,
  Iette l'œil ie te pry dessus la pauure France :
Tu n'es Turc ny barbare, & sçay qu'as cognoissance
  De la grandeur de Dieu, ie sçay que ton vouloir
  En tout est iuste & saint, mais si nous fais-tu voir
  Vn peuple moins instruit qu'au fort de l'ignorance.
Au lieu de sauourer les douceurs de ta bouche,
  Il s'altere d'aigreur, qui l'a rendu farouche,
  Au lieu d'estre modeste il se met en rigueur.
Pour se mettre en repos il met en main les armes,
  Cherchant (mal-auisé) par ouuertes allarmes
  Contre son propre sang exercer sa fureur.

Qui ne diroit, ô Dieu! voyant la pauure France,
 La France enforcelee & furprife d'erreur,
 De guerre, de famine, & de pefte & de peur,
 Que tu as defployé fur elle ta vengeance?
Mais tu n'es point vangeur, ains la feure defenfe,
 Le fecours & l'appuy, & le rempart plus feur
 Des pauures affligez, mais las tout ce malheur
 Ne peut naiftre d'ailleurs finon de noftre offenfe.
Contente toy, Seigneur, & que ta main diuine
 Deffous le ciel François nous monftre quelque fine,
 Que tu as comme pere addouci ton courroux.
Nous fommes tes enfans, & tu es noftre pere:
 Doncques à celle fin que ta race profpere,
 Regarde nous, Seigneur, de ton œil le plus doux.

S'il faut, comme tu dis, que le fcandale aduienne
 En ce trouble mutin, ô fiecle malheureux,
 Et malheureux celuy qui en eft defireux,
 Et qui pour l'en aigrir donne la faueur fienne.
Mais s'il faut qu'ainfi foit, O Seigneur te fouuienne
 De ton troupeau petit, & ne fois rigoureux,
 Tu n'aimes pas le fang, tu es trop amoureux
 De l'œuure de tes mains, & de la race tienne.
Nous faifons le fcandale, & fi rendons fugettes
 A noftre paffion, nos volontez profettes
 De ce que defirons, bref le mal vient de nous,
Et pourrions aifément deftourner la contrainte
 Du fcandale aduenir, mais auffi i'ay grand' crainte
 Que ce qui en naiftra, ne foit commun à tous.

FIN.

LA BERGERIE

DE REMY BELLEAV,

diuisee

EN VNE PREMIERE ET SECONDE IOVRNEE.

A MONSEIGNEVR

CHARLES DE LORRAINE

Marquis d'Elbeuf.

MONSEIGNEVR, fi la meilleure part de la France, porte auiourdhuy plus de faueur à la calomnie qu'au bien dire, au menfonge qu'à la verité, au vice qu'à la vertu, & qu'on ne remarque par efcrit, par memoire, ny par exemple des anciens, fiecle ny prouince, où le faux fe foit plus librement deguifé en apparence de vray, qu'en la faifon & qu'au pais où nous fommes, qui eft celuy qui ne s'efforçaft à faire voile en cefte mer, & qui ne s'employaft en fi beau fubieɑ̃? Chofe toutesfois qui ne fert que pour trauailler les grands, rabaiffer & fouller l'authorité des moindres, diuifer la commune obeiffance des petits, degoufter la pofterité, bref qui ne fert qu'à nous faire fauourer plus aigrement le mal, que doucement le bien. Auffi n'ayant deliberé de puiſer la gloire de ce ruiſſeau, ny eſpier tant ſoit peu de reputation par ce moyen, encores que ie ſçache que rien ne plaiſt à l'vn qu'il ne deſplaiſe à l'autre, i'ay bien oſé prendre la hardieſſe ſous voſtre benigne faueur, de donner iour à ce petit ouurage, fait & recouſu de telles pieces & baſty de telle eſtoffe, qu'il ne peut offenſer que celuy qui forge en ſon cerueau nouuelle occaſion de s'alterer ſoymeſme.

Doncques, Monſeigneur, ie vous ſuppliray treshumblement receuoir de bonne main ce petit diſcours comme auantcoureur de quelque meilleure ſuite, m'aſſeurant qu'il vous plaira, tant pour la faueur que vous me portez, que pour la diuerſité & meſlange des nouuelles inuentions, & nouuelle façon d'eſcrire, qui n'a encores eſté pratiquee ny recogneue en noſtre France. A Paris, ce dixneuſieme Iuin, M.D.LXXII.

Voſtre treshumble & tres-obeiſſant ſeruiteur,

REMY BELLEAV.

LA PREMIERE IOVRNEE

DE LA BERGERIE

DE REMY BELLEAV.

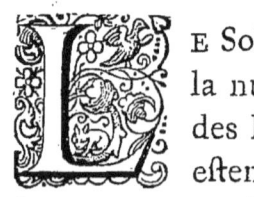E Soleil ayant chaſſé la brune eſpaiſſeur de la nuict, accompagné de la troupe doree des heures, deſia commençoit à poindre, eſtendant ſes treſſes blondes ſur la cyme des montagnes, faiſant la ronde par les plaines blanchiſſantes de l'air, viſitant les terres dures, & rechauffant les flots eſcumeux de la mer: lors que la fortune, & le deſtin, qui de long temps auoyent coniuré mon malheur, m'ayans faict ſentir combien leur contrainte forcee a de pouuoir ſur les hommes, laſſez & recreus de me tourmenter me preſterent tant de faueur, qu'ils me conduirent en vn lieu, où ie croy que l'Honneur, la Vertu, les Amours, & les Graces auoyent reſolu de ſuborner mes ſens, enyurer ma raiſon, & peu à peu

me derober l'ame, me faisans perdre le sentiment, fust de l'œil, de l'ouye, du sentir, du gouster, & du toucher. Et quant à l'œil :

C'estoit vne croupe de montagne, moyennement haute, toutesfois d'assez difficile accez : du costé où le Soleil rapporte le beau iour, se descouuroit vne longue terrace pratiquee sur les flancs d'vn rocher, portant largeur de deux toises & demie, enrichie d'appuis, & d'amortissemens de pierre taillee à iour, à petites tourelles, tournees & massonnees à cul de lampe, & auancees hors la courtine de la terrasse, pauee d'vn paué de porphyre bastard, moucheté de taches blanches, rouges, verdes, grises, & de cent couleurs differentes, nettoyee par des esgouts faits à gargouilles & muffles de Lyon. L'vn des bouts de ceste terrace estoit vne gallerie vitree, lambrissee sur vn plancher de carreaux émaillez de couleur : le frontispice, à grandes colonnes, canellees & rudantees, garnies de leurs bases, chapiteaux, architraue, frise, cornice, & mouleures de bonne grace & de iuste proportion. La veuë belle, & limitee de douze coupeaux de montagnettes, ruisselets, riuieres, fontaines, prez, combes, chasteaux, villages & bois : bref, de tout cela que l'œil sçauroit souhaitter pour son contentement. Or dedans ceste gallerie couuerte se monstroit vne infinité de tableaux, faits de la main de quelque gentil ouurier : entre autres i'en remarquay trois, le premier estoit vn païsage si bien & si naïfuement rapporté au naturel, que la nature mesme se tromperoit s'elle osoit entreprendre de faire mieux : au milieu se découuroyent deux bergers, assis & appuyez du dos contre le tronc de deux ormes : ils estoyent si pensifs & de si triste contenance, qu'on iugeoit aisément qu'ils se lamentoyent sur les miseres de nostre temps. Et à la verité ils portoyent l'œil baiffé, le vifage palle & chagrin, toutesfois inefperément decouurent vn Berger, qui leur annonce nouuelles de la paix : & fi i'ay bonne memoire, ie vous diray leurs complaintes que ie vey fi mignonnement tracees, & contrefaites au pinceau, fur le tronc de ces arbres, qu'il fembloit qu'elles fuffent de relief, creües & engroffies auec leur efcorce. Le premier qui eftoit vers le Soleil leuant, foufpiroit en cefte façon.

TENOT, BELLOT, PEROT.

BELLOT.

C'eft de long temps, Tenot, Tenot, que la fortune
Eft comme par deftin entre nous deux commune,
Vn miferable foin toufiours fur noftre chef,
Importun, amoncelle vn monde de mechef.

TENOT.

Hé qui feroit heureux quand en noftre prouince
Cité contre cité, & prince contre prince,
Le noble, le marchand, le foldat, l'artifan,
Le Iuge, l'Aduocat, le ferf, le courtifan,
Le maiftre, l'efcolier, l'orateur, le poëte,
Le preftre, le reclus, la fimple femmelette,
S'arment contre leur fang, & pris d'ambition,
Dedans leur eftomac font la fedition?

BELLOT.

Auffi ne vois-tu pas, que depuis que la France
Couue dedans fon fein le meurtre & la vengeance,
La France enforcelee & furprife d'erreur,
De guerre, de famine, & de pefte, & de peur,
France le petit œil & la perle du monde,
Eft maintenant fterile, au lieu d'eftre feconde?

Et comme maugré foy, dépite elle produit,
Par colere & dedain, fon herbage & fon fruit?

TENOT.

Ne vois-tu des forefts le plus épais fueillage,
Qui ne porte finon à regret fon ombrage?
Les Faunes, les Siluains, de tous coftez efpars,
Se muffant, ont quitté leurs forefts aux foudars.

BELLOT.

Il n'y a dans ces bois lieu tant foit folitaire,
Qui ne fente de Mars la fureur ordinaire:
Vous le fçauez taillis, & vous couftaux boffus,
Prez, monts, iardins & bois, & vous antres mouffus,
Qui mille fois le iour refpondez à mes plaintes,
Plaintes qu'on lift au flanc de ces ormes empraintes:
Nymphes vous le fçauez, & vous qui habitez,
Satyres, dans les creux de ces obfcuritez,
Mefme le beau cryftal de ces viues fontaines,
Le murmure en coulant par ces herbeufes plaines.

TENOT.

N'as-tu pas veu, Bellot, machotter les brebis
L'herbe demi-brulee, au milieu des herbis?
Brifer nos chalumeaux? & de mille ruines
Saccager les roufeaux de nos pauures caffines?
Au lieu d'épiz creftez naiftre fur les fillons
Des chardons heriffez en pointes d'aiguillons?
Les porcs dans les ruiffeaux, & troubler dans la prée
L'eau que tous les Bergers tenoyent comme facree?
De carmes enchantez la Lune enforceler?
Faire tarir le lait, & les pis defenfler
De la vache laitiere, & de mauuaife œillade
Rendre tout le troupeau & galeux, & malade?
Bref, i'eftime celuy trois & trois fois heureux
Qui mourant n'a point veu vn ciel fi malheureux.

BELLOT.

On ne fait plus aux champs l'annuel facrifice
A Palés ny à Pan, tout gaillard exercice

A perdu son honneur, dessus l'herbe luter,
Outre les clairs ruisseaux d'vne course sauter,
Et comme dans ces champs, on ne voit dans la ville
Qu'vn piteux desarroy, Galate & Amarylle
De leur propre seiour à tous coups s'estranger,
A fin de n'estre proye au soldat estranger:
La pucelle est forcee, & la courbe vieillesse
Fuit d'vn pié chancelant de peur & de foiblesse.
Que pleust à Dieu, Tenot, que de simples rouseaux
Ie ne me fusse au col pendu des chalumeaux,
Mais qu'en me façonnant, comme soldat pratique,
I'eusse appris à cresper le long bois d'vne pique,
A piquer vn cheual, le manier en rond,
A dextre & à senestre, à courbette & à bond,
A le mettre au galop, à luy donner carriere,
A rompre de droit fil vne lance guerriere,
A monter courageux sur le flanc d'vn rampart,
Raportant le harnois faulsé de part en part,
Et d'vne noble playe acheter vne gloire
Plustost que par mes chants vne sourde memoire.

TENOT.

Qu'y ferons-nous, Bellot? ie ne puis viure ainsi.
Le Dieu Pan ny de toy, ny de moy n'a souci,
La misere nous suit de si pres qu'à grand' peine
Pouuons-nous librement dérober nostre haleine
Pour enfler la musette, & mouiller seulement
L'anche de nos pipeaux, qui se moisist au vent.

BELLOT.

Mes doigts sont engourdis, ie pers la cognoissance
D'estouper du flageol l'inegale ordonnance:
Mais ta loure est entiere, & le ventre en est bon,
L'anche, le chalumeau, le soufloir, le bourdon,
Ne perdent point le vent, sa petite languette
Comme il te plaist, Tenot, fait parler ta musette
Aux taillis cheuelus, aux rochers & aux bois,
Mais entre les rochers se dérobe ma vois.

TENOT.

Il est vray, mon Bellot : mais que seruent nos plaintes ?
Tousiours auec les vents elles s'en vont estaintes,
Nous les chantons aux rocs, mais helas ils sont sours,
Au murmure des eaux, mais begues sont leurs cours :
Nous les grauons assez és rides de l'escorce
Des saules verdoyans, mais ils n'ont pas la force
De les pouuoir conter, & me desplaist vrayment
D'auoir iamais tenté d'enfler premierement
La musette Françoise, & reueillé la Muse
Qui muette dormoit és bois de Syracuse.
Il m'en desplaist, Bellot, & s'y i'eusse pensé
Par vn autre labeur ie me fusse auancé.
Car lors que ie l'enflay, ie deuois estre sage
Par les signes certains d'vn malheureux presage,
(Ie tremble en y pensant) car ie vey de mes yeux,
Sous vn air embrouillé, le haut d'vn chesne vieux
Soudain frapé du Ciel, & si vey la plus belle
Des cheures de Colin, auorter dessous elle
De deux petits cheureaux : i'en porte encore au flanc
Vn ceinturon couuert de la peau du plus blanc,
Qu'alors il me donna, pour noter l'auanture
Et remarquer le iour d'vn si mauuais augure,
Qu'à force i'entaillay dessus ces arbrisseaux,
Et sur le verd tapis de ces prochains ruisseaux.

BELLOT.

C'est trop se lamenter, cesson de nous complaindre,
Aussi bien nos soupirs ne peuuent pas attaindre
Aux oreilles des Dieux, laisson-là ces regrets,
Et chanton ie te pry, sous ces ombrages frez :
L'amoureuse saison à chanter nous conuie,
Puis de chanter à toy i'ay de long temps enuie.
Voy ces prez non foulez d'autres piés que des Dieux
Faunes & Cheure-piez, hostes de ces beaux lieux :
Voy le tendre bourgeon qui s'enfle & qui découure,
S'esbourrant peu à peu, vne gemme qui s'ouure
D'vn œil à demi-clos : voy les arbres pousser,

Voy les boutons éclos en poignant s'auancer,
Au bord de ce ruisseau voy ces deux colombelles
Qui sont bec contre bec, & tremoussant les ailes
Se baisent tour à tour, & vont faisant l'amour,
C'est presage certain de voir quelque beau iour :
Voy l'email bigarré de ces fleurs nouuellettes,
Encore non touché des pillardes auettes :
Escoute parmi l'air les petits oisillons,
Voy le sable menu qui sautelle à bouillons
Et tramblotte au dedans de cette pierre viue :
Voy ces bords couronnez d'vne mousse naïue
Qui feutre tout le creux, & à le voir rouler
On diroit que son eau s'efforce de parler.
Mais oy comme elle iase : Ha c'est vne eau prophete,
Perot la fait parler au vent de sa musete,
Perot ce grand Berger, il m'en souuient fort bien :
Car enflant l'autre iour vn chalumeau tout sien,
Fait de canne de ionc, au bord de la fontaine
Qui prend son nom d'Hercule, & les bois & la plaine,
Les herbes & les fleurs, les antres & les mons,
Enchantez respondoyent à ses douces chansons.

TENOT.

Or puis qu'il faut chanter, allon sous le fueillage
De ce large fouteau qui rend si doux ombrage,
Zephyre animera les fleutes de nous deux.
Mais ie voy, ce me semble, vne troupe de bœufs
Au fond de ce vallon, ceste vache abaissee
Qui a l'échine blanche & la corne emoussee,
C'est la vache à Perot, c'est elle ie la voy :
Encor par ce taillis vn Berger i'apperçoy
Qui accourt droit à nous, à voir sa panetiere,
Ses guestres, son flageol, son chien, & sa louuiere,
C'est Perot, c'est luymesme, il auance le pas,
Il nous a recogneuz, il estend ia les bras,
Pour nous saisir au col. Pan ce iourdhuy nous montre
Qu'il nous veut quelque bien par si douce rencontre.

PEROT.

Pan le Dieu des forests, & des Bergers aussi,

Vous maintienne en sa garde, & de vous ait souci.
Que dites vous, Bergers ? à voir vostre visage,
Vous estes tous pensifs, & semble qu'vn orage,
Ou quelque autre malheur soit tombé dessus vous.
Sus mettez sous le pié le soin & le courroux,
Il se faut esgayer, enfans, il faut s'ébatre,
Il faut prendre la fleute, & de cire molastre
Rafuster promptement les trous de vos pipeaux,
Le loup n'a plus la dent sur nos petits troupeaux :
Il faut en cent façons marquer ceste iournee
Sus l'escorce des bois, la Paix est retournee,
La Paix fille de Dieu, abandonnant les cieux,
Pour estre à tout iamais garde de ces bas lieux.
On en fait ia les feux, i'en ay veu la fumee
Estant sur ce coustau, & la terre semee
D'vn grand nombre de gens, qui vont ioignant les mains
Pour louer ce grand Dieu qui prend soin des humains,
Et qui assoupissant des pasteurs la querelle
A tourné leur discord en amour mutuelle.
 Sus donques, mon Tenot, embouche ton flageol,
Qui d'vn cordon de laine est pendu à ton col,
Bellin t'escoutera : quant à moy ie retourne
Du saint horreur de l'antre, où mon pipeau seiourne
Pendu sur le portail, puis dedans moy ie sens
Cent deïtez encor', qui m'ont raui les sens :
Ie m'en vay reposer sur ces fleurs nouuellettes
Pour entendre de pres le son de vos musettes.
Commence donc, Tenot, il n'y faut plus penser,
La Paix est descendue, il te faut commencer.
 Le Berger plus deuôt mit le genoil en terre,
Dresse les yeux au Ciel, & ses cheueux enserre
D'vn tortis de veruaine, & deuers l'Oriant
Estendant les deux bras, alloit ainsi priant.

CHANT DE LA PAIX.

TENOT.

Ie te salue, ô Paix fille de Dieu,
 Fille de Dieu, tu sois la bien venue,
 La belle Astree & Themis la chenuë
Sont maintenant de retour en ce lieu :
Ne cherche plus dans le ciel ta retraitte,
 Ici les vents qui souspirent en l'air
 Te font honneur, la terre t'est suiette,
Et ce qui court d'escaillé dans la mer.
Ie te salue, ô Repos eternel,
 De l'vniuers l'alliance premiere,
 Qui debrouillant la confuse matiere,
Sus deux piuots fis rouler ce grand Ciel :
Et surpendis de main industrieuse
 La pesanteur des plus lourds Elemens,
 Et en bornant la marine écumeuse
Tu l'asseuras sur le milieu des vents.
Ie te salue, ô Paix, souuerain bien
 Du peuple bas, seur appuy des prouinces :
 Ie te salue, ô Garde de nos Princes,
Et des citez le fidelle entretien :
Le clair Soleil qui de sa pointe entame
 Le iour poignant, & qui le ferme au soir,
 Nous monstre assez par les rais de sa flamme
Le grand plaisir qu'il reçoit de te voir.
Donc que lon voye à ton heureux retour,
 Rire les champs, verdoyer les campagnes,
 Le ciel sans nue, & le haut des montagnes
Tousiours doré des rayons d'vn beau iour :
Que les replis de la Seine ondoyante
 Portent ton nom iusqu'aux flots écumeux
 De la grand'mer, & puis la mer bruyante
Le pousse aux vents, & les vents iusqu'aux cieux.
Et qu'en marchant à l'ombre de tes pas

Le sein fecond de la terre florisse,
Sur les buissons la rose espanouisse,
Et le doux miel pleuue tousiours çà bas,
Tant que lon voye vne saison poussee
De tout bonheur redorer nostre temps :
Si que le ciel, & la terre engrossee
Soit à iamais d'vn eternel printemps.
C'est toy c'est toy qui fais parler les ports
Diuers langage, & qui permets encore
Que l'Espagnol, le Barbare & le More
Puissent surgir seurement à nos bords.
C'est toy qui fais que les champs se herissent
D'épics crestez, & qu'au bras des ormeaux
Les beaux raisins surpendus se noircissent,
Et dans les prez se heurtent les toreaux.
C'est toy qui tiens en cent chaisnes d'airain
L'Inimitié, le Discord & la Guerre,
Guerre qui fait que le fruit de la terre
S'euanouist si tost de nostre main.
C'est toy qui fais que les bourgs & les villes
Courbent le chef sous le ioug de la loy :
C'est toy qui fais que les citez tranquilles
Vont honorant CHARLES nostre grand Roy.
Par toy chacun vit & libre & gaillard,
Par toy lon fait tournois & mariages,
Par toy Venus allume nos courages
D'vn feu secret qui doucement nous ard :
Quand par les yeux d'vne face diuine
Ce petit Dieu se glisse dedans nous
De veine en veine, & dans nostre poitrine
Verse, mechant, son venin aigre-dous.
Et bref, c'est toy qui de plaisirs diuers
Nous fais iouir, nous relachant la bride :
C'est toy qui sers de secours & de guide
A ce qui roule en ce grand Vniuers :
Et bref, tu es la nourrice feconde,
Le seur rempart des plus foibles citez,
Ton cher tetin alaitte ce bas monde,

Le bien-heurant de cent felicitez.
Le moiſſonneur par toy librement dort
　Dans ſa moiſſon, la main ſur la faucille :
　Par toy l'humeur du vin nouueau diſtille
　Dedans la tonne, écumant iuſqu'au bord.
Reſte ſans plus, France, que lon enferre
　De lauriers verds ce grand Roy des François,
　Roy le plus grand de ceſte baſſe terre,
　Soit en vertu, en armes, ou en loix.
Donques à fin que iamais n'eſperions
　Guerre ici bas, que l'eſtendart fleuriſſe
　En verds rameaux, & que l'araigne ourdiſſe
　Sa fine trame és vuides morions :
　Que des braſſarts & des corps de cuiraſſe
　Le fer s'allonge en la pointe d'vn ſoc :
　Le coutelas, la piſtolle & la maſſe
　Dans le fourreau ſe moiſiſſent au croc.
Et s'il reſtoit encor deſſus les murs
　De nos citez, de rancœur quelque trace,
　A coups de pié pouſſe-le dans la Thrace,
　Ou ſur le chef des Scythes, & des Turcs :
　Tant qu'à iamais on ne ſente l'orage
　Ny la rigueur de ce Mars furieux,
　Aumoins la France, & ceux qui font hommage
　A ce grand Dieu qui nous promet les cieux.
Sus donc Bergers, qu'il n'y ait arbriſſeau,
　Deſſus le tronc qui ne porte engrauee
　De ceſte Paix la ſaiſon retrouuee
　Et de ce iour le bienheureux flambeau :
　Que tous les ans, ô Pan, qu'on te nourriſſe
　Pour ce iour meſme vn petit aignelet
　A la peau blanche, & que chacun empliſſe
　Pour te donner, vn grand vaiſſeau de lait.
Et quant à moy, ſous les ombres mollets
　De ces coudriers, pres cette eau qui iargonne
　Deſſus le ſable, il faut que ie façonne
　De gazons verds deux petits autelets :
　L'vn à ce Roy dont les vertus entieres,

Et la vaillance ont rendu pour iamais
De tout bon-heur nos terres heritieres,
Tirant du ciel la bien-heureuse paix.
Pour sa grandeur, croissez herbes & fleurs,
Et en croissant faites croistre la gloire
De ce grand Roy, à fin que sa memoire
Y soit viuante en cent mille couleurs.
L'autre, à celuy dont la sage ieunesse,
Le meur conseil, la vaillance & le bras
A du haut ciel tiré ceste deesse
Pour la loger entre les peuples bas.
L'autel premier d'vn verdoyant lierre
Tout à l'entour aura les fronts couuerts,
L'autre sera entaillé d'vne pierre,
Où tous les ans ie chanteray ces vers :
Dessous leurs pieds & la manne, & le miel
Naisse tousiours, & la fresche rosee,
Tant que leurs prez & leur terre arrosee
Soyent à iamais d'vn printemps eternel.
D'vn mois d'Auril la pluye se répanche
Dessus leur chef, puissent dans leurs pourpris
Tousiours fleurir le thym & la paruanche,
Puissent suer leurs chesnes l'ambre gris,
Que de nectar & de vins estrangers
Soyent iusqu'aux bords leurs cuues tousiours pleines,
De laict caillé blanchissent leurs fontaines,
En sucre & miel se fondent leurs rochers.
Que de Cerés la tresse blondissante
Puisse cresper leurs sillons abondans,
De leurs buissons l'espine herissante
Puisse rougir de beaux raisins pendans :
Puis que pour nous ils ont tant trauaillé,
De mille biens fortunant nostre terre,
Que pour auoir en armes bataillé,
Par vne Paix ont surmonté la guerre.

PEROT.

Le sommeil n'est si doux sur l'herbe rosoyante

Aux bergers trauaillez, ny la source ondoyante
D'vn argentin ruisseau, pour leur soif allenter,
Que m'est doux & plaisant ton amoureux chanter :
Pan m'en soit à tesmoing, les monts, & les valees,
Les forests & les rocs, & les voix redoublees
De Menalque & Daphnis, i'en iure par ces eaux,
Et par les cornichons de mes ieunes bouueaux.
Mais ia l'ombre plus grand du sommet des montagnes
Deualle redoublé sur les brunes campagnes,
Garçons il s'en va tard, allon trouuer mes bœufs
Au fond de ce vallon : ie vous loge tous deux,
Point ne nous defaudra la chastaigne mollette,
Ny le fourmage gras, & puis ma Cassandrette
Dressera promptement nostre petit repas :
Le iour s'en va brunir, enfans, haston le pas.

Ces Bergers se complaignoyent en ceste sorte sur les miseres de nostre temps, ie sçay qu'il y auoit encores quelques vers, mais ie ne vous puis reciter ce qui restoit, parce que ie ne sçay par quel malheur on auoit autresfois laissé vne fenestre entr'ouuerte, qui frappoit droit sur ce tableau, & le vent auoit donné à l'endroit où estoyent ces vers, de façon qu'il ne me fut possible d'en retirer dauantage. L'autre tableau estoit vn paisage, où se monstroit vne troupe de pauures bergers, le genoil en terre, les mains iointes, la face vers le ciel, où paroissoit à demy corps par le trauers d'vne espesse nuee, vne Deesse tenant vn espy flambloyant en sa main : pour vous la faire cognoistre, ie vous diray les prieres de ces pauures bergers. Elles commencent ainsi.

ODE A LA ROYNE,

POVR LA PAIX.

Laiſſe le ciel, belle Aſtree
  En France tant deſiree,
  Vien faire ici ton ſéiour,
    A ton tour:
  Aſſez les flammes ciuiles
  Ont couru dedans nos villes
  Sous le fer & la fureur:
  Aſſez la palle famine,
  Et la peſte & la ruine
  Ont esbranlé ton bon-heur.
Le rocher ne la tempeſte
  Touſiours ne pend ſur la teſte
  Du pilote palliſſant,
    Fremiſſant:
  La nuë, eſpeſſe en fumee,
  Touſiours ne ſe fond armee
  De feu, de ſouffre & d'eſclair,
  Quelquesfois apres l'orage
  Elle fourbiſt le nuage,
  Et le rend luiſant & clair.
Monſtre nous ta face belle
  En ceſte ſaiſon nouuelle,
  En pitié regarde nous
    D'vn œil doux,
  Fay vn cœur de tous nos Princes,
  Et raſſeure nos prouinces,
  Nous découurant ton beau ſein,
  Et ton bel œil que i'honore,
  Et l'eſpy qui ſe redore
  Toutes les nuits en ta main.
Que ton feu, gente Deeſſe,
  Nous apporte d'allegreſſe!

Mon Dieu que d'heur pour iamais,
Douce Paix,
Porte ta face honorable,
Ta face plus venerable
Et plus gracieuse encor
Que n'est l'estoile qui guide
Le Soleil, quand par le vuide
Il estend son crespe d'or!
Ie voy desia nostre France,
Qui souspire l'esperance
De se reuoir en faueur
Du bon-heur:
Ie la voy dessus les traces
Et des Vertus & des Graces,
Si tu veux guider ses pas,
Loing bannissant la querelle
Qui s'estoit mise contre elle
De flanc, de teste, & de bras.
Que le ciel à ta venue,
Espanche vne douce nue
De parfums & de senteurs,
Et d'odeurs,
De miel, de manne sucree,
Tant que la France enyuree
Soit grosse d'vn beau printemps,
D'vn printemps qui tousiours dure,
Et qui surmonte l'iniure
Et les eschanges du temps.
Hà, que ie t'estime heureuse
Fille du Ciel gracieuse!
Hà que i'estime icy bas
Tes sainɛts pas,
Ayant choisi pour hostesse,
Vne tant sage Princesse,
Qui te fait tant de faueur,
Qu'à iamais elle t'asseure
De t'ouurir pour ta demeure
France, son œil, & son cœur

Sois donc, Seigneur, la defenſe
Et le rampart de la France,
Nourriſſant noſtre grand Roy,
En ta loy :
Et que ſous ta main maiſtreſſe
Croiſſe ſa tendre ieuneſſe,
Luy ſeruant de guide encor
Pour le dreſſer en la voye,
Comme Apollon deuant Troye
S'auançoit deuant Hector.

Le troiſieme tableau eſtoit tout guerrier, d'vn coſté c'eſtoyent ſieges & priſes de villes, comme de Mets, de Calais, & de Theonuille, c'eſtoyent camps aſſemblez, camps partis, eſcarmouches, ſaillies, embuſches, entrepriſes, approches, batteries, camiſades, ſappes, mines, ſentinelles, & eſcalades. De l'autre coſté ſe voyoit le voyage d'vne ieuneſſe françoiſe en Italie, ſous la conduitte de ce vaillant Cheualier, qui s'y porta heureuſement.

A MONSEIGNEVR LE DVC DE GVYSE,

ODE.

Comme l'oiſeau, qui modere
Le foudre bruyant par l'air
Deſſous ſa griffe, heritiere
Du tonnerre, & de l'eſclair,
Se monſtra braue & fidele,
Quand ſur le bat de ſon æle
Il enleua iuſqu'aux cieux
Le choiſi mignon des Dieux.
Ainſi les forces guerrieres
De ce Prince, dont le nom
Par les bouches eſtrangeres

Fait bruire aſſez le renom,
Miſes ſoudain en campagne
Ont fait ſentir à l'Eſpagne
Que c'eſt d'offenſer l'honneur
D'vne Royale grandeur.
D'vne ſecouſſe legere
  Ce grand Hercule élancé
  S'oppoſant à la colere
  De l'Ocean courroucé,
  Empiette, rauiſt, atterre
  Le vieil laurier d'Angleterre,
  Et braue l'a replanté
  Au ſein de la Maieſté.
Bourraſſant de telle audace
  L'orgueil du ſuperbe Anglois,
  Qu'il l'a fait en peu d'eſpace
  Proye du ſoldat François,
  Qui ia s'efforce de rendre
  Les honneurs deuz à la cendre
  De nos peres ſoupirans
  Le long ſilence des ans.
Le plongeant en frayeur telle
  Qu'en tourmente le Nocher :
  Ou le Cheureau qui broutelle
  Deſſus les flancs d'vn rocher,
  Decouurant la dent meurdriere
  Ou d'vne Louue terriere,
  Ou d'vn Lyon foudroyant,
  Qui va ſa mort aboyant.
Si bien que l'œil de la France
  Morne & bas ſous le danger
  De quelque fraiſle eſperance
  Qui chatouilloit l'eſtranger,
  A toſt reueillé la gloire
  De l'immortelle victoire,
  Ceignant ſes temples guerriers
  Du chaſte honneur des lauriers.
Par ce Prince, dont la dextre

A fouillé dedans le sein
De l'Itale, & fait pareſtre
Au braue Napolitain,
Comme eſtoyent braues les forces
Du François, ſans les entorces
De ces peuples deſtournez
Et des aſtres mutinez.
Encor que l'eau doux-coulante
Dedans les bornes du Tront,
Porte à iamais rougiſſante
La vergongne ſur le front,
D'auoir ſur ſa riue molle
Receu la graue parolle
D'vn Ceſar, ſe declarant
Sur l'ennemy conquerant.
D'vn Ceſar, dont le courage
En cent guerrieres façons
A fait ſentir ſon orage
Et aux rochers & aux monts.
Tu le ſçais bien Tourterelle,
Iule-noue, & toy Nucelle,
Campoly, Terme, & cent forts
Mis au ioug par ſes efforts.
Guidant ſes vaillantes troupes
Par les ſommets orageux,
Et par les gelantes croupes
Des monts entez dans les cieux,
Par torrens eſpouuentables,
Et par deſtroits non paſſables:
Sans plus au Prince Lorrain,
Pour faire vn braue deſſein.
Que les rigueurs eternelles
Du froidureux Aquilon,
Que les tempeſtes cruelles
Contre vn François bataillon
N'euentent iamais leur force,
Pluſtoſt luy ſeruant d'amorce
Pour l'animer au danger

Que des armes l'eſtranger.
N'eſt-ce acte vaillant & braue
  Digne d'vn Prince François,
  Rendre vne conqueſte eſclaue
  Et aux armes & aux loix ?
  L'outrepaſſer de puiſſance,
  La repaſſer d'aſſeurance,
  Affronter ſon ennemy,
  Et mettre en paix ſon amy ?
M'en ſoit teſmoing Pallienne,
  Le Rommain & l'Aſcolan,
  Et la demeure ancienne
  Des delices d'Adrian :
  Tous voiſins d'vne famine,
  D'vn ſac ou d'vne ruine,
  Sans le fidelle recours
  Qu'ils auoyent en ton ſecours.
Hà combien d'Ombres errantes
  Se plaindroyent deſſus tes bords,
  Combien de playes coulantes,
  Hà, Tybre, combien de morts,
  Combien de braſſarts, de creſtes,
  D'armets, comblez de leurs teſtes,
  S'entrehurteroyent roulans,
  És flots Hetruſques boüillans ?
Or ie remets en la dextre
  Des fauoris d'Apollon
  Ces traits, pour au ciel les mettre,
  Encor que ſur le ſablon
  Des replis Adriatiques,
  I'aye veu croiſer les piques
  Et froncer les eſtendars,
  Comme l'vn de tes ſouldars.
Mais, las ! ma Muſe eſt trop baſſe
  Pour dreſſer le vol ſi haut,
  Pour animer la cuiraſſe
  D'vn Prince allant à l'aſſaut,
  Pour bien chanter les brauades,

Les desseins, les embuscades,
Forts tenus, fleuues sondez,
Murs battus ; & murs gardez.
O le grand heur de noblesse
Naistre d'vn pere vaillant,
Heriter de sa prouesse
Et de son bras assaillant !
Le cœur, la bouche & la grace
Du cheual, vient de la race :
Iamais l'Aigle genereux
Ne couue vn pigeon peureux.
Puis la montaigne fatale,
La montaigne au blanc coupeau,
Qui de sa hauteur egale
Les flancs de vostre chasteau,
En armes ne fauorise
Que vostre race DE GUISE,
Race qui tire apres soy
Les honneurs de Godefroy.
Or sus doncq', que lon cordonne
Cent Lauriers courbez en rond,
Sus France que lon couronne
Ce tant sage & vaillant front,
Ce front tané de poudriere
Halletant sus la frontiere
Pour toy, France, & pour ton los
Et pour l'heur de ton repos.

Or le pendant de ceste terrasse n'estoit point tant sur le roc, qu'il fust demeuré sterile : car si iamais le bon pere Bacchus respandit largement de sa feconde & liberale cuisse ses douces liqueurs, ç'a esté en ce vallon, que ie vey si à propos, & en si belle saison, que la vigne commençoit à ébourrer le coton delicat de son bourgeon, allongeant entre ses fueilles tendrettes deux petites manottes, tortillees & recourbees comme deux petites cornes de Lymaçon. En quelques lieux fe voyoit le pampre verdiffant qui commençoit à defueloper fes fueilles largettes decoupees, vn peu iauniffantes fur les bords, & emperlees de rofee comme de petit duuet, qui les rendoit argentees quand le foleil rayonnoit fur ce couftau. Ie vous diray quelques petits vers fur la defcription du mois d'Auril, que ie trouuay tout fraifchement grauez auec la pointe d'vn poinçon fur les appuis de cefte terraffe, riche de cent chiffres, deuifes & entrelas, eftant le receueur ordinaire de telles refueries & coleres paffionnees de l'Amour. Ils commençoyent ainfi.

AVRIL.

Auril l'honneur & des bois,
Et des mois :
Auril, la douce efperance
Des fruicts qui fous le coton
Du bouton
Nourriffent leur ieune enfance.
Auril, l'honneur des prez verds,
Iaunes, pers,
Qui d'vne humeur bigarree
Emaillant de mille fleurs
De couleurs,
Leur parure diapree.
Auril, l'honneur des foupirs
Des Zephyrs,
Qui fous le vent de leur œlle
Dreffent encor és forefts
Des doux rets,
Pour rauir Flore la belle.
Auril, c'eft ta douce main,
Qui du fein

De la nature deſſerre
Vne moiſſon de ſenteurs,
   Et de fleurs,
Embaſmant l'Air, & la Terre.
Auril, l'honneur verdiſſant,
   Floriſſant
Sur les treſſes blondelettes
De ma Dame, & de ſon ſein,
   Touſiours plein
De mille & mille fleurettes.
Auril, la grace, & le ris
   De Cypris,
Le flair & la douce haleine:
Auril, le parfum des Dieux,
   Qui des cieux
Sentent l'odeur de la plaine.
C'eſt toy courtois & gentil,
   Qui d'exil
Retires ces paſſageres,
Ces arondelles qui vont,
   Et qui ſont
Du printemps les meſſageres.
L'aubeſpine & l'aiglantin,
   Et le thym,
L'œillet, le lis, & les roſes
En ceſte belle ſaiſon,
   A foiſon,
Monſtrent leurs robes écloſes.
Le gentil roſſignolet
   Doucelet,
Decoupe deſſous l'ombrage,
Mille fredons babillars,
   Fretillars,
Au doux chant de ſon ramage.
C'eſt à ton heureux retour
   Que l'amour
Souffle à doucettes haleines,
Vn feu croupi & couuert,

Que l'hyuer
Receloit dedans nos veines.
Tu vois en ce temps nouueau
L'essain beau
De ces pillardes auettes
Volleter de fleur en fleur,
Pour l'odeur
Qu'ils mussent en leurs cuissettes.
May vantera ses fraischeurs,
Ses fruicts meurs,
Et sa feconde rosee,
La manne & le sucre doux,
Le miel roux,
Dont sa grace est arrosee.
Mais moy ie donne ma voix
A ce mois,
Qui prend le surnom de celle
Qui de l'escumeuse mer
Veit germer
Sa naissance maternelle.

Ceste description du mois d'Auril, inuita vn Berger de la compagnie à chanter les louanges du mois de May, aduertissant vn sien amy d'auoir souuenance de ses amours, en si gaye & si belle saison, disant.

MAY.

Pendant que ce mois renouuelle
D'vne course perpetuelle
La vieillesse & le tour des ans:
Pendant que la tendre ieunesse
Du ciel remet en allaigresse
Les hommes, la terre, & le temps.
Pendant que l'humeur printaniere

Enfle la mammelle fruitiere
De la terre, en ces plus beaux iours,
Et que sa face sursemee
De fleurs, & d'odeurs embasmee
Se pare de nouueaux attours.
Pendant que les Arondelettes
De leurs gorges mignardelettes
Rappellent le plus beau de l'an,
Et que pour leurs petits façonnent
Vne cuuette, qu'ils maçonnent
De leur petit bec artizan.
En ce mois Venus la sucree,
Amour, & la troupe sacree
Des Graces, des Ris, & des Ieux,
Vont r'allumant dedans nos veines
L'ardeur des amoureuses peines,
Qui glissent en nous par les yeux.
Pendant que la vigne tendrette,
D'vne entreprise plus secrette
Forme le raisin verdissant,
Et de ses petits bras embrasse
L'orme voisin, qu'elle entrelasse
De pampre mollement glissant :
Et que les brebis camusettes
Tondent les herbes nouuelettes,
Et le cheureau à petits bons
Eschauffe sa corne, & sautelle
Deuant sa mere, qui broutelle
Sur le roch les tendres iettons.
Pendant que la voix argentine
Du Rossignol, dessus l'espine
Degoise cent fredons mignars :
Et que l'Auette mesnagere
D'vne aile tremblante & legere
Volle en ses pauillons bruyars.
Pendant que la terre arrosee
D'vne fraische & douce rosee
Commence à bouter & germer :

Pendant que le vent des Zephyres
　Flatte le voile des nauires
　Frifant la plaine de la mer.
Ce pendant que les tourterelles,
　Les pigeons & les colombelles
　Font l'amour en ce mois fi beau,
　Et que leurs bouchettes beſſonnes
　A tours & reprifes mignonnes
　Frayent pres le coulant d'vne eau.
Et que la treſſe blondiſſante
　De Cerés, fous le vent gliſſante,
　Se frize en menus crefpillons,
　Comme la vague redoublee
　Pli fur pli s'auance efcoulee
　Au galop deſſus les fablons.
Bref, pendant que la terre, & l'onde,
　Et le flambeau de ce bas monde,
　Se refiouiſſent à leur tour,
　Pendant que les oifeaux fe iouent
　Dedans l'air, & les poiſſons noüent
　Sous l'eau pour les feux de l'Amour :
Qu'il te fouuienne, ma chere ame,
　De ta moitié, ta fainɛte flame,
　Et de fon parler gracieux,
　Des chaſtes feux & graces belles,
　Et de fes vertus immortelles
　Qui fe logent dedans fes yeux.
Qu'il te fouuienne que les rofes
　Du matin iufqu'au foir éclofes,
　Perdent la couleur & l'odeur,
　Et que le temps pille & defpouille
　Du printemps la douce defpouille,
　Les fueilles, le fruit, & la fleur.
Souuienne toy que la vieilleſſe
　D'vne courbe & lente foibleſſe
　Nous fera chanceller le pas,
　Que le poil grifon & la ride,
　Les yeux cauez & la peau vuide

Nous traineront tous au trespas.
Va donc & que ces charmeresses,
 Ces Muses, ces sœurs piperesses,
 N'enchantent ton gentil esprit,
 Bouche tes aureilles de cire,
 Et sauf de peril te retire
 A cet œil qui premier te prit.
Or que la Seine vienne estendre
 Ses bras courbez pour te surprendre
 Et te nourrir en son Paris
 Malgré les faueurs de Garonne,
 A ton retour qui te couronne
 Comme l'vn de ses fauoris.
Or que tu laisses vne plainte,
 Vn regret, à la troupe sainte,
 Qui t'honore & te vante sien,
 Et qui iusqu'aux riues barbares
 Publira les louanges rares
 De tes vertus, & le nom tien.
Va donc, & pren la iouissance
 Des soupirs, qu'vne longue absence
 A fait renaistre dedans toy :
 Va que Paris ne te retienne,
 Ma chere ame, & qu'il te souuienne
 Des Muses, d'Amour, & de moy.

De ceste terrace i'entre en vne grande salle tapissee d'vne tapisserie desia ancienne, mais des mieux tissues qui se trouue à mon opinion. C'estoyent des moissonneurs en chemise, qui scioyent du blé aux plus grandes chaleurs du iour, & des faucheurs dedans des prez, vn berger & vne bergere qui se faisoyent l'amour. Et pour mieux vous peindre l'effet de leur trauail, ie vous diray quelques vers qui estoyent tissus sur les bords de ceste tapisserie. Ils commençoyent ainsi.

L'ESTÉ.

Tout eſtoit en chaleur, & la flamme étherée
Fendoit le ſein beant de la terre alterée,
Les fruits deſſus la branche à l'enuy iauniſſoyent,
Et les eſpis barbus aux champs ſe heriſſoyent
En bataillons creſtez, qui de face gentille
Monſtroyent leurs flancs dorez aux dents de la faucille.
L'vn coupe, l'autre engerbe, & l'épiant glenneur
Va tallonnant les pas du courbe moiſſonneur,
Pour amaſſer l'épy, qui de ſes mains ſuantes
Se deſrobe, en trompant les faucilles mordantes :
Les vns vont aux ruiſſeaux, de chaud preſque taris,
Pour refraichir leur gorge, & remplir leur baris.
L'vn aguiſe ſa faulx, & les cornes pointües
De ſa fourche nouailleuſe, & aux breches mouſſues
Des rateaux edentez il replante des dents :
L'autre de franc ozier tortille des liens
Pour fagoter le poil, qu'il couppe & qu'il ratelle
Es prez tondus de frais, vn autre l'amoncelle
En pointes le dreſſant de ſuperbes meulons,
Le iouët quelque fois des venteux tourbillons.
La cigalle chantoit, les coulantes riuieres
Inuitoient les bergers comme d'humbles prieres
Et de murmure doux, à ſe baigner dans l'eau :
Les pommes en tombant laiſſoient leur verd rameau,
Sans plus les vents mollets à petites ſecouſſes
Branſloient leurs ailerons, & d'haleines plus douces
Tiedement ſoupiroyent des antres mouſſelus,
Par le feuillage eſpais des hauts pins cheuelus.
L'air eſtoit ſi ſerain, & la flamme dorée
Du Soleil radieux tellement temperée,
Qu'elle ſembloit ſe plaire à voir és clairs ruiſſeaux
La paſtourelle nüe, & nuds les paſtoureaux :
Bref chacun pour le chaud ſe mettoit en chemiſe,
Lors que Bellot ſentant vne chaleur eſpriſe

Iusques dedans ses os, tant pour l'ardeur du iour,
Que pour l'autre chaleur qui prouient de l'amour,
Decouure son beau corps, & dedans l'eau clairette
Se met pour appaiser ceste flamme segrette :
Il boit, pour essayer s'en buuant, cette ardeur
Se pourroit allenter qui luy seche le cueur.
Mais làs ! ce refraichir, ce bagner, & ce boire
Ne sçauroit de Catin effacer la memoire.
Il se laue la teste, il se laue les yeux,
Il se plonge dans l'eau, il inuoque les Dieux,
Pauuret, qui ne sçait pas que sous l'onde marine
Ce feu mesme aux Tritons allume la poitrine,
Et que le mal d'Amour est tellement diuers,
Qu'il ne se peut charmer par herbes, ny par vers.
Pour oublier son mal il pourchasse vne suitte
De poisson plus petit, qui se sauue à la fuitte
Auec le fil de l'eau, en ondoyans scadrons,
Puis le va poursuiuant à petits pas larrons :
Et l'ayant reserré se met en eschauguette
En recourbant le dos, puis finement l'aguette,
Et leuant les caillous par dedans le grauois
Il auance la main, & se pert de ses dois.

Or ce pendant Catin, qui de flamme amoureuse
Brusle comme Bellot, n'estoit moins soucieuse
De le voir que luymesme, & pour l'accompagner
Au coulant argentin se veut aller baigner.
Doncques ayant tiré de ses mains tendrelettes
Le pis deux fois enflé des brebis camusettes,
Chassé les moucherons, & fait prendre le lait
En caillottons petits, sur le ionc verdelet,
Laue son teint brunet dans la belle & claire onde,
Deslie ses cheueux, & sur sa tresse blonde
Met vn chapeau tissu du plus tendre rameau
D'vn grand Pin verdoyant, seiour de son troupeau :
Despouille son surcot, sa chemise, & descœuure
Ce que nature employe à faire vn beau chef d'œuure,
Prend vne peau de Cerf, la met dessus ses reins,
L'attache d'vn cordon fait de ses propres mains.

Que de lis, que d'œillets, que de roses nouuelles,
Quel beau marbre voûté en deux pommes iumelles,
Que de beautez ensemble, hà Dieu ie connois or
Que nature en bas lieu cache bien son thresor!
Comme vn large sentier entre deux montagnettes,
Roulant par le vallon des forests plus segrettes
De neige reuestu, que le traquant berger
N'a point foulee encor de son pié passager :
Tout ainsi deualloit vne sente iuoirine,
Sa trace finissant sous l'enflure marbrine
D'vn beau ventre arrondi, marqué sur le milieu
D'vn petit œil mignard, miroir de quelque Dieu :
Ie tairay le surplus, car seulement l'enuie
Qui me tient de le voir, me fait perdre la vie.
 De lait auec sa cresme elle emplit vn vaisseau,
Pour refraischir Bellot qui brusloit dedans l'eau,
Elle court pour le voir, Bellot qui trop mieux l'aime,
Ouy qui l'aime trop mieux mille fois que soymesme,
Que ses yeux, que son cueur, & qui s'en est fait serf
Voyant tant de beautez sous vne peau de cerf,
Ce tortis verdoyant qui son chef enuironne,
Ce vaisseau plein de lait, & cette grace bonne
Dont elle presentoit, soudain se sent surpris,
Se fond & se distille, & de fureur épris
Luy prend son chapellet, le met dessus sa teste
L'ayant baisé trois fois, puis hors de l'eau l'arreste,
Reprend sa Souquenie, & luy monstre comment
On embouche la fleute, & de combien de vent :
Mais las ce n'estoit tant pour luy vouloir apprendre,
Que pour baiser ses yeux, & sa bouchette tendre.
Car lors qu'ell' commençoit honteuse à l'emboucher,
Soudain luy rauissoit, à fin qu'il peust toucher
Et de langue, & de doigts, & de leure sechee
La part que de la sienne elle auoit embouchee.
 Des herbes & des fruits tantost s'entreiettoyent,
Tantost s'entrepeignant, en grève partissoyent
Leurs cheueux crespelus, puis d'vne œillade douce
Le visage abaissé, de honte qui les pousse,

Tous deux restent transis, n'osans presque mouuoir
Hardiment le visage, & les yeux pour se voir :
Mais en fin ce cruel leur entr'ouure les leures,
Leur redonne la voix, Bellot pres de ses cheures
Va doublant ses soupirs, & en telle façon
Chante de ses amours vne gaye chanson.
 O Pan Dieu des bergers, Pan s'il te souuient ores
De la belle Pitys, & de Syringue encores,
De qui l'Amour soupire en ces tendres rouseaux,
Dont ensemble ciras tes premiers chalumeaux,
Si iamais tu sentis sous cette peau bouquine
Vne chaleur bruslante en ta sainte poitrine,
Ou s'il te reste encor quelque trait d'amitié
A l'endroit des bergers, de Bellot pren pitié,
Et te monstrant benin à ses humbles prieres
Estein ce feu bruslant, que les eaux des riuieres,
Que le frais argentin des murmurans ruisseaux,
Que les antres moussus, que l'ombre des ormeaux,
Ne sçauroyent allenter, tant son ame est esprise
De ne sçay quelle ardeur, qui si tost l'a surprise.
Ie sçay que les taureaux poincts de cet aiguillon,
Courent fumant, muglant, comme espoints du freslon :
I'ay veu mesme les boucs à deux cornes pointues
L'vn à l'autre luter pour leurs cheures barbues,
Pour les poustres i'ay veu l'estalon forcener,
Et pour vne brebis les beliers s'écorner :
Mais ils ont quelque trefue, & la fureur les laisse,
Et en moy cet ardeur iamais iamais ne cesse
De saccager mon cœur, qui se brusle tousiours,
Puis en riant on dit que c'est le mal d'Amours.
 Catin, si tu sçauois au vray la peine dure,
Et le mal que pour toy cruellement i'endure,
Ton cœur est si tresplein d'amoureuse douceur,
Que toy-mesme voudrois adoucir ta rigueur.
Vse doncques vers moy, Catin, de quelque grace
Et de quelque faueur, auant que ie trespasse.
Car te voyant ie meurs, & mourir ie ne puis
Librement affranchy de l'erreur où ie suis.

Et toy Pan, des troupeaux seure garde fidelle,
Sois cause que m'amour ne me soit si cruelle :
Et pour domter vn peu la fureur de mon mal,
Fay que ie baise au moins ses leures de coral.
Ie te garde vn trochet de cent noisilles franches,
Et de raisins muscats attachez à leurs branches
Vne moissine belle, & vn petit oison,
Et de mon grand Robin la plus fine toison :
Puis ie sçay dans le creux d'vne souche ébranchee
De petits estourneaux vne belle nichee,
Ie prendray au gluau & pere & mere aussi,
C'est pour toy, grand Cheurier, si me prens à merci :
Mais si de ton Bellot tu ne fais quelque conte,
Adieu troupeau petit, à Dieu huraut qui donte
Les loups plus affamez, à Dieu mes chalumeaux,
A Dieu la panetiere, à Dieu les Pastoureaux.

 Catin haussant les yeux vne rougeur se monte
Sur son visage brun, sursemé d'vne honte,
Puis va disant ces mots : Berger à qui ie suis,
Et qui pour estre aimee autre ie ne poursuis,
Et poursuiure ne peux, onques iour de ma vie
Ie n'eu tant de plaisir : car ie suis si rauie
Par les diuins accords de ton chant doucereux,
Et par les doux soupirs de tes vers langoureux,
Que toute hors de moy mon ame s'est perdue,
Et à toy mon Bellot esclaue s'est rendue.
I'ay ouy chanter Daphnis, i'ay ouy les chalumeaux
De Perot, de Thenot, & d'autres pastoureaux :
I'ay ouy le rossignol d'vne voix argentine
Degoiser doucement dessus la blanche espine,
En May tomber la pluye, & le ruisseau glissant :
I'ay ouy les aignelets qui bêllent en naissant,
I'ay ouy couler le lait, quand du pis il s'escoule
Par les doigts du cheurier doucement dedans l'oule :
I'ay ouy chanter Margot, i'ay ouy la douce voix
D'Annette & de Thoinon retentir dans ces bois :
I'ay senti par les champs la fleur de l'aubespine,
La framboise, la fraize, & la rose aiglantine,

Le thym, le pouliot, i'ay sauouré le miel
Et toutes les douceurs qui distilent du ciel :
I'ay ouy sur les ormeaux fredonner la Cigale,
Mais à ton chant, Bellot, tout cela ne s'esgale.
Cette eau m'en soit tesmoin : mais ie sçay bien aussi
Que Pan de ton troupeau & de toy a souci,
Et qu'il t'a enseigné luy mesme la pratique
D'animer le troupeau au son de la musique,
Et pourtant, mon Bellot, autant que le deuoir
Que tu dois à Catin, a sur toy de pouuoir,
Fay danser, ie te pry', tes cheures amoureuses
Au son de ton flageol sur ces riues herbeuses,
Ie te garde vn baiser. Bellot se sent saisir
Soudain à ceste voix d'vn extreme plaisir,
Estimant ce present trop digne recompense
D'vn si plaisant labeur : Il se leue, il s'agence,
Croisant iambe sur iambe à dos contre vn ormeau,
Et de sa panetiere il tire son pipeau.
Or' luy donnant le vent, aussi tost les arreste,
Leur fait bondir le saut, leur fait dresser la teste :
Or' d'vn chant doux & mol les sçait si bien donter
Qu'ils ont le nez en terre aussi tost pour brouter :
Or' renforçant le vent tout le troupeau se serre
Corne à corne lutant, puis se couche par terre,
Et changeant de fredon, au mouuoir de ses dois,
Comme ayant veu le loup, s'enfuit dedans le bois :
Puis sonnant le rapeau, ceste troupe fuitiue
Se vient rendre à ses piés, humble, douce & craintiue.
Il en fait ce qu'il veut, car il entend les tons
Et les accords diuers de ses douces chansons.
  A tant cessa Bellot, car la trop longue attente
De ce baiser promis, fascheuse le tourmente.
Ils se baisent cent fois : puis l'ombre de la nuit
Ialoux de leur plaisir, de si pres les poursuit
Qu'il les chasse tous deux de ces douces allarmes,
Ne se disant adieu sans soupirs & sans larmes.

Voyla les vers qui font en cefte tapifferie. Ie vous promets que ces oufterons font fi bien faits, & tout ce qui eft contenu en ces vers fi bien rapporté, que rien ne peut eftre mieux. Ie n'euz pas fi toft leué l'œil que Δ i'apperçoy vne troupe de Bergeres de bonne grace, qui venoient donner le bon iour à leur maiftreffe, pour luy faire compagnie à vifiter vne chapelle, & là faire leurs prieres. Or cefte fainéte & venerable Princeffe tire defia fur l'aage, & me defplaift que la courbe & tremblante vieilleffe ait prife fur vne fi noble & fi vertueufe creature, iffue de la grande race de Pan : d'elle font iffus, comme d'vne fource feconde, & d'vne franche pepiniere, de grands & vertueux Bergers, de fages & vertueufes Bergeres, comme ie vous conteray quelquesfois. Donques ces filles ayans fait le deuoir & le feruice à leur maiftreffe, fortent de la chambre, trauerfent cefte grande falle, vont fur le portail, & entrent dedans vne petite gallerie faite & baftie exprés pour aller en cefte chapelle. Ie les fuy par le chemin ordinaire, là ie vey la noble & memorable fepulture d'vn grand Cheualier. Cefte fepulture eft faite & cizelee de marbre blanc & noir, de iafpe, d'albaftre & de porphyre, au bas le Prince eft en fon mort, a deffus viuant & priant auec cefte venerable Dame, fa bonne & fidelle compagne : mais Dieu par fa fainéte grace nous l'a gardée iufques à prefent, & gardera, s'il luy plaift, comme le bonheur, & la faueur du païs, l'exemple & le patron de charité & de douceur, le facraire de bonté, la grandeur & conferuation des fiens, & l'vnique fecours des pauures. Cefte fepulture eft en figure carree, au lieu de colonnes ce font les Vertus approchantes à la moyenne proportion du coloffe : elles fouftiennent le vafe & taillouer du chafteau deffus leurs teftes, enrichies de fueilles d'Acanthe & Branche-vrsine, pour souftenir le plinthe de ce baftiment, si bien conduit, & si bien acheué, qu'il ne sçauroit rougir pour les antiques. Dedans vne table de marbre y a vne Nymphe eleuee à demy bosse, le visage palle & maigre, qui porte les cheueux espais & herissez, flottans sur ses espaules, les yeux caues & meurdris de pleurs, les bras croisez, la face vers le Ciel, esploree & dolente, soupirant la triste mort de ce bon & vertueux Prince, disant.

EPITAPHE.

Ici mon beau Soleil en sa clarté plus belle
  De ses iours trop haftez laissa l'ombre en partant,
  Ici ma chere flamme à ce grand ciel montant.
  Ses cendres me laissa par la mort trop cruelle.
Ici morte i'attens allegeance immortelle
  Aux plus aigres malheurs que le temps va portant:
  Ici de mes trauaux vn doux repos m'attent,
  Ayant reioint au ciel cefte charge mortelle.
Ici ie tomberay pour m'esleuer aux cieux
  Où mon Seigneur m'attend : ici lairray les yeux
  Pour voir là sus encor son illustre apparence.
Ici iuste vouloir à demeurer m'induit,
  Car craindre ne faut point que la mort nous offense,
  Puis qu'en meilleure vie en mourant nous conduit.

Pres de cefte magnifique sepulture gisoit vn autre cercueil, non autrement enrichy que de gazons verds, de hauts cyprés, de cent & cent epitaphes, plaintes, larmes, soufpirs : & sans m'enquerir que c'estoit, ie cogneu assez apertement que c'estoit le fils aisné de ce vaillant Cheualier, duquel i'auois visité le tombeau. Et pour vous le faire mieux cognoistre, ie vous diray vn epitaphe qu'vn Berger en paſſant graua auec vn poinçon ſur vne petite tablette d'airain. Il commence ainſi.

TOMBEAV DE MONSEIGNEVR

FRANÇOIS DE LORRAINE,

Duc de Guiſe, & Pair de France.

Deſſous l'ombre muet de ce tombeau d'airain
Giſt ce grand Cheualier, ce grand Prince Lorrain,
François ce grand guerrier, grand & grand duc de Guiſe,
L'appuy de noſtre Roy, le ſecours de l'Egliſe,
La peur de l'eſtranger, de France le bonheur,
Des armes le triomphe, & l'heur & le malheur:
Bien-heureux en ſa mort, bien-heureux en ſa vie,
Bien-heureux en ſes faicts, ayant (maugré l'enuie)
Le ſort, & le deſtin, & les cieux tant amis,
Qu'il s'eſt veu triompher deſſus ſes ennemis,
Ne luy reſtant ſinon viure vn peu d'auantage,
Pour mourir le plus grand que Prince de noſtre âge.
  Mais las! pauures chetifs, nous ſommes non par ſort,
Mais quand il plaiſt à Dieu priſonniers de la mort:
C'eſt luy ſeul qui retient, qui conduit, & qui guide
Ce que deſſus la terre, & dedans l'air liquide,
Et ce qu'au fond des eaux vit, ſouſpire, & ſe meut,
Puis le tranche & l'allonge, & le rompt quand il veut:
Et ne ſert d'auoir peur des peſtes de l'Autonne,
Des fieures de l'Eſté, puis que ſa faulx moiſſonne
En tout temps noſtre vie, & qu'on ne peut charmer
Les tourbillons-roüans de l'eſcumeuſe Mer,
Le foudre ny l'eſclair, les vens ny les orages,
Rien ne ſert de ſçauoir augures, ou preſages,
Voir trembler le poumon des boucs, ou des aigneaux,
Ny le vol gauche ou droit des prophetes oiſeaux,
Puis que nos iours, nos ans, noſtre mort, noſtre vie

Est de la main de Dieu ou conduite, ou rauie,
Puis que les feux du Ciel, le sort, & le destin,
Menteurs ne peuuent estre auteurs de nostre fin.

 Quelquesfois la cerchant elle se met en fuitte,
Quelquesfois la fuyant se mesle en nostre suitte,
Compagne de nos iours, & en toute saison
Pend dessus nostre chef mesme en nostre maison.

 Qui iamais eust pensé que ce tant heureux Prince,
Rempart de nostre Roy & de nostre prouince,
Fust mort comme il est mort? luy qui tous les dangers
Que le fer & le feu nourrissent familiers,
Auoit passé soldat, fust à porter les armes
A cheual ou à pied, fust à donner allarmes
En faisant vne approche, ou courant au defaut
D'vn bataillon forcé, ou donnant vn assaut?
Cent coups m'en soyent tesmoins, entr'autres ceste lance
Et ceste Angloise main, qui faulsa de puissance
D'outre en outre le test de ce vaillant guerrier,
Ce grand test façonné pour porter vn Laurier.

 Or ce grand Prince est mort, ce François de Lorraine,
Mais non pas mort ainsi qu'vne semblance humaine,
Qui vit, & meurt sans nom : car la vie & la mort,
La gloire, la vertu, du plus vaillant & fort
Que l'estoile de Mars fit naistre de nostre âge,
Siecle en siecle suyuant porteront tesmoignage
Qu'il a domté, franchi, fait fendre & fait armer,
Les fleuues mis au ioug, & les monts & la mer :
Qu'il a passé, soldat, en Esté les campagnes,
Aux rigueurs de l'hyuer les bois & les montagnes,
La Meuse, la Moselle, & le Tronte, & le Rhin,
Loire, Seine, l'Ardenne, & l'Alpe, & l'Apennin
Ont tremblé sous ses pas, lors qu'en troupe guerriere
Morne & transi de froid, & tanné de poudriere,
Mit bornes à la France, & rengea sous sa main
Le Messin, l'Espagnol, l'Anglois, & le Germain :
Lors qu'il sceut dextrement, comme soldat pratique,
Brandir & recresper le long-bois d'vne pique,
Braquer bien vn canon sur le flanc d'vn rempart,

Conduire vne trenchee, & iuger quelle part
Se deuoit aſſaillir de boulet ou de balle,
S'elle eſtoit hors de mine, ou de ſappe, ou d'eſcalle:
Meſurer bien le cœur du ſoldat enfermé,
Ce qu'il peut en campagne armé ou deſarmé:
Piquer bien vn cheual en foule ou en carriere,
Rompre bien de droit fil vne lance guerriere,
Faire marcher vn camp, l'auancer, le tarder,
Battre vn fort, vn rempart, l'aſſaillir, le garder,
Affronter l'ennemy, rompre le fer, & l'ire
Meſme d'vn Empereur plus grand que ſon Empire:
Retirer le ſoldat qui deffiant la mort
Prodigue de ſa vie eſcarmouchoit vn fort,
Animer la ieuneſſe aux plus chaudes allarmes,
Courageuſe à baſtir vn tombeau dans ſes armes,
Et du moindre ſoldat combatant prendre ſoing.
Ie l'ay veu de mes yeux le coutelas au poing,
Corps de cuiraſſe en dos, le morion en teſte,
Couuert de ſa grand' targue, ainſi qu'vne tempeſte,
Rouant, pirouettant, épiant vn beau ſac,
Qui court de proüe en poupe, & de mas en tillac,
De cordage en cordage, & de flamme enſouffree
Renuerſe & met à fond la nauire engouffree.
Et comme vn Apollon deſſous ſa targue d'or
Ouurage de Vulcan, marchoit deuant Hector,
Portant ainſi qu'vn Dieu ſa belle eſpaule armee
De la brune eſpaiſſeur d'vne nüe enfumee:
Ainſi marchoit armé ce vaillant belliqueur,
Couurant de ſon pauois & de ſon bras vainqueur,
De courage, de cueur, de teſte, & de poitrine,
De Charles noſtre Roy la ieuneſſe orfeline:
Bref, leuant ou couchant le clair-voyant Soleil
Ne pouuoit œillarder au monde ſon pareil.
  Et comme vn feu lancé par l'eſclat d'vn tonnerre
Dans la blonde moiſſon, ſaccage & met par terre
L'eſcadron heriſſé des eſpis iauniſſans:
Ou tout ainſi qu'on voit ſur les flots palliſſans
De l'eſcumeuſe mer, entre la troupe ailee

Galloper Aquilon d'vne marche doublee :
Ou comme le débord d'vn grand fleuue écumeux
A cent montagnes d'eau, s'elance furieux
Dans la plaine voisine, & de fond en racine
Arrache, froisse & rompt, & renuerse & ruine,
Vignes, iardins & bois, estables & bestail,
Des hommes & des bœufs le plus riche trauail,
Et compagnons des flots, escarte, pousse & traine
Arbres, herbes & fleurs çà & là par la plaine.
Ainsi ce Cheualier en qui iamais la peur
Ne fit glacer le sang, mais poussé de l'honneur
Rompoit les rancs murez, & de force forcee
Courant & foudroyant sur la troupe enfoncee
La contraignoit, vainqueur, pesle-mesle dedans
La face contre bas mordre la terre aux dents.

Aussi les cieux amis & la sage nature
Ensemble auoyent basty la noble architecture
De ce corps genereux, corps indomtable & tel,
Qu'en armes il estoit aux hommes immortel :
Mais Mars en fut ialoux, & surpris de colere
De se voir seconder en son art militaire
Luy ramollit le flanc, à fin que par traison
Quelque lasche meurdrier ou versast la poison
En sa noble poitrine, ou de main desloyale
Enfonçast de trois plombs ceste espaule fatale,
Si fatale vrayment qu'vn barbare estranger
N'eust iamais entrepris de vouloir outrager :
Et me desplaist honteux que i'accuse la France
Moy qui suis né François, d'auoir veu la naissance,
Et d'auoir alaitté sous vn air si clement
Vne si mauuaise ame. Ha ! mourir meschamment
Puisse cil qui premier osa traistre entreprendre
Forger, fondre, tailler, broyer, & faire esprendre,
A fin de pratiquer en vn si noble lieu,
Le fer, le plomb, la pierre, & la poudre & le feu.
Il est mort toutesfois comblé de toute gloire,
Ne pouuant mieux au ciel engrauer sa memoire
Pour faire que son nom puisse à iamais fleurir,

En terre ne pouuant plus noblement mourir.
 Mais puis que le malheur, le deſtin & l'enuie,
Ialoux ont triomphé des honneurs de ſa vie,
Et que tout ſon trophee eſt remis au tombeau,
Sus, France, qu'on luy dreſſe vn triomphe nouueau
Maintenant qu'il eſt mort, & riche qu'on luy donne
De bronze ou de porphyre, vne grande colonne:
Où pendront attachez, enfoncez & forcez,
Cent & cent corcelets l'vn ſur l'autre entaſſez,
Cent & cent morions tous comblez de leurs teſtes,
A mouſtache tremblant, portant plumes & creſtes
Rouſſoyantes de ſang, cent braſſars dont la main
Mi-morte cerche priſe, & ſe manie en vain,
Cent villes, cent chaſteaux, cent & cent fortes places,
Cent fleuues, cent deſtroits, & cent corps de cuiraſſes,
Cornettes & guidons, enſeignes, eſtendars,
Cent lances, cent épieux, cent targes, cent ſoudars
Captifs & deſarmez, cent villes renuerſees,
Cent bataillons rompus, cent murailles forcees,
Itale miſe aux piés, & le ſuperbe Anglois
Repouſſé dans ſa mer, le Meſſin, l'Ardenois,
L'Alemand déconfit, cent batailles liurees,
Cent bœufs, dont l'vn ſoit blanc ayant cornes dorees,
Cent couronnes de cheſne, & puis cent de laurier,
Pour orner le tombeau de ce vaillant guerrier :
A fin que d'âge en âge on remarque la gloire,
La bonté, la vertu, l'honneur & la victoire
De ce grand Cheualier, qui ſurmonta l'effort
Des Armes, du Tombeau, des Ans, & de la Mort.

Ie vous ay recité à mon opinion l'Epitaphe entier de ce grand Cheualier, & croy que vous n'ignorez plus ſon nom, ie l'ay retiré, d'autant qu'il me ſembloit aſſez bien fait, pour le communiquer à mes amis. Les prieres finies en la chapelle, ceſte venerable Dame apres auoir verſé de ſes belles & blanches mains du vin, du lait, des lys & des roſes, deſſus ces deux tombeaux, remaine iuftement à neuf heures fa troupe en fa chambre, laue fes mains, fe met à table, ces Bergeres rentrent en la falle où elles ont de couftume faire leur ordinaire, & y paroiffent fans plus au difner & au fouper. L'vn & l'autre repas fe trouuant dreffé à neuf heures du matin, & cinq du foir, fans iamais y faire faute, de toutes fortes de viandes, de toutes fortes de fruits, felon la faifon : & ce, de la liberalité de cefte bonne maiftreffe. Pendant le difner ces filles n'eurent autres propos que d'vn tableau qui pendoit deffus la cheminee : c'eftoit vne Nymphe veftue à l'antique courant efcheuelee, rouge en vifage de colere, vn Chaffeur apres qui la pourfuiuoit : en fin elle fe fauuoit en vn lieu beau & frais, où ce chafteau eftoit fort bien rapporté en perfpectiue. Or pour interpreter ce que c'eftoit, il y auoit en la compagnie de ces Bergeres vn bon vieillard, qui leur feruoit de maiftre d'hoftel, & difoit à ces filles que c'eftoit la Chafteté, & que ce chaffeur qui la pourfuiuoit eftoit le Defir : mais que pour fe mettre en fauuegarde & en lieu de feureté, elle s'eftoit rendue en ce chafteau de Ioinuille, & de fait il monftroit auec vne petite baguette les terraces, les galleries, les falles, les chambres, antichambres, les courts, les offices, le ieu de paume, l'Eglife, les vignes, les bois, les routes, les montagnes, les vallons, les riuieres, les prez, la ville baffe : bref il difoit que la Chafteté auoit fait fa retraitte en cefte noble maifon. Et à la verité fi iamais elle fut honoree & reueree en lieu de noftre France, ie croy que ç'a efté en ce chafteau, où cefte venerable Dame l'a traittee vniquement, donnant exemple de fait & de parolle à toutes les Dames vertueufes qui furent & qui feront iamais, fe façonner à fon mirouër, viure chaftement & heureufement, & auec telle conftance qu'elle, en ses plusque cruelles & plusque miserables fortunes, sur la mort de ces grands Cheualiers ses enfans. Ce bon vieillard importuné de ces filles de poursuiure le discours de ce tableau, tire de sa gibbessiere (apres l'auoir retournee deux ou trois fois) vn vieux roulet, qu'il disoit auoir gardé long temps. Et à la verité il estoit tout crasseux & rongé par les plis, & l'escriture iaunastre & enfumee de vieillesse : Il le donne à l'vne de ces filles, disant : Lisez ce papier, & vous verrez ce que dit ce Chasseur en la poursuitte de ses amours : ie le garde long temps a, & fut vn ieune Berger qui le fit estant ceans lors que le peintre trauailloit sur ce tableau, l'on m'a dit qu'il estoit assez bien fait. Incontinent ceste Bergere ietta l'œil dessus, & auec vne douceur & modestie honneste commence à lire les poursuites de ce discours, qui commençoit ainsi.

LA CHASTETÉ.

Il estoit iour, & la chaleur ardante
Brusloit le sein de la terre beante,
Et les Bergers à l'ombre des ormeaux
Auoyent ensemble amassé leurs troupeaux :
Quand i'aduisay par l'espaisse fueillee
Vne Deesse errante & desolee,
Qui sanglotoit à souspirs redoublez,
Dont de frayeur mes sens furent troublez.

D'vn long habit elle estoit reuestuë,
Blanc comme neige encore non batuë
Ny du Soleil, ny du pié passager :
Dedans ses yeux vn astre messager
D'vne douceur & bonté de nature
Apparoissoit, vne large ceinture
Serroit ses flancs : bref, sans voile & sans fard
Vne beauté sous vn chaste regard.

Tout aussi tost que seule fust entree
Au plus profond de la forest sacree,
Elle s'égare & ne sçait quel quartier
Elle doit prendre, & se perd du sentier,
Plus n'apperçoit ny roches ny montagnes:
En vain se deult, & huche ses compagnes,
Puis çà puis là courante par les bois
Va redoublant sa languissante voix,
Voix, qui de l'air & d'Echo retenuë
Se perd au vent tout ainsi que la nuë.
Puis en courant, & voulant auancer
Son pié leger, trouue sans y penser
Le verd tapis d'vne plaisante pree,
D'vn bel esmail en cent lieux diapree,
Riche à la voir d'vne moisson de fleurs,
A la sentir d'vne moisson d'odeurs.
Là les Zephyrs de leurs souefues haleines
Vont embasmant la fraischeur de ces plaines,
Branlant par l'air leurs petits ailerons,
Par les ruisseaux & par les enuirons.

A costé droit d'vne pierre naïue
Sourd le crystal d'vne fontaine viue,
Qui d'vn murmure & d'vn ply serpentin
Va desgorgeant vn coulant argentin
Sur le grauois, qui balotte & sautelle
A petits bonds de la source immortelle:
Puis s'escartant, baigne de sa claire eau
L'herbe tendrette, honneur du temps nouueau,
Que ny bergers, ny cheures cheueluës
N'auoyent touché de leurs leures barbuës,
N'autre bestail: car l'honneur de ce lieu
Estoit vrayment la demeure d'vn Dieu.

Là s'entendoit le celeste ramage
Des oisillons, volans par le fueillage
Des lauriers verds, en arcades plantez,
Et des peupliers aux cheueux argentez.

Là le passant s'arreste pour y prendre
Ou le sommeil dessus l'herbette tendre,

Sous le pendant d'vn petit mont boſſu,
Ou pour puiſer de ce ruiſſeau mouſſu
A dos courbé, d'vne leure ſeichee,
Vne liqueur fraiſchement eſpanchee.
   Là deſſus l'herbe, encor' aux plus chauds iours,
D'vn ombre frais y tremblotte touſiours
Le creſpe noir, & n'eſt iamais ſubiette
Ceſte retraitte à l'ardente ſagette
Ny aux rayons du Dieu au crin doré,
Tant eſt ce lieu ſouefuement temperé.
   Or ceſte Nymphe errante & fugitiue,
Pleine de peur, & de frayeur craintiue,
Par les attraits de ſi plaiſans appas,
De ſon erreur va deſtournant les pas
La larme à l'œil, toute triſte & laſſee,
Et de trauail ſe ſentant oppreſſee
Pour le chemin, & pour l'ardant Soleil,
Ses yeux ternis donne en proye au ſommeil.
   Lors tout ſoudain vn damoiſeau champeſtre
Vient en ce lieu, portant en la main dextre
Vn fort eſpieu, habillé de la peau
D'vn fan de biche ou d'vn ieune toreau,
Deſſus le flanc la belle panetiere
A tout le poil, la trompe foreſtiere
Au ventre creux, le brodequin haulſé
A demi-gréue, & d'vn cordon laſſé.
Il eſtoit beau, ieune, diſpos, honneſte,
Et ſi ie croy qu'il venoit de la queſte
Tout à propos pour ſa ſoif appaiſer,
Mais pluſtoſt, las! pour ſon cœur attiſer:
Car voulant boire en ceſte onde ſacree,
Vne autre ſoif a ſon ame alteree,
Et en beuuant il beut vne poiſon,
Qui doucement enyura ſa raiſon.
Il conſidere & le front & la grace
De ſes yeux clos, & de ſa belle face,
Le teint meſlé de roſes & de lis,
Sa blanche main, & ſes membres polis,

Le beau corail de ſes leures iumelles,
Les doux ſouſpirs eſcoulant par-entre-elles,
Et de ſon ſein vn tremblement ſi doux
Qu'il fait trembler ſon cœur & ſes genoux.
De ſes cheueux vne treſſure blonde
A floccons d'or çà & là vagabonde,
Et recreſpee en cent petits anneaux,
Où pendilloyent mille & mille amoureaux
Portant le trait affuté ſur la coche,
Pour trapercer vn cœur fuſt-il de roche.

Il ſent de ſoy la raiſon eſtranger,
Et tout ſoudain il donne à ſaccager
Au feu d'Amour ſon ame priſonniere
Dedans les yeux de ſa douce guerriere.
D'vn pas ou deux il ſe veut auancer
Pour l'approcher & pour la careſſer,
Pour dérober vn baiſer de ſa bouche:
Mais d'vn coſté vne crainte farouche
Pleine d'erreur, & d'autre part l'amour
Guerre luy font l'vn & l'autre à leur tour.

Amour le pouſſe, & la peur le retire,
L'vn le conforte, & l'autre le martyre:
Amour le bruſle, & la tremblante peur
Gelle ſon ſang, le rempart de ſon cœur.
Il tremble tout, il fremit, il chancelle,
Sur ſes genoux vne glace nouuelle
Se vient aſſoir, puis ſon ſang peu à peu
Reprend ſa force, & rallume ſon feu:
Il peint ſon front de couleur rouge & bleſme,
Puis ſouſpirant va diſant en ſoymeſme.

Ne ſuis-ie pas chetif & malheureux,
Hors de mon ſens, penſif & langoureux?
Le temps s'en va, & iamais ne retourne,
Son vol leger tant ſoit peu ne ſeiourne
En vn endroit, les heures aux piés mous,
Sans y penſer ſe dérobent de nous.
Approche donc, chetif, & pren courage,
Haſte le pas, & baiſe ce viſage,

Mesle ta bouche à ce beau teint vermeil,
Mais ie crain, las! de rompre son sommeil.
    Bref il s'auance auec la hardiesse
Qu'Amour luy donne, & vient à la Deesse
Pour la baiser, & de tremblante main
Serre des fleurs & les iette en son sein :
Se vient assoir, & souspirant pres d'elle,
Tout esperdu de sa bouche tant belle,
Pour son martyre & sa flamme appaiser
Veut dérober vn amoureux baiser.
    Mais en sursaut la Nymphe se resueille,
La Chasteté, qui iamais ne sommeille,
En desillant la paupiere & les yeux
Se met en fuitte, & d'vn pié furieux
Se leue ainsi que le Serpent qui erre
En ondoyant, & sillonnant sur terre
A longs replis, de colere sublant
Dresse le col, sa langue redoublant,
Et herissant ses escailles luisantes,
Quand par les fleurs aux chaleurs plus ardantes,
Estant tapy, le talon passager
Marche dessus & le vient outrager.
    De plus en plus la fureur l'espoinçonne :
Et comme vn taon de sa pointe esguillonne,
Et par les champs fait mouscher les toreaux,
Il court ainsi par les sentiers nouueaux.
    Pourquoy (dit-il) me fuyez-vous maistresse ?
Venez à moy pendant que la ieunesse,
Le temps, le lieu, & la belle saison
Verse dans moy l'amoureuse poison,
Qui de mon cœur ne peut estre rauie
Que par vos yeux, qui me donnent la vie.
Monstrez-moy donc vostre visage ami,
Regardez-moy, ce n'est vostre ennemi
Qui vous poursuit, ainsi les Colombelles
Fuyent l'Autour de leurs tremblantes ailes,
Comme ennemi, mais ie ne le suis pas.
Ie ne suy point la trace de vos pas

Remy Belleau. — I.

Pour vous forcer, la cause de vous suyure
Las! c'est Amour qui me veut faire viure
Dedans vos yeux. Mais las! vous tomberez,
Ne courez plus, vous vous offenserez,
Et piquerez vos tendrelettes plantes
Dedans le fort de ces ronces poignantes:
Ce lieu est aspre, & ce tertre pierreux
Pour vous, ma Nymphe, & le chemin scabreux.
Ie ne suis pas de la race felonne
D'vne Tygresse, ou de quelque Lyonne,
Dans l'estomac ie ne porte vn rocher
Au lieu de cœur, vueillez donc m'approcher,
Sçachez aumoins, & prenez cognoissance
De ma maison, du lieu de ma naissance.
Ie ne suis point vn barbare estranger,
Ny de ces champs quelque pauure Berger
Gardeur d'aigneaux par ces campagnes vertes,
Ny citoyen des montagnes desertes:
Ie ne suis point vn Faune de ces bois
Au pié bouquin, mal-propre, mal-courtois,
I'ay dans ceste eau regardé ma figure:
Mille troupeaux paissent dans ma pasture,
I'ay le doux miel, & en toute saison,
Pour vous traitter, du laitage à foison.
 Le iour s'abaisse, & si la nuit brunette
Dedans ces bois vous rencontre seulette,
I'ay crainte las! que le Loup boscager,
Sentant vos pas, ne vous vienne outrager:
Retournez donc ceste lumiere belle
De vos beaux yeux, d'vne viue estincelle,
Qui vont changeant mon ame en cent façons,
Tantost en feu, & tantost en glaçons,
Et si ne puis allenter ceste flame,
Ny reschauffer la glace de mon ame.
 Si te suiuray-ie, & deussé-ie perir
Dedans ces bois, i'aime trop mieux mourir
Entre les dents d'vne louue affamee,
Suyuant les pas de toy, ma bien-aimee,

Donnant ma vie aux dangers perilleux,
Que de me voir abſent de tes beaux yeux.
Ie te ſuyuray iuſqu'à la mer gelee,
Par les deſerts de l'arene bruſlee
Pres du Soleil, auſſi bien i'ay vouloir
Long temps y a de voir le peuple noir:
Ie te ſuiuray, où la neige eternelle
Loge ſans fin, par la trace cruelle
Des vieux Sangliers, des Tygres & des Ours,
Ou pour te voir, ou pour finir mes iours.
Bref, quelque part que le pié me conduiſe,
La volonté de ton amour eſpriſe
Suyura tes pas, & s'Amour eſt vn Dieu
De meſme trait mourons en meſme lieu.
  Mais en vain, las! par les haleines molles
Des vents ſourdauts il ſeme ſes parolles.

Ie vous promets que ceſte bergere recita ces vers de ſi bonne grace, que ſes compagnes ne diſnerent que bien peu: & parce que l'heure s'approchoit d'aller trouuer leur maiſtreſſe, ſe leuent de table, ſe retirent en la chambre faiſant vne grande reuerence l'vne apres l'autre, puis ſoudain ie les vey toutes en vn troupeau ſe rallier en vn canton dérobé dedans l'épaiſſeur de la muraille qui ſert de croiſee en cette chambre, qui eſt tapiſſee d'vne tapiſſerie faicte & tiſſue de la main de ces filles. D'vn coſté c'eſtoient troupeaux de brebis camuſettes portans la laine à floccons houpelus, frizez, & pendans iuſques en terre, ſi doucement ondoyans qu'on euſt iugé auoir eſté pignez & treſſez de la main de quelque gentille bergere: les vnes paiſſoient ſous l'ombre des ormeaux dedans vne grande prée, eſmaillee de bleu, de verd, de pers, de iaune, de violet, & de toutes autres couleurs: deux belliers coſſoient & ſe hurtoient à perte de cornes pour l'Amour: le berger pres d'vn ruiſſelet faiſoit danſer ſon troupeau au ſon de son flageol. Pres de cette eau s'eleuoit vn rocher ridé, cauerneux, & calfeutré de mousse espaisse & delicate, comme s'il eust esté tapissé de quelque fin coton : là vous eussiez veu les cheures barbues lecher le salpestre sur les flancs de la roche, les vnes grimper, & à les voir d'embas on eust iugé qu'elles y estoyent pendues : les autres broutoient le tendre rejet qui ne commençoit qu'à pointeler hors de la terre nouuellement eschauffee : les vnes allongeant les flancs & la teste se haussoient sur les ergots de derriere, pour prendre & entortiller des leures & de la langue le sommet des petits arbrisseaux, les autres buuoyent à petites reprises dedans les clairs ruisseaux, mirant leurs barbes au coulant de leurs ondes argentelettes. Sous les flancs de cette roche y auoit vne troupe de bergers tous se donnans plaisir d'vn doux & gracieux trauail : les vns faisoient des paniers de viorne, les autres des corbeilles d'ozier, autres arrachoient l'escorce des iones pour en tirer la moüelle & en façonner des chapeaux, autres faisoient de petites tresses de paille de seigle batu & mouillé, pour faire des coffins, autres aiguisoient leurs serpettes pour tailler la vigne, autres relimoient les dents de leurs faucilles, autres en retailloyent de bois pour enter à leurs rasteaux edentez, autres laçoyent des filets, des rets, des lacez pour prendre les oiseaux : autres creusoyent des gourdes & les grauoyent de la pointe d'vn cousteau : autres recousoyent leurs guestres, & filoyent cordes pour faire du bobelin. Entre autres y auoit vn vieillard à iambes croisees appuyé du dos contre ce roc, qui tilloit du chambre de si gentille addresse, qu'on voyoit saillir les cheneuottes hors de ses doigts ridez & crochuz de vieillesse, tant ceste tapisserie rapportoit le naturel. Dedans l'autre pan c'estoit vn temps d'Autonne, où estoyent des vendan-

geurs les mieux reprefentez que ie vey onques :
& pour vous peindre au vif leur plaifant exercice,
& l'amour ruftic de l'vn de ces vendangeurs & d'vne
vendangeufe, ie vous en diray quelques vers qui font
tiffus contre le ventre d'vne grande cuue dedans cefte
tapifferie. Ie les voulu bien retirer, parce qu'ils me
femblerent affez gentiment faits : & à mon iugement
fi l'ouurier de cefte tapifferie a induftrieufement fuiuy
la nature, l'ouurier de ces vers ne l'a moins bien
imitee. Ils fe commencent ainfi.

VENDANGEVRS.

L'Amour Ruftique.

C'eftoit en la faifon que la troupe ruftique
S'apprefte pour couper de cefte plante vnique,
De ce rameau facré le raifin pourpriffant.
C'eftoit en la faifon que le fruit iauniffant,
Laiffe veufue fa branche, & le fouillart Autonne
Fait écumer les bords de la vineufe tonne :
Vn chacun trauailloit, l'vn apres le preffoir,
L'autre à bien eftouper le ventre à l'entonnoir,
Et d'vn fil empoiffé auec vn peu d'eftoupes
Calfeutrer les bondons : les vns lauoient les coupes
Et rinfoyent les barils, autres fur leurs genoux
Aguifoyent des faucets pour percer les vins doux,
Et piquottans leurs flancs d'vne adreffe fort gaye
En trois tours de foret faifoyent faigner la playe,
Puis à bouillons fumeux le faifoyent doifiller
Louche dedans la taffe, & tombant petiller.
Les autres plus gaillars fur les grapes nouuelles
A deux piez s'affondroyent iufques fous les aifcelles,
Les vns ferroyent le marc, les autres preffuroyent,
Les vns pour vendanger fur la pierre émouloyent
Le petit bec crochu de leurs mouffes ferpettes,

Les vns trempoient l'ofier, les autres leurs tinettes,
Leurs hottes, leur eſtrain dedans les clairs ruiſſeaux :
Autres alloient raclant les coſtes des vaiſſeaux
De grauelle émaillee, & de mouſſe couuertes,
Les autres leur ſerroyent les leures entrouuertes,
D'vn cercle de peuplier, cordonné d'oſiers francs,
Puis à coups de maillet leur rebatoient les flancs :
Les vns buuoient aux bords de la fumante gueule
Des cuues au grand ventre, autres tournoyent la meule,
Faiſant craquer le grain & pleurer le raiſin,
Puis ſous l'arbre auallé vn grand torrent de vin
Rouloit dedans la met, & d'vne force eſtrange
Faiſoyent geindre le bois, & pleuuoir la vendange :
Autres à dos panché entonnoyent à plein ſeau
La boüillante liqueur de ce vin tout nouueau,
Autres alloyent criant de leur puiſſance toute
Qu'au pié des ſeps tortus on fiſt la mere-goute :
Et chancelant de piés, de teſte & de genoux,
S'enyuroyent ſeulement au fumet des vins doux.
Lors qu'vn ieune Berger deſſous l'ombre des treilles
Se rendit amoureux des beautez nompareilles
De la gente Catin, bergere de haut pris,
Digne qu'vn cœur gentil en fuſt vrayment épris.
Car elle ſçauoit bien de ſes mains meſnageres
Traire le pis enflé de ſes vaches laittieres,
Porter dans ſon giron le petit aignelet
Egaré du troupeau, ſeurer le veau de lait,
Faire le pain de cire, & couler le laitage
Pour faire ſur le ionc cailloter le formage,
Bien treſſer le ruban, bien tourner le fuſeau,
Faire brouter la cheure, & paiſtre le troupeau.
 Or ce ieune Berger, dont la creſpe iouuence
Et l'âge tendrelet à grand'peine commence
De ſa main delicate à luy friſer encor
Le menton reueſtu d'vn petit creſpe d'or,
N'auoit iamais ſenti les viues eſtincelles
Des premiers feux d'Amour, qui luy ſeichent les moelles.
Car en voyant Catin au troupeau vendangeur,

Ce petit Dieu commence à vendanger son cœur,
Et si tost qu'il la veit d'vne grace gentille
Vuider son paneret sur le marc qui distille,
Aussi tost ce cruel distila dans ses yeux
Ie ne sçay quelle humeur qui le rend furieux.
Il brusle, il tremble, il court, & forcé d'vne rage
Va baiser de Catin la bouche & le visage,
Mais las! en la baisant, il baisa le beau iour
Qu'oncques depuis n'a veu pour le mal de l'Amour.
Il s'en retourne aux champs, iette là la musette,
La fleute, le flageol, & sur l'herbe tendrette
Commence à dédaigner ses esbats enfantins,
Comme les ioncs mollets dont il faisoit coffins
Et petites prisons à mettre des cigales,
Cages pour les oiseaux, les cannes inegales
Qu'à force il pertuisoit en petits chalumeaux.
Iette la panetiere, & les tendres sureaux
Dont il tiroit la mouelle, & dessus leurs iointures
Pertuisoit en six parts les rondes ouuertures:
Plus n'a souci de rien, Catin est son souci,
Catin seule a pouuoir d'vn regard adouci
De redonner le vent à sa pauure musete,
De luy remettre en main la fleute & la houlete,
Bref il brusle d'Amour, & ne sçait amoureux
La cause de ce mal qui le rend langoureux,
Et langoureux se plaist : O chose trop estrange,
Aimer de nostre bien vn si fascheux eschange!
Il se plaint, il se deult, ses soupirs va doublant
Et de voix douce & lente alloit ainsi parlant.

 Hà Pan, Dieu de ces bois, quelle estrange auanture,
Quel charme si soudain a changé ma nature?
N'est-ce pas de Catin le trop ardant baiser,
Qui m'allume ce feu que ne puis appaiser?
C'est luy vrayment, c'est luy, c'est sa leure iumelle,
Plus fresche à la presser que la rose nouuelle,
Plus douce que la fleur des petits aubespins,
Que la fleurante odeur des boutons aiglantins,
Plus souefue à la toucher que n'est la fine laine

De mes petits aigneaux, plus que la mariolaine
Son haleine me plaiſt, plus que la gauffre à miel,
Ouurage induſtrieux des fillettes du ciel.
Hà ſauoureux baiſer, baiſer qui m'eſuertue
Me renforçant les nerfs, mais pluſtoſt qui me tue
Laiſſant vn aiguillon autrauers de mon cœur,
Et ſur ma langue morte vne piquante aigreur.
I'ay baiſé des cheureaux qui ne faiſoyent que naiſtre,
Le petit veau de lait dont Collin me fit maiſtre
L'autre iour dans ces prez, mais ce baiſer vrayment
Surpaſſe la douceur de tous enſemblément.
Le pouls m'en bat encor, mon ſang, mon cœur, mon ame
Bruſle, ſeiche, & languiſt à l'ardeur de ſa flame,
Et ne ſçay quel malheur, quel deſaſtre, ou mechef
Fait que ie la ſouhaitte à baiſer de rechef.
At-elle point ſuccé quelques herbes meſchantes
Auant que me donner ſes leures rougiſſantes?
Non, car i'en fuſſe mort. Ainſi la larme à l'œil
Ce berger amoureux va ſouſpirant ſon dueil.
 Lors vn vieillard ſuruient veſtu d'vne peliſſe
Faite de peau de loutre, vn beau coffin d'ecliſſe
Tout comblé de raiſins luy pendoit dans la main,
Des ſabots en ſes piez, vne agraffe à ſon ſein,
Vn chapeau fait de ionc, les manches rebourſees
Iuſques deſſus le coude, & les gueſtres trouſſees
Haut & bas d'vn genet, vn ceinturon tout blanc
D'vn poil aſpre & rebours heriſſoit ſur ſon flanc,
Vne boucle d'airain le ſerroit ſous la hanche,
Où pendoit le flageol, la panetiere, & l'anche,
L'anche de ſon pipeau, la fleute & le bourdon,
Trouſſez à petits nœuds enſemble d'vn cordon.
Il s'aſſied pres de luy deſſus l'herbette molle,
Car bien le connoiſſoit, & de douce parolle
Luy diſoit : Mon enfant, i'ay chanté quelque fois,
Et ioüé de la fleute à l'ombre de ces bois,
Et ſi mon chant plaiſoit aux Nymphettes ſacrees,
A Palés, & à Pan, i'ay dans ces vertes prees
Au ſon de mon flageol fait ſauter maint cheureau,

Mainte cheure, maint bouc, & gardé maint troupeau.
 Ce difant il tira de fa grand' panetiere
Vne fleute à neuf trous fort belle & bien entiere,
La canne en eftoit groffe, & les bouts de laton :
Puis fe leuant en pié pour luy donner le ton,
(Apres auoir foufflé, fi dedans, quelque chofe
Empefchoit point le vent) tout gaillard fe difpofe
A luy donner l'efprit, qui premier fut fi fort
Si bruyant & tonnant, & d'vn fi graue accord
(Tant fa force à fouffler induftrieux affemble)
Qu'on euft dit à l'ouir, cent fleutes eftre enfemble :
Puis abaiffant le vent il modere la voix,
Et au ieune berger enfeigne par les dois
Et luy montre comment en l'art de bergerie
On embouche la fleute, & de quelle induftrie,
De quel vent, de quel ton, & de quels chalumeaux
Vfent les grands bergers pour guider leurs troupeaux.
 Des-lors, dift ce vieillart en recourbant les reins,
Que ie laiffé les champs, i'ay de mes propres mains
Planté vn beau verger de fi bonne auanture
Que le ciel tout benin, & la douce nature
Ont tant fauorifé, qu'on ne voit rien de beau
Qu'aifément on ne trouue en ce complant nouueau.
Là les lis argentez, les rofes vermeillettes,
Les boutons entr'ouuerts de diuerfes fleurettes
Y font fur le printemps peintes de cent couleurs,
Embafmant l'air ferain de leurs fouefues odeurs :
Aux chaleurs de l'Efté à foifon y iauniffent
Les poires de fin or, les pommes y rougiffent,
La guigne, la cerife, & le pauot auffi,
Propre pour affopir tout ennuyeux fouci.
Puis la chaleur paffee, on y voit fur l'Autonne
L'œillet & le faffran, aux arbres y foifonne
La grenade, & la figue, aux vignes les raifins
Et la pomme efcaillee en pomme fur les pins.
 Là fous les grenadiers i'apperçoy d'auanture
Hier fur le mi-iour vn enfant que nature
A fait pour vn chef d'œuure, il auoit en fes mains

Des pommes de grenade, & mille petits grains
De murte verdoyant, il auoit des flammeches,
Vn arc d'iuoire blanc, d'or fin eſtoyent ſes fleches,
Et portoit ſur les yeux ie ne ſçay quel bandeau,
Des ailes ſur le dos, ſa delicate peau
Eſtoit comme la neige encore non touchee,
Ou le lait caillotté ſur la verte ionchee.
Il cueilloit de mon fruit encores le plus meur,
Vollant de branche en branche, & moy tremblant de peur
Qu'en vollant ne rompiſt quelque fueillage tendre,
Comme trop fretillart, ie cours pour le ſurprendre,
Mais ſoudain il eſchappe, & ſous les grenadiers,
Tantoſt ſur les pauots, tantoſt ſous les roſiers,
Il s'eſcoule, & ſe gliſſe, ainſi que ſous la gerbe
Le perdriau tapi ſe deſrobe dans l'herbe.
I'ay couru mille fois apres des ieunes veaux
Qui ne faiſoient que naiſtre, & apres des cheureaux,
Mais ce garçon vrayment eſt bien toute autre choſe.
Doncques me trouuant las, ſur l'herbe me repoſe,
Comme vieil & recreu, regardant curieux
Qu'il ne ſe dérobaſt finement de mes yeux :
Sur vn murte il ſe branche, & de ſon aile peinte
Rebatoit les rameaux, mais moy ſurpris de crainte
Qu'il n'en froiſſaſt quelqu'vn, ie me courrouce à luy,
Luy demandant pourquoy dans le verger d'autruy
Venoit ſi priuément : luy ſans parolle dire
Entrouurit doucement vn delicat ſourire,
Me iettant ſur les yeux de ſa petite main
Du murte & de ces grains qu'il portoit dans ſon ſein.
Deuant cette douceur auſſi toſt ie demeure
Morne, triſte & penſif, & promptement ie meure,
Si ce ris delicat ne m'attendrit le cueur,
Me faiſant oublier la colere & la peur.

   Pere, dit cet enfant, cette tendre ieuneſſe
Que mon viſage porte, a trop plus de vieilleſſe
Et plus grand nombre d'ans que le pere des Dieux,
Que les flots de la mer, que la terre, & les cieux.
C'eſt moy qui rend du ciel les eſtoiles plus fieres,

Et du forçant deſtin les ailes plus legeres,
Et n'eus onc tel pouuoir ſur tes petits troupeaux
Que i'ay deſſus les feux des celeſtes flambeaux :
Tout ce qu'en l'vniuers la Nature meſnage,
C'eſt pour moy ſeulement qu'ell' baſtiſt ſon ouurage,
Par moy coullent les eaux, & les plus belles fleurs
Du parfum de mon chef empruntent leurs odeurs.
Mais dy moy, ie te pry, as tu point ſouuenance
D'auoir eu quelquefois de mon arc cognoiſſance?
Et qu'en gardant tes beufs ie te rendis heureux,
Alors qu'eſperdûment tu deuins amoureux
Des plus rares beautez d'vne gentille amie,
Au pié de cet ormeau enflant ta chalemie?
La ſaiſon eſtoit lors de te porter faueur,
Maintenant ie la dois à ce ieune paſteur,
A Tenot, mon ſouci, tu cognois bien ſon pere,
Ianot ce bon fleuteur, & Ianotte ſa mere :
Ie l'ay fait amoureux de Catin ſon ſouci,
Et la gente Catin de luy eſpriſe auſſi.
Va le dire à ſon pere, à fin qu'il les aſſemble,
Et d'vn eſtroit lien ces deux cœurs ioigne enſemble.
Car tel eſt mon vouloir, & tel celuy des dieux,
Cauſe que ſi ſouuent ie volle en ces bas lieux,
Puis ſi toſt qu'ay verſé la poiſon alteree
Bouillante en ces deux cueurs, d'vne aile bigarree
Pour lauer mon beau corps ie volle dans ces eaux :
Et pere, c'eſt pourquoy la ſource & les ruiſſeaux
N'en ſont iamais troublez, ains d'vne courſe nette
Vont eſpanchant touſiours leur onde argentelette.
L'herbe n'y eſt foulee, & les arbres fruitiers
En leur belle verdure y ſont touſiours entiers,
Puis le ciel tout benin de bon œil les regarde :
Car moy qui ſuis ſon fils les ay pris en ma garde.
En tout temps la lauande & la roſe y fleuriſt,
Les lis & les œillets, iamais rien n'y fleſtriſt,
Tout eſtant arroſé de la belle & claire onde
Où ie laue mon corps, corps le plus beau du monde.
   Ainſi parlant s'enuolle, & ſe perd de mes yeux :

Ton pere le sçait ia, il en est fort ioyeux,
Et dit qu'il te donra faisant le mariage
Vne paire de beufs propres au labourage,
Quatre rûches à miel, vingt piez d'arbres fruitiers,
Vn cuir de bonne vache à carreller souliers,
Douze formages gras, & toutes les annees
Vn veau prest à seurer, deux cheures affinees
Dessus tout le troupeau, aux premiers iours de l'an
Vn gasteau fait au beurre, & iauny de saffran.
 Le berger luy rend grace, & bien fort le supplie
D'en aduertir aussi le pere de s'amie.
Le vieillard luy promet, mais le vol ombrageux
Des ailes de la nuit les separa tous deux.

Voila ce que i'ay retiré de la tapisserie où estoyent rapportees au vray naturel ces belles & gentiles vendanges. De l'autre part c'estoyent bergeres en simple cotillon écheuelees, vn chapeau de fleurs en leur chef, qui dançoyent en rond sous vn grand orme, auec des bergers, tous si bien contrefaits qu'on eust iugé qu'ils sautassent tous à la cadence d'vn de la troupe qui sembloit chanter ceste chanson.

Faites-vous la sourde, Macee ?
 Voyez Combaut qui vient à vous,
 Pour rauoir ce que vostre œil doux
 Luy a tiré de la pensee.
Vous l'auez, & luy ne l'a plus,
 Voyez sa couleur iaune & fade,
 Et tout le reste si malade,
 Qu'il en est demeuré perclus.
M'amour, si vous voulez qu'il viue,
 Rendez luy tost, car vous l'auez :
 Regardez ses yeux tous cauez,
 Qui de viure n'ont plus d'enuie.
Ou le gardez, si vostre amour
 Souhaitte, cruelle, qu'il meure :

> Car en plus gentille demeure
> Ne ſçauroit faire ſon ſeiour.
> Il vous aime plus que l'Auette
> Au mois d'Auril n'aime les fleurs,
> Plus que le berger aux chaleurs
> L'ombre mollet de la coudrette.
> Il eſt brun, mais la terre brune
> Touſiours porte les beaux épics,
> Et parmi les ombreuſes nuits
> Il n'eſt clarté que de la Lune.
> Il n'eſt ny trop laid ny trop beau,
> Hier ie regarday ſa face
> Dedans la fontaine qui paſſe
> Contre le pié de cet ormeau.
> Il eſt riche aſſez pour vous deux,
> Et ſi n'a bien qu'il ne vous donne,
> Aymez-le ſeulement, mignonne,
> Mon Dieu il ſera trop heureux!
> Il a ia trois cochons de lait,
> Qui ſont ſous le ventre à leur mere,
> Et trois brebis auec le pere
> Qui nourriſſent vn aignelet.
> Touſiours il a dans ſa logette
> Du formage gras à foiſon,
> Et du lait en toute ſaiſon
> Auec la chaſtaigne mollette.
> Il ſçait le train du paſturage,
> Et ſçait la terre enſemencer,
> Et ſi ſçait auſſi bien dancer
> Que iouuenceau de ce village.
> Il vous aime plus que ſon cœur,
> Que tenez en priſon cruelle:
> Ne luy ſoyez donc plus rebelle,
> Et le prenez pour ſeruiteur.

De l'autre coſté ſe repreſente en plate peinture le ſuperbe appareil d'vn mariage, les dances, les feſtins, les magnificences, masques, mommeries, entreprises, courses, bastimens, salles, chiffres, deuises, comedies, tentes, iardinages, fueillees, friscades : & pour vous faire entendre le suget, ie vous descriray seulement vne broderie qui se voit sur la robe de l'espousee. C'est vn Apollon ieune, beau, auec sa grande perruque iaune comme fil d'or flottant sur ses espaules, ceinte d'vne couronne de laurier, vn surpelis delié & replié, deuallant iusques à mi-iambe, la lyre en la main, autour de luy les Graces & mille petits Amours, inuitant les Nymfes de la Seine & de la Meuse à chanter ce mariage : & commence ainsi.

EPITHALAME

DE MONSEIGNEVR LE DVC DE LORRAINE,

& de Madame Claude fille du tref-chrestien

Roy Henry II.

Nymfes qui vos tresses blondes
  Mignotez dessus les bors
  Des claires & belles ondes
  De la Seine aux plis retors,
  Si quelque flamme amoureuse
  Vous échaufe sous les eaux,
  Chantez les chastes flambeaux
  De cette Nuit bien-heureuse.
Nymfes, qui dessus la pree
  Ballez aux rais de la nuit
  D'vne danse mesuree
  Au doux murmure qui suit
  De Meuse les longues traces,
  Venez bien-heurer ce iour
  Et ce soir, en qui l'Amour

Fait luire toutes ses graces.
Accouple tes colombelles,
  Gente Venus, à ton char,
Dont les deux rouës iumelles,
  Le limon, & le branquar
Sont d'or, les cloux, & les boucles
  D'vn bel yuoire Indien,
  Et de roses le lien
Qui tient la bride & les couples.
Branle ton aile emaillee
  D'escailles d'vn fin azur,
Amour, & pren ta volee
  Auec Ieunesse ta sœur,
  Puis à gaillardes secousses
  Allume d'vn petit vent
  Le feu qui se va couuant
Dedans le fond de tes trousses.
Et toy, qui la fleur premiere
  De la vierge à l'œil honteux,
Rauis du sein de la mere,
  Pour la mettre entre les feux
  D'vne ieunesse inhumaine,
  Hymen, chante moy des vers,
  Ayant les cheueux couuers
D'vne franche mariolaine.
Serre ta robe ondoyante
  D'vn long repli blanchissant,
Et d'vne agraphe mordante
  Ton brodequin iaunissant :
  Vien, que plus ne te retienne
  Le sommet Parnasien,
  Ny le rocher Thespien,
Ny la grotte Aonienne.
Et toy Ciel, que l'on respande
  Par l'air vn fleuue d'odeurs,
Vne moisson de lauande,
  De lis, de roses, de fleurs,
  Tant que la terre enyuree

Du Nectar de ces presens
Tousiours grosse d'vn printems,
Face vne saison doree.
Car la belle & douce flamme
De Vesper, qui brille aux cieux,
Ce beau soir deux cœurs enflamme
Du mesme feu, que les Dieux
Allument dans leur poitrine,
Et du mesme, qui coula
Des yeux d'Adon, & brusla
Le tendre cœur de Cyprine.
Nymfes des eaux citoyennes,
Nymfettes aux beaux talons,
Aux gorges musiciennes,
Dansez dessus vos sablons,
Pour honorer la iournee
Que ce beau Prince Lorrain
Echaufera dans son sein
Vne beauté si bien nee.

CHANT DES NYMFES

DE LA MEVSE.

Quand le Soleil se reueille
Dorant le Ciel d'vn beau iour,
Ou quand au soir il sommeille
Vers son humide seiour,
Oeilladant la terre basse
Des rayons de son flambeau,
Il ne voit rien de si beau,
Que mon Prince ne surpasse.

HYMEN HYMEN HYMENEE,
HYMEN HYMEN HYMENEE.

C'est luy, qui ma course humide
Pousse en la corne du Rhin,

C'est luy qui lâche & qui bride
Mon cours au flot argentin :
Par luy de gloire i'abonde,
C'est luy qui braue me fait,
Par luy mon peuple muet
Court librement deſſous l'onde.
  HYMEN.

C'est luy, qui dés ſon enfance
Chargea ſa petite main
Du peſant faix de la lance
Aupres du fleuue Germain,
Trouuant le ſort tant proſpere,
Que ſous la chaude fureur
De Mars, receut en faueur
Vn Iupiter pour ſon pere.
  HYMEN.

Vn Iupiter, que la France
Doit cherir comme ſes yeux,
Luy, ſa race, & la puiſſance
De ſon bras victorieux :
Tant ceſte bonté royale,
Bonne, s'eſtend deſſus nous,
Que la terre en ſes deux bouts
N'en voit d'autre qui l'égale.
  HYMEN.

Comme la pointe orgueilleuſe
Des rochers hautement grands,
De la riue poiſſonneuſe
Surpaſſe les petits flancs :
Ou comme la cheueleure
D'vn cyprés, ou d'vn ſapin,
Surpaſſe du bois voiſin
La courbe & baſſe rameure.
  HYMEN.

Ainſi la braue hauteſſe
Du Prince qui m'eſt ſi doux,

La beauté, la gentillesse,
S'eleuent par dessus tous :
Du Prince que tant i'honore,
Que i'aime, & duquel encor
Le menton d'vn crespe d'or
A peine à peine se dore.

HYMEN.

CHANT DES NYMFES

DE LA SEINE.

Comme la corne argentine
De la Lune en son croissant,
Belle & disposte chemine
Sous le voile brunissant
Parmy la gemmeuse presse
Des autres feux qu'elle suit :
Ainsi la grace reluit
Des beautez de ma Princesse.

HYMEN.

Ce ne sont que fleurs écloses
Sur son ieune & tendre sein,
Ses leures ne sont que roses,
Qu'yuoire sa blanche main,
Ses dents petites perlettes,
Ses yeux deux astres iumeaux
Où mille & mille amoureaux
Trempent de miel leurs sagettes.

HYMEN.

C'est vne douceur benine
Son ris, & sa bouche aussi,
C'est vne voûte ebenine
Le croissant de son sourci :

Elle retient de son pere
Le port & la maiesté,
Les vertus & la bonté
Et les graces de sa mere.
  HYMEN.

Et comme la branche tendre,
 Qui prend racine du bas
Du laurier, se veut estendre
 Et croistre ses petits bras,
Et rien que le ciel n'aspire,
 Monstrant son sein verdoyant,
Et son beau corps ondoyant
 Aux doux soupirs de Zephyre.
  HYMEN.

Ou comme la grace belle
 D'vn bouton à demi-clos
Monstre sa robe nouuelle,
 Et son pourpre au fond enclos,
Ne luy restant que l'attente
 Des rayons d'vn beau Soleil,
Pour espandre le vermeil
 De sa beauté rougissante.
  HYMEN.

Tout ainsi vient en croissance
 Ceste vierge, qui de soy
Ia porte assez d'asseurance
 Qu'elle est fille d'vn grand Roy,
Sans plus reste vne rosee,
 Ou quelque douce chaleur,
Pour faire épanir la fleur
 De sa ieunesse espousee.
  HYMEN

LES NYMFES

DE LA MEVSE.

Ie voy le Soleil qui lance
  Defia fes rais dans les eaux,
Ie voy la nuit qui s'auance
  D'allumer fes clairs flambeaux,
Ie la voy qu'elle s'apprefte
  De faire luire le feu
  De Vefper, qui peu à peu
Ia nous découure fa tefte.

HYMEN.

LES NYMFES

DE LA SEINE.

Ie voy defia la nuit fombre
  Qui fur la terre fe pand,
Ie voy l'épais de fon ombre
  Qui ia par l'air fe répand :
Vien donc, l'heure eft opportune,
  O nuit, & fi tu reçois
  Les doux accens de ma voix
Monftre nous ta face brune.

HYMEN.

Or fus, la nuit eft ia clofe,
  L'auantcourriere eft au ciel,
Sur cefte bouche déclofe
  Il vous faut cueillir le miel,
Il vous faut doucement ioindre
  A ce tetin nouuelet,

Comme vn bouton verdelet
Qui ne fait ores que poindre.
HYMEN.

Comme la branche tortiſſe
De la vigne aux verds rameaux,
Se pend, ſe colle, & ſe pliſſe
Aux bras des ieunes ormeaux :
Ou comme alors que fleuronne
La Terre aux rais d'vn beau iour,
Les pigeons ſe font l'amour
De leur bouchette mignonne.
HYMEN.

Ainſi l'Eſtoile qui guide
Les petits Amours dorez,
Auec Hymen qui preſide
A ces feſtins honorez,
Vous appelle & vous conuie
Tous deux au col vous ſaiſir,
Pour ſauourer le plaiſir
Le plus doux de noſtre vie.
HYMEN.

Sus donc auant, que lon ſorte,
Pages, oſtez la clairté :
Nymfes, qu'on ſerre la porte,
Or ſus c'eſt aſſez chanté.
Prenez la ceinture belle
Que vous portez ſur le flanc,
Et ſerrez l'Iuoire blanc
De ceſte Eſpouſe nouuelle.
HYMEN.

Voſtre ceinture où les Graces
Sont empraintes à l'entour,
Et les plaiſantes fallaces
Du cruel enfant Amour,
Voſtre ceinture, où ſont miſes

Les amorces & les traits,
Et les amoureux attraits
De cent & cent mignardises.

HYMEN.

La boucle est d'or, estofee
De fleches, & d'vn carquois,
Et l'entour est d'vn trofeé
Lacé de deux arcs Turquois :
Les bouts sont faits d'vne pointe,
Qui porte vn nouueau croissant,
D'vn lierre verdissant
Autour de ses flancs estreinte.

HYMEN.

A tant les Nymfes sacrees,
Les Nymfettes aux yeux verds,
De leurs bouchettes sucrees
Au lict chanterent ces vers;
Prenant la boucle fatale
De leur belle & blanche main,
La bouclerent sous le sein
De ceste Nymfe Royale.

HYMEN.

Couple d'amans amiable,
Que puissiez-vous sans ennuis
D'vne amitié perdurable
Passer les iours & les nuits,
Sans que iamais ny l'Enuie,
Ny le Soin, ny le Courrous
Roüille ses yeux dessus vous,
Pour tourmenter vostre vie.

HYMEN.

Dieux, faites que de leur race
Puisse naistre vn enfant beau,
Au front qui porte la grace
Du pere dés le berceau,

Et qui de beauté resemble,
A la mere, & de pouuoir
A ce Roy qui s'eſt fait voir
Egal à vous tous enſemble.
   HYMEN.

Voyla à peu pres vne partie de la tapiſſerie de ceſte chambre que ie vous ay bien voulu deſcrire, d'autant qu'elle eſt rare & fort exquiſe. Ceſte chambre eſt pleine de petits oiſeaux, non pas peints ou contrefaits, mais viuans, & branlans l'aile. On voit les vns becqueter vne touffe de guis verdoyant, ſemé de petits grains, comme de petites perlettes, les autres des chardons heriſſez, les autres voleter par dedans les barreaux de la voliere qui regarde ſur la terrace, les autres emporter ſoigneuſement de leur petit bec crochu, les cheueux perdus & tombez du chef de ces bergeres, pour baſtir & façonner leurs nids, où ils ponnent & couuent leurs œufs, & nourriſſent leurs petits. Et croy que c'eſt là qu'Amour couue ſes Amoureaux changez & transformez en ces petits oiſillons, compagnons du labeur de ces bergeres, & fideles ſecretaires de leurs plus ſecrettes penſees. Entre autres ie vey vn Serin tellement appriuoiſé, qu'il venoit dérober les petites miettes de pain broyees & froiſſees entre les doigs mignards de l'vne de ces filles, pour porter la bechee à ſes petits, pepians & ouurans le bec marqueté, & frangé d'vne trace iauniſſante ſur les bords, comme d'vn petit ourlet de ſatin iaune, ou d'vn petit paſſement peint de ſaffran : les autres font leur retraite ordinaire dedans le ſein de ceſte compagnie, auſſi priuément comme dedans leurs aires, puis tremouſſant leurs ailes bigarrees autour de leurs gorges ſe pendillent ſur le poil qui ſe heriſſe ſur leur col, becquetant le bout de leurs aiguilles diligentes, comme ſi c'eſtoit vn petit ver. Entre autres ie vey vne Calandre qui semble estre à gages pour mettre en train ces petits oiseaux à chanter leur ramage, les contrefaisant l'vn apres l'autre, comme si elle estoit la mere à tous. Or en ceste chambre, mais plustost printemps perpetuel, la paresse engourdie, ny l'oysiueté n'y habitent iamais : Car ces bergeres y trauaillent sans cesse, l'vne apres le labeur industrieux de quelque gentil ouurage de broderie, l'autre apres vn lassis de fil retors, ou de fil de soye de couleur, à grosses mailles, & mailles menues, & croy pour seruir de rets & de pantiere à surprendre & empestrer les yeux, ou le cœur de quelque langoureux berger : l'autre à filer la destinee de son amant desesperé, tournant de ses doigts mignars le fuzeau, vuidant & deuidant son fil de bonne grace. Entre autres y en auoit vne qui faisoit vn bouquet de marjolaine, de roses, de giroflee, de serpolet, & de pouliot, & me souuient que l'ayant donné à vn certain berger, il la remercia en ceste façon parlant de ce bouquet.

Ie l'ay tousiours bien dit, qu'Amour baissant les æles
   S'estoit mis à couuert sous quelque belle fleur
   De ce bouquet mignon, pour échaufer le cœur
   De quelque langoureux de ses flammes cruelles.
Car en voulant tirer de ses roses nouuelles
   Pour refraichir mes sens, quelque gentille odeur,
   I'ay tiré malheureux vne si viue ardeur,
   Que ie la sens couler iusques dans mes mouelles.
Cent fois pour éprouuer ce miracle nouueau,
   L'ay mis au vent, à l'air, & plongé dedans l'eau,
   Pour esteindre le feu qui le faisoit esprendre :
Mais l'eau, le vent, & l'air, se meslant par les fleurs,
   Eschangez en soupirs, peines, pensers, & pleurs,
   Ont mis peines, pensers, fleurs & soupirs en cendre.

Ie vous asseure que celle-la monstroit bien à son visage, à son parler, & à ses façons gentilles, qu'elle estoit de quelque grand lieu, & quant à ses beautez, Ha Muses filles de Iupiter, qui favorisez les sainctes emprises de ceux qui par leur pinceau immortel portent tesmoignage à la posterité des beautez, autrement perissables & enseuelies sous silence perpetuel, faites moy, Muses, ceste grace, que ie les puisse grossement ébaucher, à fin qu'apres ces premiers traits, quelque meilleur peintre que moy vienne à leur donner la derniere main, & les rehausser des couleurs qui luy sont deuës : seulement ie diray que les tresses de ces cheueux à couleur de chastaigne, retroussez & cordonnez autour de son visage, ce sont les retraittes où Amour dresse les embusches & les surprises contre les cueurs de ceux qui s'amusent à les contempler : & le vray magazin où il se fournist de liens & de cordage, pour equiper son nauire, à fin de les ietter en haute mer. Il me souuient qu'vn berger de bonne grace, & de bonne race, en deuint chastement & tellement amoureux, qu'il en perdoit tout sentiment, dormant ou veillant, absent ou present, il ne songeoit qu'en elle, brief tous ses pensers ne tendoyent qu'à ce but : ie vous diray quelques sonnets qu'il me donna sur ce suget, parlant à ses pensers.

Hà pensers trop pensez, donnez quelque repos,
  Quelque trefue à mon ame, & d'esperances vaines
  Fauorisez au moins mes emprises hautaines,
  Et me faites changer quelquefois de propos!
Vous sucez à longs traits la mouelle de mes os,
  Vous me sechez les nerfs, le poulmon & les veines,
  Vous m'alterez le sang, & d'vn monde de peines
  Fertile renaissant, vous me chargez le dos.

Si ie suis à cheual vous vous iettez en croupe,
Si ie vogue sur mer vous estes sur la poupe,
Si ie vay par les champs vous talonnez mes pas.
Hà pensers trop pensez, si vous n'auez enuie
De me laisser gouster les douceurs de la vie,
Auancez ie vous pry l'heure de mon trespas.

Cent fois le iour ie rebaise la main
Follatrement qui dedans l'eau glissante
Toucha de pres ta cuisse blanchissante,
Ton pied mignard, ta gréue & ton beau sein :
Cent & cent fois ie pri Dieu, mais en vain,
Et les saincts feux de la nuit brunissante,
Me faire voir ta tresse blondissante,
Tes yeux, ta bouche, & ton visage plein.
Si i'ay cet heur de les reuoir encore
Ie chanteray les beautez que i'adore,
Et les honneurs d'vn si braue suget :
Mais les voyant ma veüe est éblouye,
Ie pers le sens, la raison & l'ouye
Par les rayons d'vn si gentil obiet.

Or ie me suis affranchy de prison,
Où me tenoit cruellement en serre
L'enfant Amour, ie vay libre sur terre
Sauué des flots, & repris ma raison :
I'ay de mes yeux estrangé la poison
Glissant au cœur qui le tue & l'enferre,
I'ay trouué paix, & repoussé la guerre,
Et sous la cendre étoufé le tison :
Reste vne humeur bouillante dans mes veines,
Qui fait renaistre en moy nouuelles peines,
Opiniastre, & reuerdir mes maux,
Ainsi qu'on void vne souche esbranchee
A fleur de terre, & ia presque sechee
Armer ses flancs de reiettons nouueaux.

Ie ne voy rien qui ne me refigure
 Ce front, cet œil, ce cheueu iauniſſant,
 Et ce tetin en bouton finiſſant,
 Bouton de roſe encor en ſa verdure.
Son beau ſourci eſt la iuſte vouture
 D'vn arc Turquois, & le rayon iſſant
 Du poinct du iour eſt ſon œil languiſſant,
 Son ſein, le ſein qui ſurpaſſe nature.
Quand i'oy le bruit des argentins ruiſſeaux
 Ie penſe ouir mille diſcours nouueaux,
 Qu'Amour compoſe en ſa bouche de baſme.
Si c'eſt vn vent, il me fait ſouuenir
 De la douceur d'vn amoureux ſoupir,
 En ſoupirant qui me vient piller l'ame.

Hà deplaiſans plaiſirs, hà trop aigres douceurs,
 Aigres douceurs vrayment qui les cueurs empoiſonnent,
 Trop deplaiſans plaiſirs rigoureux qui ne donnent
 Pour tout contentement, qu'vn monde de malheurs !
La cauſe c'eſt Amour, qui ſous feintes faueurs
 Ouure les libertez, qui ſerfs nous empriſonnent,
 Nous deliure entre amis, qui traiſtres nous rançonnent,
 Pour nous faire ſentir ſes cruelles rigueurs.
Tout ainſi que l'on voit les Pardes affamees,
 A la ſuaue douceur des odeurs parfumees
 Qui ſortent de leur peau, attirer apres ſoy
Les animaux deceuz, pour en faire leur proye :
 Tout ainſi ce cruel affamé me deſuoye
 Par ne ſçay quels appas, pour ſe paiſtre de moy.

Pour tout iamais ie quitte l'eſperance
 Qui me paiſſoit d'vn amoureux deſir,
 Pour tout iamais ie quitte le plaiſir
 Que i'eſperois auoir pour recompanſe.

Plus ne me plaiſt vne vaine apparance,
Plus ie ne puis vne amitié choiſir,
Que celle-la, ſeule qui peut ſaiſir
Les dieux au ciel, tant elle a de puiſſance.
I'aime trop mieux ſouffrir cent cruautez,
Et de ſes yeux voir les rares beautez,
Que de iouïr de quelque autre rebelle.
Car plus me plaiſt de mourir malheureux
Sous ſa rigueur, que viure bienheureux
Sous la douceur d'vne autre moins cruelle.

Vœu à l'Amour.

Les fruits verſez du giron de l'Autonne,
Pour l'entretien de l'homme en ces bas lieux,
Sont conſacrez deuotement aux Dieux
Pour leur partage auant qu'on les moiſſonne :
Le laboureur leur pend vne couronne
D'épics creſtez : l'autre, deuotieux,
De raiſins noirs vn long tortis pampreux,
Treſſe à l'entour des flancs d'vne colonne.
Et moy, Amour, i'appendray les fruits meurs,
De mon printemps les plus belles chaleurs,
Aux piés ſacrez de ton image ſainte.
Pren-les, Amour, ne refuſe mon vœu,
Ils ſont à toy, ils viennent de ton creu,
Sans plus ils ſont arroſez de ma plainte.

Tu demandes, BAIF, qui eſt ce Souuenir,
Ce tant doux Souuenir qui cauſe mon martyre,
Pour lequel, amoureux, nuit & iour ie ſouſpire,
Et qui ſans ſouuenir me fait fol deuenir.
BAIF, ie te ſupply te vouloir contenir
De plus le demander, d'autant que ie deſire
Ton repos & le mien, contente toy d'en rire,
Sage de mon malheur pour le temps aduenir.

Car si le cognoissois, i'ay bien ceste asseurance
Que ce mien souuenir seroit la souuenance,
Possible à ton grand mal, de ta vieille langueur.
Donques contente toy, & plus ne m'importune,
A fin que la douleur entre nous deux commune,
Ne te face recheoir en ton premier malheur.

Hà bien heureux dormeur, dont la paupiere close
A deux boucles d'airain fait vn somme eternel
Sur le mont de Latmie, attendant que du ciel
La Deesse à l'œil brun doucement se dispose,
Segrette pour tirer dessus ta leure close,
Veufue de sentiment, vn baiser perennel,
Sans estre mal traitté sous le bras criminel
D'Amour, qui nuit & iour mille maus me propose.
En dormant tu reçois l'air doux de ses soupirs,
En dormant tu reçois mille & mille plaisirs
Sans trauailler en vain tes passions esteindre.
Ie vy, ie sens, ie sers, ie me plains & ie voy,
Mais las ie ne voy rien qui cause espoir en moy
De viure, de sentir, ny seruant de me plaindre.

L'autre commençoit ainsi.

Qui n'a veu quelquefois à la chaleur ardante
Les mouchettes à miel laisser leurs pauillons,
Et bruyantes par l'air à pointes d'aiguillons
Se choquer, se mesler d'vne fureur piquante :
L'Arondelle au trauers de famine beante,
Et d'ailes & de bec rompre leurs bataillons,
Puis les donner en proye aux legers tourbillons,
Apres cette gorgee en la troupe ondoyante :
Vienne voir mes pensers, mes soupirs & mon cueur,
Mes yeux & ma raison tombez en cet erreur,
Pesle-mesle exerçans vne guerre cruelle :

Quand Amour affamé pour se paistre y suruient,
  Frappant à coups de trait, tant que vainqueur deuient,
  Ainsi qu'à coups de bec la legere Arondelle.

De son front, qui n'a veu sous vn air doux & serain la belle face de Diane, errante par les carrieres du ciel, qu'il le regarde seulement, qu'il regarde vne table d'Iuoire, ou d'albâtre bien poly, où les Graces à l'enuy ont mis & graué leurs chiffres & deuises, pour marque memorable qu'elle doit vne fois paroistre l'vne des mieux nees & plus accomplies creatures, qui se voyent en ce monde vniuersel : ses yeux resembloient deux astres ou deux flambeaux du ciel, les rayons desquels vont éblouyssant tout homme qui s'en approche : le berger discourant auecques moy me fit cet honneur que de me descouurir ses passions, & parlant des yeux de sa maitresse disoit ainsi. Hà trop beaux & trop clair-voyans yeux, seure demeure & vray seiour de ce petit affronteur Amour, la forge & l'affinoir où il forge, trempe & assere ses sagettes: yeux qui donnez le vent & l'air aux ailes amoureuses de mes pensees, les leuant de terre pour les tirer à la contemplation des choses celestes, & admirer ses vertus, & si la peur ou l'affection ne moderoit quelque peu l'ardeur qui me consomme, ou ne glaçoit mon sang alteré & épars dedans mes veines, ie mourrois de mort soudaine, toutefois douce & desiree, pour l'enuie que i'ay de mettre fin à mes peines langoureuses. Et quoy, ouurant ses yeux largement fendus, & grossissans à fleur de teste, il me semble qu'elle promette quelque beau iour? Comme le Soleil apres vn noir & fascheux orage vient à rompre de ses rayons la brune espaisseur de la nuë : ainsi, vn seul trait de ses yeux languissans rend serain & esclaircit la cruelle tempeste, que sa façon rude & farouche fait naistre & sourdre dedans mon cœur. Il me recita de mefme haleine vn Sonnet qu'il auoit faict fur ces beaux yeux, & commençoit.

Yeux, non pas yeux, mais celeftes flambeaux,
 Seurs gardiens & guides de mon ame,
 Qui déguifez la plus heureufe trame
 De mes beaux iours en cent tourmens nouueaux.
Yeux que ie voy, foit que les aftres beaux
 Dorent le ciel, foit que la fainte flame
 Du beau Soleil fa perruque renflame,
 Soit qu'il fe plonge au foir au fond des eaux.
Donques, beaux Yeux, fi vous auez enuie
 De furuenir au fecours de ma vie,
 Iettez fur moy quelque trait d'amitié :
Ou me trouuez dedans vous quelque place
 Pour me guider au fentier de fa grace,
 Ou me niez du tout voftre pitié.

Ses ioüës eftoyent entre-meflees d'vn teint blanc & vermeil, femblables à vn fefton de rofes trempé dedans du lait, où les gracieux fous-ris, les douceurs, les faueurs, & les Graces auoyent creufé deux petites foffettes, arrondies & efgallement mifes. Or ayant ce bon heur que de la voir, i'euz redoublement d'aduenture : car ce Berger qui en eftoit paffionné, ne me cela rien de fon affection, me monftrant quelques Sonnets de fa façon, & les chanta fur le Luth fort gentiment. Le premier commençoit ainfi.

Amour eftant laffé de trainer par les cieux
 Son arc, fon feu, fes traits, & fon aile courriere,
 Son carquois, fon bandeau, promptement delibere
 De donner à fon dos quelque repos heureux.
Il voûte en deux fourcils fon arc deffus vos yeux,
 Il rend à voftre cœur fa flamme prifonniere,
 Au rayon de vos yeux fa fagette meurdriere,
 Ses ailes il les pend à vos crefpez cheueux.

Il cache son carquois sous l'enfleure iumelle
  De ce marbre abouty d'vne fraize nouuelle,
  De son voile couurant vostre visage beau :
Ainsi s'est desarmé, & en vous ont pour place
  L'arc, les feux & les traits, l'aile, trousse & bandeau,
  Le sourci, le cœur, l'œil, le poil, le sein, la face.

Vn desir trop ardant d'vn vol libre & hautain
  Iusques dedans le ciel me porte sur ses ailes,
  Mais approchant trop pres des flammes immortelles
Il brusle son plumage & trebuche soudain.
Son vol pourtant ne cesse, ains trouue vn nouueau train,
  Et ratache à son dos plumes toutes nouuelles :
  Il reuole, il retombe, ainsi sont eternelles
Les peines que ie sens & que ie souffre en vain.
Car volant mon desir, ma peine ne s'enuolle,
  Et tombant il ne tombe, ains plus ferme se colle
  Et s'attache à mes nerfs : & d'autant que ce feu
Qui brusle son plumage, est plus celeste encore
  Que celuy d'ici bas, coup à coup me deuore,
  Et me bruslant tousiours ie languis peu à peu.

Ce pauure Berger estoit tellement passionné, qu'à peine me pouuoit reciter ces beaux vers, s'estimant heureux de m'auoir rencontré pour descharger son cœur, & moy pareillement d'entendre les discours d'vn si gentil esprit : il disoit à tous propos, O terrace, prez, monts, iardins & bois, fidelles secretaires & seurs tesmoins de mes flammes, combien de fois auez-vous receu mes souspirs trenchans dedans vostre branchage espais, appellant la Mort, ou l'Amour, à mon secours ? Hà condition fascheuse, & trop estrange aduenture ! le demeurer me martyre, & le fuir me passionne : l'esperance me guide, & le desespoir destrousse mes entreprises : la presence me desespere, & l'absence me fait esperer : ma petitesse m'eleue, & sa hautesse amoindrist mon affection : le malheur qui plus me presse est celuy duquel ie desire plus l'accroissement, ce qui plus me plaist est ce qui plus me cause de desplaisir :

> *Et bref c'est vne chose estrange*
> *Qu'il semble qu'vn contraire eschange*
> *De plaisir ou de passion,*
> *Nous punisse par le contraire*
> *Du bon-heur qui nous vient attraire*
> *A suyure nostre affection.*
> *Il semble que nostre poursuitte*
> *Ne soit seulement qu'vne fuitte*
> *Du bien que plus nous poursuyons :*
> *Ce qu'aimons plus, plus nous trauaille*
> *Pour nous remettre à la tenaille*
> *De cela que plus nous fuyons.*
> *Comme celuy qui se propose*
> *De n'auoir iamais autre chose*
> *Dedans la bouche que l'honneur,*
> *Rien qu'entreprises glorieuses,*
> *Plus souuent s'escoulent venteuses,*
> *S'honorant de son deshonneur.*

Mais, las ! trop importun souuenir, pourquoy me tires-tu hors du sentier pour me faire fouruoyer, & confesser ce que plus ie veux taire ? & descouurir ce que plus ay volonté de celer ? permets aumoins que ie soupire où le desir me poind, ou me laisse mourir : car asseure toy

> *Qu'approchant ses beautez ie ne voy qu'vne peur,*
> *Qui soudain vient saisir mon ame languissante :*
> *D'autre costé ie sens vne frayeur glissante*
> *D'vn facheux desespoir qui me tient en erreur.*
> *L'Esperance à son tour m'enyure de douceur,*
> *Et me faisant aimer le mal qui me tourmente,*
> *A son dos est la Mort qui le trait me presente :*
> *Mais voulant mettre fin par elle à mon malheur,*

La Peur me rend vaillant, du Defefpoir i'efpere,
  Et le feul Efperer fait que ie defefpere :
  La Mort me donne vie, & fuis en cet effort
Vaincu, defefperé, efperant, & fans vie :
  A telles paffions ont mon ame afferuie
  La Peur, le Defefpoir, l'Efperance & la Mort.

Puis foufpirant difoit : Mon amy, puis que i'ay commencé à vous difcourir des beautez de ma maiftreffe, ie vous diray

Qu'Amour voulant forger, dorer, tremper, & ceindre
  Les fagettes de feu, quand il eft enuieux
  De donner vn beau coup d'vn trait qui vole mieux,
  Et qui deffus vn cœur puiffe mieux mordre & poindre :
Il tire de fon cœur le fer pour le contraindre,
  Et le battre au marteau, l'or fin de fes cheueux,
  Pour le bien affiner le trempe dans fes yeux,
  Et prend pour l'amorcer de fes graces la moindre.
Il eftime ce trait plus cruel que les fiens,
  Ores qu'ils foyent forgez des marteaux Lemniens.
  A mon dam ie le fçay : car à la feule trace
De ce trait rigoureux en moy i'ay recogneu
  Du cœur & des cheueux, des yeux & de la grace,
  La puiffance du fer, l'or, la trempe, & le feu.

Plus ie vous diray que le lait cailloté fur la ionchee, n'a le teint fi frais ne fi douillet que fa gorge : elle eft longuette, graffette, & marquee de deux petits plis fous le menton : elle eft fi blanche que rien ne le peut eftre plus, & femble qu'Amour l'ait choifie pour luy feruir de colonne, pour pendre les defpouilles qu'il va butinant fur les hommes. Cefte gorge finift en vn fein large, blanchiffant, fans monftrer ny mufcle, ny iointure, ny apparence d'os. Ce beau fein, fiege de la Chafteté, fe renfle en deux petites montagnettes, taillees à demi-boffe, abouties d'vne petite fraizette rougissante au milieu, tirant & repoussant mille souspirs mignards d'vne iuste cadence, ainsi qu'on voit les petits flots sur la gréue de la mer, se renfler & s'estendre sous la contrainte d'vn petit vent mollet. La taille belle, la façon gentille, de bonne grace, bien nourrie, bien apprise, de bonne nature, & de bonne maison : Et loue Dieu (disoit-il en souspirant) de mon malheur, pour n'auoir descouuert autres beautez que celles que chacun voit : car si ce qui paroist me rend malheureux, combien ce thresor recelé pourroit redoubler de souhaits, & multiplier de nouuelles affections en ma pauure ame ? ame qui ne sert que de curee perpetuelle à mes amoureux ennuis, acharnez dessus elle & alterez de son humeur, comme le gourmand Autour des entrailles renaissantes du miserable Promethee. Mais, Amour, tu me fais esgarer du sentier entrepris pour me precipiter au malheur qui plus me plaist. C'est toy qui es l'argousin de la galere, où ie traine la cadene comme vn forçat : c'est toy qui m'as dressé le piege pour me faire entre-tailler, puis à teste baissee trebûcher en ton erreur : c'est toy qui troubles mon sang, qui charmes & abuses mes yeux, faisant par là esgarer ma raison de pensers en pensers, pour vne qui n'a, & ne sçauroit auoir cognoissance du martyre que i'endure pour ses beautez. Ayant fini ces discours il tira vn papier de son sein, & me disant : Tenez, voyla le portrait de ma maistresse, que i'ay fait & tracé au pinceau, il n'y a que les premiers traits, mais tel qu'il est ie vous prie le regarder pour l'amour d'elle & de moy. C'estoit veritablement le portrait de sa maistresse assez legerement elabouré. Ie le vous liray. Il parle au Peintre, & commence ainsi.

Le Portrait de sa Maistresse.

Sus donc Peintre, sus donc auant,
Peintre gentil, Peintre sçauant,
A ce tableau, que l'on me trace
Au vif, le portrait & la grace
De ma maistresse que ie voy
Maintenant absente de moy,
Mais comme i'ay la souuenance
De ses beautez en son absence.
  Fay luy les cheueux houpelus,
Frizez, retors, blonds, crespelus,
Que simplement on entreuoye
Sans coeffe vn beau cordon de soye
De ses couleurs, pour voir partis
En grèue leurs anneaux tortis.
  Ou bien, si tu les veux espandre,
Laisse-les mollement descendre
Flotans en ondes librement
Sur son tetin mignonnement :
Mi-cachant la maiesté braue,
La douceur & la honte graue
De son front, ainsi que tu vois
De nuit par l'espaisseur d'vn bois,
Ou par le reply d'vne nuë
Rayonner la Lune cornuë :
Ou sous le pampre verdissant
Rougir le raisin pourprissant,
Et prendre couleur sous l'ombrage
De son frais & pampreux fueillage.
Et si ton art permet encor,
Fay, Peintre, que le crespe d'or
Qui ses beaux cheueux represente
En ce tableau, souefuement sente
La mesme odeur que font les siens,
Lors qu'en embûche tu t'y tiens,

Amour, pour vuider de ta trouffe
Mille morts tout d'vne fecouffe.

 Apres, fay luy le front poli,
Large, plain, fans ride, & fans pli :
Et qu'en poliffeure refponde
Au cryftal reglacé de l'onde
Dont l'hiuer aux cheueux rebours
A bridé la bouche & le cours.

 Mais fur tout garde moy la grace
Du fourcy, laiffant bonne efpace
Entre deux, fans les affembler,
Et qu'on les face refembler,
Et fi bien courber leur vouture,
Qu'ils trompent l'œil & la nature.
Car ie vueil qu'il femble vrayment
Qu'vn filet raré proprement
Y foit collé, dont l'apparance
Me porte figne d'affeurance,
Telle qu'Iris ceignant les cieux
La porte entre nous & les Dieux.

 Mais, mon Dieu, ie ne fçauroy feindre
De quel pinceau tu pourras peindre
Ses beaux yeux, dont les doux attraits
M'ont pris & dardé mille traits :
Et fi leur grace eft bien pourtraite,
Et leur force bien contre-faite,
Ie crain, las! que par ce tableau
Encor vn efcadron nouueau
Qui fort de l'œil qui me maiftrife,
Sorte pour redoubler ma prife.

 L'vn foit benin & gracieux,
L'autre felon & furieux :
L'vn trempé de la douce amorce
De Venus : l'autre de la force
Du Dieu guerrier, à fin auffi
Qu'eftans tous deux meflez ainfi,
Oeilladant le doux on efpere,
Et craignant l'autre, on defefpere.

Sans te mouuoir le nez traitis,
Trouffé, mignard, & non voûtis,
Dont le profil, & la iointure,
Imitent si bien la nature
Qu'on ne iuge autrement le trait
Estre sinon hors du portrait.
 A ceste iouë, auant qu'on trempe
Le pinceau, & que lon detrempe
D'autres couleurs, pour animer
Ce beau teint qui la fait aimer.
 Et pour au vif le contre-faire,
Sçais-tu, Peintre, qu'il te faut faire :
Il te faut mettre auec les lis
Des œillets fraischement cueillis,
Et meslier le tout ensemble :
Ou bien comme la rose tremble
Nageant deffus le lait caillé,
Tel & pareil soit émaillé
Son teint, & sa rougeur encore,
Telle que la porte l'Aurore.
 Mon Dieu, mon Dieu ie ne sçay plus
Où i'en suis, & quant au surplus,
Ie voy, Peintre, qu'il me faut taire :
Car ta main ne peut contre-faire
Le trop diuin enchantement
De sa bouche bien proprement :
Mais fay-la qu'elle me contente
Seulement, pour la douce attente
Que i'ay de baiser quelquefois
Celle qui me tient sous ses loix.
 Pein-la fraischement vermeillette,
Fort attrayante, vn peu groffette,
Bref, si bien la contrefaisant
Qu'elle deuise en se taisant :
Et qu'entre ses leures de rose
Cache la mignardise enclose,
Et le baiser, qu'elle donroit
Volontiers à qui la priroit.

Hà, Peintre, tu n'as rien encores
Acheué, si tu ne colores
Au vif ce menton fossetu,
Poli, grasselu, pommelu,
Frais, douillet, comme sur la branche
Au matin la Congnace franche
Rousoye en son coton nouueau
Par dessus sa iaunastre peau.

Hà, mon Dieu, quelle beauté rare
Ie voy, qui le Scythe barbare,
Et le plus cruel nourriçon
De Tygre, ou de roc enfançon,
Fléchiroit en la douce peine,
Tant elle est doucement humaine!

Mais, Peintre, pour mieux conceuoir
Ces beautez, & faire apparoir
Les traits hardis de ton ouurage,
Il te faut enter ton image,
Et le planter dessus vn col,
Où toutes les graces d'vn vol
Dressent leurs ailes ébranlees
En mille doucettes volees,
Et qu'à l'enuy facent deuoir
Ce rameux albâtre émouuoir :
Souspirant leurs douces haleines
Parmy l'entre-las de ses veines,
D'vn doux & mignard tremblement,
Comme on voit sous vn petit vent
Tremblotter l'herbe mi-panchee
Du pié passager non touchee :
Ou comme d'vn branle inegal,
L'aiguille enclose en vn crystal,
De pierre d'aimant animee,
Court apres l'Ourse enamouree.

Puis que ce col soit finissant
En vn sein large blanchissant,
Où la Chasteté presidente
Y soit chastement rougissante

Auec la Honte : mais i'ay peur
Que ton art dérobe l'honneur
De ces montagnes iumelettes,
De ces roses mignardelettes,
De cet albâtre souspirant,
De ce marbre qui va tirant
De ses flancs vne haleine douce
Qu'en tirant doucement repousse,
De sa cuisse, de ses genoux,
Comme ie croy, mollement doux,
De la plus grassette partie
De sa gréue au tour arrondie :
Car onques ie n'euz ce bon-heur
De les voir, ny ceste faueur
De baiser le voile qui semble
S'animer quand son tetin tremble.

Cache donc ces rares beautez,
Que dy-ie, las! mais cruautez,
Qui tiennent mon ame asseruie,
Troublant le repos de ma vie :
Cache-les d'vn accoustrement
D'vn crespe noir, si iustement
Que parmi sa simple vesture
Les flots de sa blanche charnure
On entre-voye, que les plis
Montrent les membres accomplis
En leur rondeur, & façon telle,
Que sous la grace naturelle
Soit aussi bien la maiesté
De son port, comme sa beauté :
A fin de parfaite la rendre,
Si bien qu'il n'y ait que reprendre.

Il suffit, Peintre, oste la main,
Oste, ie la voy tout à plain.
Ha, mon Dieu, ie la voy, c'est elle,
Et possible est que la cruelle
Par la peinture que ie voy
Parlera doucement à moy.

Ie ne fais doute que cefte trop longue chanfon vous aura ennuyez, mais fi ie l'euffe oubliee poffible vous en euffiez efté mal-contens. Ce berger n'euft mis fin à ces difcours, n'euft efté qu'en nous pourmenant fur la terrace qui regarde le feptentrion, nous aperceufmes vne troupe de bergeres, chacune portant fon ouurage, qui fe déroboit dedans vne foreft voyfine des murailles du chafteau, pour faire l'enceinte d'vne croupe de montagne qui eft en ce bois. Cefte route eft releuee en façon de terrace, pratiquee en rondeur, couuerte d'vne fueillee fi efpaiffe & fi toufue, que le Soleil en fa plus ardente chaleur ne fçauroit tranfpercer. Or cefte foreft eft celle mefme où Pan ce grand veneur, les Faunes, Satyres, Dryades, Hamadryades, & toutes les deïtez foreftieres ont accouftumé de faire leur retraitte. Elle eft partie de longues & larges routes, pour plus aifément, & auec plus de plaifir courir le cerf à force, le fanglier, & le cheureul. En quelques endroits y a des pauillons quarrez, faits & maffonnez exprés pour relayer, ou pour faire l'affemblee : Il y a de petits vallons au fond defquels coulent des fontaines fraifches & argentines, & petits ruiffeaux, pour refraifchir les meutes des chiens efchauffez, & le veneur alteré. Or ces bergeres prindrent leur place à l'ombre d'vn grand orme cheuelu, toutes trauaillant apres leur ouurage. Et parce qu'elles fçauoyent fort bien que ce berger faifoit l'amour à l'vne de leurs compagnes, auffi qu'il y auoit affez long temps qu'elles ne l'auoyent veu, l'appellent : luy me prie luy faire compagnie. Ie vous laiffe à penfer fi cela luy fuft agreable, de l'appeller & le prier, pour aller au lieu où il fe defiroit le plus. Apres les auoir baifees & fait la reuerence à toutes l'vne apres l'autre, il leur conte de fon voyage. Puis fe tournant dift à fon laquais qu'il luy baillaſt vn papier qu'il luy auoit donné en charge : il prend ce papier, & tire de petits pennaches bien iolis & en donne à toutes ces bergeres, leur diſant la bonne ſouuenance qu'il auoit eu d'elles, puis leur bailla vn petit eſcrit où eſtoyent ces petits vers.

Volez, pennaches bien-heureux,
Volez à ces cueurs amoureux,
Et ſaluez leur bonne grace :
Puis baiſant doucement leurs mains,
Faites tant que dedans leurs ſeins
Vous puiſſiez trouuer quelque place.
A fin que ſi l'Amour vainqueur
Leur pouuoit eſchauffer le cueur
De meſme feu dont il m'allume,
Vous puiſſiez pour les contenter
Gentillement les éuenter
Par le doux vent de voſtre plume.
Ne penſez ce preſent nouueau
Eſtre fait de plume d'oiſeau,
Amour de ſes plumes legeres
L'a fait pour ne voler iamais,
Laiſſant en vos mains deſormais
Toutes ſes ailes priſonnieres.
N'ayez donc crainte que l'Amour,
Qui ne ſouloit faire ſeiour
Icy comme oyſeau de paſſage,
Soit maintenant en liberté,
Puis que vous tenez arreſté
Le vol leger de ſon plumage.

Ces bergeres furent fort contentes de ces petites nouueautez : mais ayant donné place à ſes preſens, l'vne de la troupe luy diſt, Vous auez touſiours quelques gentilleſſes pour les Damoyſelles, mais ce n'eſt pas tout, nous fçauons toutes où tendent vos foufpirs : & quant à mon endroit, ie croy fermement qu'en fin Amour vous fera grace, vous faifant iouïr librement de l'heur que vous pretendez. Mais quoy? fi faut-il que vous nous appreniez quelque bonne chanfon, pendant que nous fommes icy de loifir, vous n'eftes iamais defgarny de telle marchandife, nous vous cognoiffons affez, puis il nous faut mefnager le temps, vous fçauez l'heure qu'il nous faut retourner. Vrayment, refpondit ce Berger, fi Dieu m'a departy quelques graces en cela que vous defirez, ie ferois de mauuaife nature, ingrat, & mal appris, fi aux prieres d'vne fi gentille & fi honorable compagnie ie refufois de vous le monftrer, pour vous donner contentement en ce que ie puis. Ie vous diray quelques Sonnets, & croy que vous ne doutez du fujet. Non, refpondirent ces Bergeres, ils feront de l'Amour. Lors ce Berger fe haulfant vn peu, & tournant les yeux vers celle qui le tenoit prifonnier dedans les fiens, commence ainfi.

Oeil, non pas œil, mais efclair qui foudroye
　Et va bruflant le rempart de mon cœur :
　Oeil qui s'eft fait de mon ame feigneur,
　La retenant pour en faire fa proye :
Oeil qui me fuit quelque part que ie foye,
　Me repaiffant quelquefois de douceur,
　Et quelquefois d'vne telle rigueur,
　Que tout confus hors de moy me renuoye.
Comme vn faucon pendu dedans les cieux
　Pour fes appas va pourfuyuant des yeux
　Le couleureau deffus l'herbe menue :
Ainfi l'efclair qui viuement reluit
　En fes beaux yeux, m'aguette & me pourfuit,
　Puis me leuant en fes rayons me tue.

* *Hé que ne suis-ie ou deſſus Erymanthe,*
  Ou ſur Rhodope, vn terme rendurci
  En corps de glace, ou d'Eme le ſourci
  Touſiours couuert de neige blanchiſſante?
Hé que ne suis-ie vne fleur languiſſante
  Deſſus l'eſpine, ou en bronze tranſi?
  Ou dans la mer vn roc à la merci
  Des vents mutins, abois de la tourmente?
Sans ſentiment & ſans affection,
  Veuf de pouuoir, & franc de paſſion
  Ie ne craindroy la cruauté de celle
Qui tient mon cœur eſclaue tellement,
  Qu'il n'oſe pas dérober ſeulement,
  La liberté de ſouſpirer pres d'elle.

Il eſtoit nuit, & la trace cornuë
  D'vn beau croiſſant erroit parmi les cieux,
  Et peu à peu ſe montroit à nos yeux
  De petits feux vne troupe menue :
Quand i'auiſay vne Nymfe cogneuë
  Non des mortels, ains ſeulement des Dieux,
  Mais làs! Amour de mon aiſe enuieux,
  Pour m'aueugler cent & cent traits me rue..
Si l'auiſay-ie au bord d'vne claire onde,
  Qui mignotoit ſa cheuelure blonde
  Autour d'vn front de benine douceur,
Montrant à nud vne charnure blanche,
  Vn ſein d'iuoire, vne gorge, vne hanche,
  Mais vn œil las! qui me fiſt playe au cueur.

Plus ſoupire mon cœur, plus de ſoupirs nouueaux
  S'enflent dans ma poitrine, & plus mon œil lamente
  Plus ie ſens de mes pleurs que la ſource s'augmente,
  Et que de mes deux yeus renaiſſent deux ruiſſeaux.

Plus ie penfe adoucir de ces aftres iumeaux
  La fiere cruauté, plus la fens violente :
  Plus ie tais ma douleur plus fe montre apparante,
Plus i'appaife mon mal, plus ie fens de trauaux.
En tel erreur ie fuis, que la troupe Belide
  Qui fe trauaille en vain de recombler le vuide
  D'vn tonneau pertuifé, ou que ce criminel
Qui tourmente fon marbre, ou que ce miferable
  Larron du feu celefte, à l'homme non traitable,
  Qui repaift vn Vautour de fon foye eternel.

  Cet œil de Mars, cet œil tel que i'aimois,
    Alloit bruflant mon ame en telle forte
    Que le regret de l'efperance morte
    Me fait la mort fouhaiter mille fois.
  Ce port diuin, & cette douce vois,
    Ce dous maintien, & cette grace accorte,
    Me tenoit pris d'vne chaifne fi forte
    Que m'affranchir libre ie ne pouuois :
  La Mort le fit, mais Amour ayant crainte
    De voir en moy totalement eftainte
    L'affection, il rallume ce feu
  Ia languiffant, & de nouuelle amorce
    Il paift mon cœur, luy redonnant fa force,
    Et de la chaifne il fait vn nouueau neu.

  Heureufe nuit qui d'vne douce œillade
    Me careffas, quand au coulant d'vne eau
    Ie vey d'Amour reluire le flambeau,
    Dont fus épris, & tout foudain malade.
  Mon Dieu c'eftoit vne belle Naiade
    Qui m'attira de fon vifage beau,
    Puis me dreffa vn peril fi nouueau,
    Que ie tombay foudain en l'embufcade!

Que n'estiez-vous, Nymfes aux beaux talons,
A mon secours, quand dessus vos sablons
Tant de beautez en rocher me changerent ?
Hà ie sçay bien, les Tritons dépitez
Voyant pres d'eux tant de diuinitez,
Tous vergongneux dessous l'eau se plongerent.

Ie voy dessus le port vne lumiere belle
Se mourir peu à peu, ie voy vn vent mutin
Ia menacer le voile, & i'oy l'oyseau marin
Appeller importun la tempeste cruelle :
Le mas & le timon de ma fraisle nacelle
Est ia vieil & cassé, & le cruel destin
Va forçant mon voyage, à si mauuaise fin
Que de peur le nocher en fremist & chancelle.
Desia deux ou trois fois il s'est sauué des flots
Courroucez contre luy, il en a sur le dos
Encore vn souuenir qui meschant l'importune :
Ie m'asseure pourtant que si ces astres beaux
Vos yeux, dessus le port luy seruent de flambeaux,
Qu'à peine de naufrage il recourra fortune.

Hà Barquerol mille fois plus heureux
Que moy chetif, que la fortune vire
De çà de là, sans secours de nauire,
Et dans cett' eau qui peris langoureux :
Tu vas, tu viens, tu cours auantureux,
Cherchant fortune où le vent te retire :
Mais moy ie suis en estrange martyre
Emprisonné dans ces flots amoureux.
Dieux ! ie pensois que ce ne fust qu'vn songe
D'auoir pensé qu'Amour se mist au plonge,
Pour faire ardoir les Nymfes dessous l'eau :
Mais ie sçay bien, & à ma perte grande,
Comme sa main dessous l'onde commande,
Et ce qu'y peut son amoureux flambeau.

Dieux de la Seine aux verdoyans rouſeaux,
    A dos courbé ſur l'arene menue
    Qui preſurez d'vne barbe chenue
    Sur voſtre ſein mille petits ruiſſeaux :
Prenez pitié de deux Tritons noueaux
    Qui vont traçant vne trace inconnue,
    Pour retrouuer vne Deeſſe nue
    Qui dans ſes yeux porte deux aſtres beaux.
Si la pitié loge dedans vos cœurs,
    Deſtournez-les de ces vagues erreurs,
    Et les guidez ſur le port d'aſſeurance,
Puis vous gardez vous meſmes d'eſtre pris :
    Car ſes beaux yeux ont quelquefois épris
    Vn qui ſur vous auoit toute puiſſance.

Tu n'eſtois pas ceſte barque parlante
    Qui conduiſoit la troupe de Iaſon,
    Pour conqueſter la Colchique toiſon,
    A friʒons d'or iuſqu'en terre pendante.
Tu n'eſtois pas ceſte barque volante,
    Qui découurit l'amoureuſe poiſon
    D'vne Sirene, allumant le tiſon
    Au plus profond d'vne ame languiſſante :
Ny celle-la dont les palles nochers
    Furent changez en croupes de rochers,
    Rochers ſuiets aux pointes de la foudre :
Mais bien tu fus celle qui au ſouſler
    D'vn doux ſoupir, s'eſuanouit en l'air,
    Le bois en feu, & les nochers en poudre.

Ie n'auray iamais peur de foudre ny d'orage,
    Ny de noir tourbillon qui ſe braſſe dans l'air,
    Ie n'auray iamais peur des pointes de l'eſclair,
    Ny de la cruauté d'vn impiteux naufrage :

Puis que l'enfant Amour m'a sauué de la rage
   Et des vents & des flots dessus la haute mer,
   Puis qu'il n'a dédaigné luymesme de ramer
   Mon nauire sans mas, sans voile & sans cordage.
Il en est le pilote, & de ses ailerons
   Il arme de ma nef les deux flancs d'auirons,
   Il dresse pour le mas la mieux volante vire,
Pour hune son carquois, pour voile son bandeau,
   Et pour l'astre besson son amoureux flambeau,
   Hé qui voudroit (ô Dieux!) combatre mon nauire?

   Ie baise & baise & rebaise cent fois
     Cent fois le iour ceste chemise belle,
     Que me donna ma Nymfette cruelle
     Qui tient mon cœur esclaue sous ses loix :
Puis la baisant, d'vne plus humble voix
     Ie pry des Dieux la troupe non mortelle,
     Qu'ell' ne me soit comme on dit que fut celle
     Qui fit brusler le domteur d'Achelois.
Ie crain pourtant ma voix n'estre entendue,
     Mais bien plustost qu'elle volle espandue
     Auec le vent : car ie sens peu à peu
Croistre dans moy vne nouuelle flame,
     Qui fait, cruelle, vn fourneau de mon ame,
     Et de mon corps vn grand tizon de feu.

   T'esbahis-tu si de soupirs ardans
     Vn escadron s'eslance de ma bouche?
   T'esbahis-tu si ie reste vne souche,
     Deuant les yeux mille morts me dardans?
   T'esbahis-tu si de soucis mordans
     Vn vain espoir l'esperance me bouche?
   T'esbahis-tu s'vne œillade farouche
     Me va naurant le cœur iusqu'au dedans?

Dieux que ne peut la clairté languiſſante
 De ton œil brun deſſus mon ame errante,
 Pour ſe muſſer en quelque corps nouueau!
Et puis ta bouche, au flair de ſon haleine
 Vn glas, vn feu, vn roch, vne fontaine
 Forme de moy, qui ſoupire au tombeau.

Heureuſes fleurs, & vous herbes heureuſes
 Que ma maiſtreſſe en s'allant eſgayer
 Preſſe d'vn pié mignardement leger,
 En diſcourant ſes plaintes langoureuſes:
Heureux ruiſſeaux, & vous riues heureuſes,
 Qui la ſentez, bien-heureux le ſentier
 Où en marchant forme le pas entier,
 Dont mille fleurs renaiſſent amoureuſes.
Hà Seigneur Dieu que n'ay-ie ce plaiſir
 Que vous auez, ſans le pouuoir choiſir,
 I'en ſuis ialoux, & mon cœur s'en mutine.
Car ſi auiez quelque bon ſentiment,
 Vous ſçauriez bien que vous portez vrayment
 Sur voſtre email quelque charge diuine.

Pendant que voſtre main docte, gentille & belle,
 Va triant dextrement les odorantes fleurs
 De ces prez eſmaillez en cent & cent couleurs,
 Par le ſacré labeur de la troupe immortelle:
Gardez qu'Amour tapy ſous la robe nouuelle
 De quelque belle fleur, n'éuente ſes chaleurs,
 Et qu'au lieu de penſer amortir vos douleurs,
 D'vn petit trait de feu ne vous les renouuelle.
En recueillant des fleurs la fille d'Agenor
 Fut ſurpriſe d'Amour, & Proſerpine encor:
 L'vne fille de Roy, l'autre toute Deeſſe.

Il ne faut seulement que soufler vn bien peu
  Le charbon eschaufé, pour allumer vn feu,
  Duquel vous ne pourriez en fin estre maistresse.

Quiconque fut celuy qui premier mit des ælles
  Sur le dos de l'Amour, & en fist le portrait,
  Seulement son pinceau sçauoit peindre le trait
  Des petits papillons, ou bien des arondelles.
Mais s'il eust peint l'ardeur de ses flammes cruelles,
  La force de son arc, la rigueur de son trait,
  Son vol prompt & leger, au vif il eust portrait
  D'vn grand Dieu tel qu'il est, les forces non mortelles.
Hà Peintres ie vous pry vsez d'autre couleur,
  A fin de viuement animer sa rigueur,
  Et de ses traits aigus la cruelle pointure.
Vous l'auez peint trop doux, trop leger, & ie croy
  Si le portiez au cœur aussi pesant que moy,
  Que vous le changeriez en quelque autre figure.

Le souuenir du bien, est si tresgracieux
  Qu'il surpasse en plaisir mesme la iouissance,
  C'est luy qui du passé refigure l'absence,
  Bien-heurant le present, pour en paistre noz yeux :
Mesme le souuenir du mal nous rend heureux,
  Le soldat d'vne playe ennoblist sa vaillance,
  Le nocher sur le port vante l'experience
  Qu'il a contre les flots, & les vents orageux :
Si donc le souuenir du bien nous reconforte,
  Si le plaisir gousté double fruit nous apporte,
  Et si du mal encor la memoire nous plaist :
Pourquoy en repensant à tes vertus celestes,
  A tes sages discours, à tes graces modestes,
  Tout ce que ie conçoy sans te voir me desplaist ?

En cent perles ie vey vne blanche perlette
   Qui fait de sa beauté vergongner l'Oriant,
   Et musser le Soleil alors qu'il va tirant
   Hors du sein de Tethys sa tresse blondelette :
Ie la vey, mais (mon Dieu !) sa grace doucelette
   M'entra si bien au cœur, qu'autre bien soupirant
   Ie ne suis, & mon mal, qui croist en empirant,
   Pour auoir guarison autre bien ne souhaitte.
Si ie la puis auoir, si ne feray-ie pas
   Comme feit celle-la qui n'en feit qu'vn repas,
   Pour d'vn si grand excés auoir si courte ioye.
Ie l'auray dans mon cœur enclose, & dans mes yeux
   Tout le temps de ma vie : Hé qui voudroit (ô dieux !)
   A si peu de rançon rendre si noble proye ?

Que me vaut de tracer par les sentiers diuers
   Des rochers & des monts en mainte & mainte sorte,
   Si tousiours pour compagne en mes malheurs ie porte
   Vne poison qui brusle & mes os & mes nerfs ?
Peu sert le vol hasté d'vne secousse forte
   De l'oyseau qui nourrist en plume feux couuers,
   Peu vaut le pié leger de la biche au trauers
   Des flancs qui porte vn plomb iusqu'à tant qu'ell' soit morte
L'oyseau brusle en volant, & tant plus de son œlle
   Il branle les cerceaux, & plus il amoncelle,
   Et fait croistre le feu, qui le meine au trespas :
La Biche en s'efforçant de s'eslancer, eslance
   La mort qu'ell' porte au flanc : & moy si ie m'auance,
   Ie redouble ma mort en redoublant mes pas.

Cher & chaste desir, quand absent de tes yeux
   Morne, triste & pensif, ie repense à tes graces,
   A tes rares vertus, dont les autres surpasses,
   Ainsi qu'vn beau croissant les feus qui sont aus cieus :

Quand il me refouuient des difcours amoureux
   Riches d'vn beau parler que fi bien tu compaffes,
   Quand tu remets les pas deffus les vieilles traces
   Du feu qui brufle encor de ton printemps heureux :
Ie quitte dédaigneux les beautez plus exquifes
   Qu'on fouhaite en vn corps, toutes les mignardifes,
   Les attrais, les apas, qui charment nos efpris.
Bref, ie dédaigne tout, l'œil qui me fouloit plaire,
   Le front & le tetin commence à me déplaire,
   Et rien que ta vertu ne me peut rendre épris.

Si toft que de te voir ie n'ay plus ce bon-heur,
   Auffi toft ce cruel me met à la tenaille
   D'vn regret importun qui toufiours me trauaille,
   Sans donner tant foit peu de tréue à ma douleur :
Il gliffe par les yeux au rampart de mon cueur,
   Il l'affiege, il l'affaut, luy donne la bataille,
   Qui pis eft, cruauté ! quelque part qu'il m'affaille
   Il fait vne grand' breche, & demeure vainqueur.
Hà regret importun, fi tu veux que ie meure,
   Ou que ton prifonnier à iamais ie demeure,
   Serf de tes paffions en fi dure prifon :
Donne moy liberté, qu'aumoins ie puiffe encore
   Voir ce doux fouuenir qui fans fin me deuore,
   Et qui de fon parler a vaincu ma raifon.

Puis que tu n'es en rien à mon mal fecourable,
   Et que fans ton fecours ie meurs en languiffant,
   Puis que de iour en iour mon malheur renaiffant
   Redouble mes ennuis d'vne peine importable :
Puis que ton œil diuin ne m'eft point fauorable,
   Ains pluftoft de fes traits va le mien baniffant
   Loin de la maiefté de ton front blanchiffant,
   Et de l'humble douceur de ta face honorable :

Pourquoy en me flattant d'vne vaine esperance
  Prens-ie, mal-auisé, vne ferme asseurance
  De meriter en fin estre ton seruiteur?
Ie la prendray pourtant, & si ie t'importune
  Accuse ta rigueur, l'Amour & la Fortune,
  Cause que ie languis vainement en erreur.

Tous mes meilleurs pensers sont confits en l'aigreur
  D'Amour, & toutesfois diuers en telle sorte,
  Que l'vn me rend vaincu sous sa puissance forte,
  Et l'autre compagnon de sa force & grandeur :
L'vn me fait esperer, me paissant de douceur,
  Et l'autre plus fascheux vn desespoir m'apporte,
  L'vn me bannist de l'heur, l'autre m'ouure sa porte,
  Et le plus asseuré ne me donne que peur :
Ils tiennent toutesfois tous vne mesme trace
  Pour trouuer la faueur que i'espere en la grace
  De la Dame pour qui ie soupire & ie vis.
Puis ce gentil esprit va subornant mon ame,
  Et m'echauffe le sang d'vne si douce flame
  Que sans les voir à l'œil, viure sain ie ne puis.

Ie n'ay membre sur moy, nerf, ny tendon, ny veine,
  Qui ne sente d'Amour l'amoureuse poison,
  I'ay perdu liberté, i'ay perdu la raison,
  Doucement enyuré d'vne esperance vaine :
I'ay tout le dos courbé de trauail & de peine,
  Ie languis sous le faix, ie suis fait par trayson
  Hoste perpetuel d'vne forte prison,
  Qui se voit dans les yeux de ma douce inhumaine.
Hà charge trop pesante, hà trop pesant fardeau,
  Vrayment cil qui premier fit Amour au pinceau,
  Et qui dessus le dos luy figura des œlles,
Il estoit ignorant des vertus de ce Dieu
  Qui iamais ne s'enuole, & ne change de lieu,
  Et ne sçauoit sinon peindre des arondelles.

Ces bergeres fort contentes du difcours de ces beaux
Sonnets, curieufes de tirer tout ce qu'elles pourroyent
de luy, l'importunerent de façon qu'il fut contraint
leur confeffer ce qu'il auoit rapporté de fon voyage :
entre autres nouueautez, ie vous conteray d'vn miroir
qu'il leur monftra, ie m'affeure que vous confefferez
que c'eft le plus bel ouurage & le mieux parfait qui
fut iamais veu. Le pié de ce miroir eft en triangle,
comme tout le refte, il eft de porcelaine eleué en
demy-rond, enrichy de mille petits animaux marins,
les vns en coque, les autres en efcaille, les autres en
peau, tous entortillez par le repli des vagues & des
flots courbez, & entaffez l'vn fur l'autre, & femble
à voir ces troupes efcaillees que ce foit vn triomfe
marin. On voit fur l'vne des faces, entre ces petits
animaux deux Tritons efleuez par deffus les autres,
qui embouchent leurs cocques, tortillees & abouties
en pointe, mouchetees de taches de couleur, afpres
& grumeleufes en quelques endroits, ils ont la queuë
de poiffon large & ouuerte fur le bas. Sur l'autre face
eft vn rocher, où y a vn Roy affis en maiefté, couronné
d'vne couronne de ioncs mollets, meflez de grandes
& larges fueilles qui fe trouuent fur la greue de la
mer : il porte la barbe longue & heriffee de couleur
bleuë, & femble qu'vne infinité de ruiffeaux diftilent
de fes mouftaches, allongees & cordonnees deffus fes
leures : il tient de la main dextre vne fourche à trois
pointes, de l'autre il guide & conduit fes cheuaux
marins galoppans à bouche ouuerte, ayans les piez
dechiquetez & decoupez menu comme les nageoires
des poiffons : ils ont la queuë entortillee comme
ferpens. Les rouës de ce char font faites de rames
& d'auirons, affemblez pour fendre & couper la tourmente, & l'épaiffeur des flots comme à coups de

cizeau. De l'autre face eſt vne Deeſſe en face riante, belle & de bonne grace : elle a vn pié en l'air, & l'autre planté ſur vne coquille de mer, conduiſant d'vne main vn petit enfant portant des ailes ſur le dos. Entre ces colonnes ſont miſes les graces de ce miroir, enchaſſees en tableau fort bien elabouré de petites vignettes, lierres, où rampent mille petits animaux, comme frélons, mouſches gueſpes, ſauterelles, cigales, lezars, & mille ſortes de petits oyſillons.

Ces filles non contentes d'auoir veu vne partie de ce qu'il auoit rapporté, le prierent de leur dire s'il ne ſçauoit point quelque gaye chanſon, & qu'elles eſtoyent plus amoureuſes de telles gentilleſſes, que de toutes autres choſes qu'on leur pourroit rapporter. Ce berger qui ne demandoit qu'à les entretenir, ne ſe fait importuner d'auantage, ſeulement les pria d'excuſer la rudeſſe de ſa voix, & la mauuaiſe liaiſon de ce qu'il chanteroit : toutesfois que la chanſon n'eſtoit que chaſte & modeſte en tout, mais amoureuſe, & faite ſur les demandes d'vn baiſer. Elles le prient de pourſuyure l'entrepriſe, & qu'elles s'aſſeuroyent de ſon honneſte & gentil naturel : il prend le Lut qu'il auoit enuoyé querir, puis mariant la corde & la voix, chante ces vers.

Douce & belle bouchelette
Plus fraiſche, & plus vermeillette
Que le bouton aiglantin
Au matin,
Plus ſuaue & mieux fleurante
Que l'immortel Amaranthe,
Et plus mignarde cent fois
Que n'eſt la douce roſee,
Dont la terre eſt arroſee
Goute à goute au plus doux mois.

Baise moy ma douce amie,
Baise moy ma chere vie,
Autant de fois que ie voy
    Dedans toy
De peurs, de rigueurs, d'audaces,
De cruautez, & de graces,
Et de sous-ris gracieux,
D'amoureaux, & de Cyprines
Dessus tes leures pourprines,
Et de morts dedans tes yeux.
Autant que les mains cruelles
  De ce Dieu qui a des œlles
  A fiché de traits ardans
    Au dedans
De mon cœur : autant encore
Que dessus la riue More
Y a de sablons menus :
Autant que dans l'air se iouent
D'oyseaux, & de poissons noüent
Dedans les fleuues cornus.
Autant que de mignardises,
  De prisons, & de franchises,
  De petits mors, de doux ris,
    Et doux cris,
Qui t'ont choisi pour hostesse :
Autant que pour toy, maistresse,
I'ay d'aigreur & de douceur,
De soupirs, d'ennuis, de craintes :
Autant que de iustes plaintes
Ie couue dedans mon cœur.
Baise moy donc, ma sucree,
  Mon desir, ma Cytheree,
  Baise moy mignonnement,
    Serrément,
Iusques à tant que ie die,
Las ie n'en puis plus, ma vie,
Las mon Dieu ie n'en puis plus :
Lors ta bouchette retire,

A fin que mort ie foupire,
Puis me donne le furplus.
Ainfi, ma douce guerriere,
Mon cœur, mon tout, ma lumiere,
Viuons enfemble, viuons,
Et fuyuons
Les doux fentiers de Ieuneffe,
Auffi bien vne vieilleffe
Nous menace fur le port,
Qui toute courbe & tremblante
Nous attraine chancellante
La maladie & la mort.

Cefte chanfon leur fut plus agreable que la premiere, pour les mignardifes & le defir paffionné d'auoir vn baifer de fa maiftreffe. Or apres plufieurs difcours qui feroyent longs à vous reciter, elles tomberent fur la definition de l'Amour, tout à propos, pour fçauoir l'opinion de ce berger : les vnes difoyent que c'eft vn charme, qui vient par les yeux, puis qui coule dedans les veines, ayant troublé le fang, qu'il trouble la raifon : l'autre, que c'eft vne humeur pareille qui fe rencontre en deux perfonnes de femblable affection : les autres, la vertu : les autres, la beauté, la bonne grace : bref chacune en dift fa ratelee, luy donnant fondement propre au baftiment de fon cerueau. Quand ce vint au berger à dire fon opinion, il recite vn fonnet qu'il en auoit fait autresfois, ie ne l'ay voulu oublier, pour vous faire iuges s'il eft fait à propos.

Ie veux dire qu'Amour n'eft qu'vn fafcheux efmoy,
  Qu'vn defir importun, qu'vn obiect qui déuoye
  Le train de la raifon, qu'vne humeur qui fouruoye
Cà & là par les fens, & les met hors de foy :
Ou fi l'Amour eft rien, c'eft bien ie ne fçay quoy,
  Qui vient ie ne fçay d'où, & ne fçay qui l'enuoye,

Se paist ne sçay comment, de ne sçay quelle proye,
Se sent ie ne sçay quand, & si ne sçay pourquoy.
Comme vn esclair meslé des pointes de la foudre
Sans offenser la chair, broye les os en poudre,
Ainsi ceste poison seche & brusle le cœur.
S'il n'est rien de cela, c'est vn malheur estrange
Qui consomme en verjus l'espoir de la vendange,
Et iamais ne permet d'en voir le raisin meur.

Ce berger ayant acheué sa definition d'Amour, l'vne de ces bergeres tournant l'œil & la parolle vers celle pour laquelle il auoit si bien & si promptement rencontré sur la nature de l'Amour, luy dist, Vrayment, compagne, si iamais berger merita quelque faueur pour sa bonne grace, pour sa bonne façon, & pour son gentil esprit, cestuy-cy merite bien que vous faciez quelque conte de luy. Lors ceste bergere toute honteuse, l'œil baissé, auec vne douce modestie, Ie ne doute point (dist-elle) que l'affection qu'il me porte ne merite beaucoup, & que les preuues que i'ay de son honneste seruice n'ayent gaigné quelque lieu en ma bonne grace: mais estant, comme veritablement ie suis, sous la puissance d'vn pere, sous la rigueur d'vne mere, & en garde d'vne venerable maistresse, il faut qu'il s'asseure de n'auoir iamais œil ny faueur aucune de moy, que par leur commandement: & faut qu'il pense que ses passions ont autant de puissance de m'esmouuoir à l'amour, comme si i'estois vne statue de bronze, de marbre, ou de porphyre. Alors ce pauure berger doutant quelque fascheux rapport, pour vne si cruelle responfe d'vne voix lente & tremblante dist, Puis que la puissance & la contrainte forcee du Destin, puis que la fortune & le malheur ont coniuré contre moy, puis que la source de mes yeux ne sçauroit fournir d'eau pour esteindre le feu qu'Amour a fait en mon cueur, ie ne puis moins faire que d'appeller le temps, & l'occaſion à mon ſecours : le temps pour adoucir ſous le doux vent de ſes æles legeres la rigueur du deſaſtre qui me pourſuit : l'occaſion, pour quelque douce eſperance, qui ce pendant entretiendra mes paſſions. Puis tournant les yeux vers ceſte rigoureuſe maiſtreſſe, diſt.

Adieu mon cœur, adieu ma chere amie,
  Adieu mon ame, or adieu mes amours,
  Mes amours non, mais las tout le rebours
  Que i'eſperois de toy ma douce vie !
Adieu par qui ma liberté rauie
  S'eſt faite eſclaue au plus beau de ſes iours,
  Adieu par qui i'eſperois le ſecours
  Qui deuſt forcer le deſtin & l'enuie.
Or ie te pry de me faire cet heur
  Que tu reçoiue' aumoins mon pauure cœur :
  Tien le voyla, ie te pry de le prendre.
Si mes ſoupirs n'ont ſceu flechir le tien,
  Iette ſans plus ton œil deſſus le mien,
  Tu le verras ſoudain reduit en cendre.

Ie vous promets que ce pauure berger dit Adieu de ſi bonne grace, & de telle affection que les larmes vindrent aux yeux de toutes ces filles. Pendant ces diſcours cinq heures ſonnent, retournent au chaſteau le plus legerement qu'elles peurent, entrent dedans la ſalle, font deux grandes reuerences, lauent leurs mains, ſe mettent à table pour ſouper : & parce qu'elles auoyent aſſez legerement diſné pour l'interpretation du tableau, ſe mettent toutes en appetit. Elles n'eurent ſi toſt acheué de ſouper, que voyla arriuer vn meſſager, qui leur annonce l'heureuſe naiſſance d'vn petit Prince iſſu de la race de ceſte venerable maiſon, elles ſe leuent de table, louans Dieu de ce tant defiré enfantement. Ce meſſager apres auoir fait ſa charge à l'endroit de ceſte bonne maiſtreſſe, accoſte les filles, leur conte du grand & ſuperbe preparatif du baptefme de ceſt enfant, & tel veritablement que l'Europe n'en veit onc vn pareil : entre autres choſes il leur monſtra par eſcrit vne petite maſquarade qui ſe fiſt le ſoir meſme que ce Prince naſquit, elle fut aſſez legerement faite, & ſans y auoir autrement penſé, toutesfois aſſez gentille & aſſez proprement inuentee. Ce furent les filles qui delibererent de dreſſer ce maſque, à fin que par quelque gentille allaigreſſe elles monſtraſſent l'enuie qu'elles auoyent de fauoriſer leur maiſtreſſe en la naiſſance de ce Prince. Trois s'habillerent comme les trois Graces, non pas nues comme les ont peintes & grauees la plus part des anciens, mais veſtues d'vn habit de ſatin blanc à grande broderie de canetille d'argent, & argent trait, ceintes iuſtement ſous l'enfleure ſoupirante de leur tetin, d'vne ceinture large & bouclee ſur le coſté, vn accouſtrement de teſte gentil & promptement inuenté, enrichi de couronnes de laurier. Elles portoyent de grands cofins d'écliſſe pleins de roſes, de lis, de myrte, de marjolaine, de giroflees, & de toutes ſortes de fleurs qui ſe peurent trouuer pour la ſaiſon : entrent dedans la chambre, danſans vn petit ballet faict à propos, puis verſerent les fleurs ſur le berceau de ce Prince, & ſur le lit de l'accouchee, chantans vne chanſon parlant aux Nymfes de la Meuſe. Mais auant que la premiere commençaſt (diſoit ce Meſſager) vne petite rougeur entremeſlee d'vne douce honte, s'eſpend ſur ſon viſage, portant l'œil à demiclos, & modeſtement hauſſé, puis entr'ouurant le coral ſoupirant de ſes leures pourprines, commence en ceſte façon.

CHANT D'ALLAIGRESSE

SVR LA NAISSANCE DE MONSEIGNEVR

le Marquis du Pont Henry de Lorraine.

Sus auant, troupe gentille,
 Qui dormez au fond des eaux
De la Meuse, qui distille
 En doux & coulans ruisseaux :
Sus, arrestez Nymfelettes
 Vos courses argentelettes,
Et bien-heurez ce beau iour,
 En qui le ciel a fait naistre
 Vn beau Prince, qui doit estre
La fleur d'Armes, & d'Amour.
Vn beau Prince qu'on peut dire
 Trois & quatre fois heureux,
Race d'ayeulx qui l'Empire
 Ont tenu cheualeureux,
Et d'vn grand Roy dont la gloire
 Eleue au ciel la memoire
D'vn nom qui doit viure, encor
 Que les honneurs se changeassent,
 Et que les ans retournassent
En l'ancien siecle d'or.
Sus donc, venez faire hommage
 A ce Prince nouueau né,
A qui le ciel en partage
 A de long temps ordonné
Que sa fortune auancee
 Sur la contrainte forcee
Et du Sort, & du Destin,
 Doit vne fois en sa vie,
 Maugré le ciel & l'enuie,
Rompre les cornes du Rhin.

Et vous Graces immortelles,
Graces, mignonnes des Dieux,
Tirez vos rondes mamelles,
Et de vos doigts precieux
Posez ce Prince en sa couche,
Puis luy mettez en la bouche
Ce petit bout vermeillet,
Ceste fraize rougissante,
Sur l'enflure blanchissante,
Qui iette vn ruisseau de lait.
D'vn lait, qui le face croistre
Vaillant, vertueux, & doux,
Et en croissant apparoistre
Braue & beau par dessus tous,
Tant que sa leure mignotte
A petits soupirs suçotte
L'Amour, la gloire, & l'honneur
De ses nourrices les Graces,
Pour le guider sur les traces
D'vne Lorraine grandeur.
Et vous petites mouchettes,
Douces fillettes du Ciel,
Belles & blondes Auettes,
Venez confire le miel
Dessus la leure pourpree,
Dessus la langue sucree
De ce petit enfançon,
Qui ia monstre de son pere
Les vertus, & de sa mere
Les graces & la façon.
Que le ciel porte visage
Clair, doux, tranquile, & serain,
Chassant tout espais nuage,
Que les vents rompent leur train
Dedans l'air, & puis que l'onde
De la marine profonde
Mette bas toute rigueur,
Exerçant comme traitable.

Mollement deſſus le ſable
Sa colere & ſa fureur.
Que la terre à ſa naiſſance,
 Ainſi qu'à celle des Rois,
Verſe l'heur & l'abondance,
Et qu'il pleuue à ceſte fois
Vn Printemps, vne roſee,
Tant que la plaine arroſee
D'vne moiſſon de ſenteurs,
S'abreuue, & que ſon haleine
Embaſme l'air & la plaine,
Les bois & les monts, d'odeurs.
Que les plaintes importunes
 Ne trauaillent plus nos yeux,
Mais que de ioyes communes
S'enflent la terre & les cieux,
Iuſques aux larmes roulantes
Et les roches larmoyantes
De Niobe au noir courroux :
Qu'on ne voye qu'allaigreſſes,
Que graces, que gentilleſſes,
Peintes ſur le front de tous.
Et vous Nymfettes Lorraines
 Careſſez à qui mieux mieux
Deſſus vos herbeuſes plaines
Ce choiſi mignon des Dieux,
Ce Roy vertueux & ſage,
Ce Roy, le ſecond image
De Dieu, en ſa maieſté :
Qu'heureuſe en ſoit l'accroiſſance
Au doux repos de ſa France,
Par ſa diuine bonté.
Et que ſa grace il luy donne
 Chaſſant de luy tout mechef,
Faiſant fleurir ſa couronne
Tout autour de ſon beau chef,
Qu'il augmente, & qu'il benie
Par ſa bonté infinie,

Noſtre Royne, en tout bon-heur,
Noſtre Royne, & que ſa grace
S'épande deſſus la race
Du noſtre, & de ſon ſeigneur.
Et vous les trois Sœurs ouurieres
A trancher le cours du temps,
Tirez les trames entieres
Et le filet de ſes ans,
Puis filez la deſtinee
De l'enfance la mieux nee
Que le Soleil ſçauroit voir,
Soit en ſortant de ſa couche,
Soit entrant, lors qu'il ſe couche
Tout poudreux deſſus le ſoir.
Filez ſa tendre ieuneſſe,
Et tournez tant le fuzeau,
Que les ans ny leur viſteſſe
N'approchent de ſon berceau :
Puis luy plantez la victoire,
L'heur, la vaillance, & la gloire,
Et l'honneur dedans la main,
Tant que ſa force viuante
Trompe la pince mordante
De voſtre cizeau d'airain.

Ceſte ſemonce finie par ces trois Graces aux Nymphes de la Meuſe, ſoudain arriuent trois autres bergeres maſquees, contrefaiſant les trois Parques filles de la Nuit, pour bien-heurer par leurs ſouhaits le deſiré enfantement de ce Prince. Elles eſtoient en cottes de turquin violet, frangees & houpees de ſoye cramoiſie, trouſſees à menus plis deſſous la hanche, les bras nuds iuſques au nœu de l'épaule, tenant en main vn flambeau noir, & iettant fumee de fort gracieux parfum : ceintes ſous les flancs d'vne ceinture large d'vn bon demi-pié, bouclee ſur le coſté à boucles d'airain faittes & cizelees de leurs chiffres & deuiſes, entre-lacees de bonne grace. Mais d'autant que les trois premieres eſtoient belles, ieunes, & polies, ces trois ſœurs eſtoient vieilles, & ridees, toutesfois de belle apparance : elles portoient les treſſes de leurs cheuelures pendantes ſur les eſpaules repliees d'vne bandelette de ſoye incarnate : l'vne portoit au coſté gauche vne quenoille de cuiure, garnie de longues poupees de laine blanche, puis à doigts couplez tiroit & retiroit le fil trois fois retors de la vie de ce ieune Prince, puis le tirant elle le poliſſoit à petites morſures, puis entr'ouurant la bouche quelquefois elle deroboit vn peu d'humeur auec le petit bout de la langue pour donner ſecours à ſes leures alterees. L'autre faiſoit pirouetter en rond ce fuzeau fatal, controlleur de noſtre vie. L'autre tenoit vn cizeau d'airain & menaçoit de trancher le fil retors de la vie de ce beau Prince. Deuant leurs pieds y auoit trois grands paniers d'ecliſſe, pleins de molles & delicates toiſons, iuſques à outrepaſſer les bords. Or ceſte troupe, ſans donner tant ſoit peu de trefue à leur labeur, delibere de chanter les ſouhaits de ce Prince, en troupe premierement, puis l'vne apres l'autre. Doncques entr'ouurant leurs leures prophetes chantent la fatale deſtinee & les futurs oracles de ce Prince nouuellement né, d'vne voix que les ans, ny l'enuie, ny le malheur de noſtre temps ne ſçauroyent mordre ny reprendre. Or tournant le fuzeau commencent en ceſte façon.

TOVTES TROIS ENSEMBLE.

Courez fuzeaux courez, & deuidez la trame,
  L'heur, les iours, & les ans du Prince le plus beau,
  Et le corps animé de la plus gentille ame
  Qui iamais s'allongea deſſus noſtre fuzeau.

LA PREMIERE.

Moy qui domte les ans, & retranche des œlles
 La contrainte forcee, & le vol du Destin,
Ie veux qu'il puisse ioindre aux terres paternelles
 Et Calabre & Sicile, & les courses du Rhin.

LA SECONDE.

Ie luy donne en souhait, l'honneur, & la victoire,
 La grandeur de sa race, & l'appuy d'vn grand Roy,
Le repos & la paix, la vaillance & la gloire,
 La bonté, la vertu, la iustice & la Foy.

LA TIERCE.

Ie veux par mon souhait, que sa blonde ieunesse
 Voye de pere en fils prosperer sa maison,
Ie veux qu'il puisse voir en sa blanche vieillesse
 Les rides de sa mere, & son pere grison.

ENSEMBLE.

Courez fuzeaux courez, & deuidez la trame,
 L'heur, les iours, & les ans du Prince le plus beau,
Et le corps animé de la plus gentille ame,
 Qui iamais s'allongea dessus nostre fuzeau.

LA PREMIERE.

Croissez Prince croissez, en croissant ie vous donne
 Cet heur, que sans malheur croissiez heureusement :
C'est l'arrest du Destin, le Ciel ainsi l'ordonne,
 Et les astres benins, à vostre enfantement.

LA SECONDE.

Croissez Prince bien né, croissez l'autre lumiere.
 Croissez l'astre nouueau de ces Princes Lorrains,
Croissez Prince croissez, croissez race guerriere,
 Aimé de deux grands Roys vos deux oncles parrains.

LA TIERCE.

Croissez Prince croissez, gentil, courtois, honneste,
 Bien appris, bien adroit, sage, & vaillant guerrier,

Par augure certain ie mets sur vostre teste
Dés le premier berceau ce chapeau de laurier.

EN TROVPE.

Courez fuzeaux courez, & deuidez la trame, &c.

LA PREMIERE.

Ie loge pour iamais les viues estincelles,
L'arc, la trousse & les traits d'Amour dedans vos yeux
I'attache au beau coral de vos leures iumelles
Les baisers, les attraits, & les ris gracieux.

LA SECONDE.

Dessus vostre beau front de main non violable
I'engraue la vaillance, & l'heur, & la bonté,
Le comble des beautez sous vn port venerable,
Et auec la douceur la graue maiesté.

LA TIERCE.

Ainsi de bouche en bouche on dira les louanges
De ces Princes Lorrains, iusqu'aux flots de la mer,
Les flots les pousseront iusqu'aux riues estranges,
Et les riues aux vents, & les vents dedans l'air.

EN TROVPE.

Courez fuzeaux courez, & deuidez la trame,
L'heur, les iours, & les ans du Prince le plus beau,
Et le corps animé de la plus gentille ame,
Qui iamais s'allongea dessus nostre fuzeau.

Apres la lecture de ceste masquarade qui fust iugee assez bien inuentee pour auoir esté faitte sur le champ : ce messager, homme gentil & bien appris leur fait vn long discours du superbe appareil de ce baptistere, & de la venue du Roy : entr'autres il fit vn conte d'vn masque le plus estrange qui fust onc. C'estoit vne vieille querelle des quatre elemens contre quatre planetes, combatans pour la grandeur du Roy,

& pour maintenir fa puiffance : mais en fin Iupiter defcendant de fon throne, affis fur fon aigle, gardien de fa foudre, les deuoit appointer, faifant le Roy feigneur de la terre vniuerfelle, fe referuant le ciel. La Terre, difoit ce meffager, eft vne groffe maffe où coulent fleuues, fontaines, ruiffeaux, s'enflent roches, montagnes calfatees de mouffe, de fleurs, d'herbes, d'arbriffeaux : en quelques lieux fe defcouurent villes, chafteaux : au milieu prefide la Nature, defcouurant vn nombre infini de fecondes mamelles, pour donner nourriture & arrofer ce lourd element. La Mer, eft vne autre maffe flots fur flots amaffee, où fe voyent Baleines mouuans la queuë , la bouche & les yeux: Dauphins au dos courbé, Marfoüins, & vne infinité de monftres marins. Là prefide Neptune tenant fon trident, commandant en fon gouuernement humide. L'air eft vne autre maffe de nuës repliees & entaffees l'vne fur l'autre, où fe courbe en demi-rond ce bel arc bigarré de couleurs, qui femble faire vne ceinture au ciel quand il veut pleuuoir : là prefide Iunon. Le Feu eft vn autre amas de flammes ardentes, où Vulcan forge au marteau les pointes entortillees, & les traits acerez des foudres de Iupiter. Ie vous dy groffement ce que c'eft, laiffant vne autre infinité d'entreprifes, d'eftranges artifices de feu, qui s'y verront, forts affiegez, batailles de fauuages, courfes à pié, à cheual, rompre lances, piques, combatre à la barriere, & mille autres gentils exercices : fi ie puis auoir la memoire de ces magnificences, difoit ce meffager à ces filles, ie vous l'enuoyeray : & pour gage de ma promeffe, voyla vne petite Eclogue que ie vous donne, la lifant vous en verrez le fujet.

TOINET, BELLIN, PEROT.

BELLIN.

De viuoter chetif, Toinet, que ie suis las !
Sans trefue le malheur va talonnant mes pas,
Onques ie n'esprouuay le repos de la vie,
Ie porte sur le dos vne eternelle enuie
Qui va trompant mon heur, & faulsant mon dessain.

TOINET.

Or' que i'aille à poings clos, le bonheur de ma main
S'enuole auec le vent : i'ay tenté la Fortune
En cent & cent façons, mais sa main importune
Coup à coup me renuerse, & me fait trebucher.
Hà peu cruel Destin, que ne vins-tu trencher
Le filet de mes ans, lors qu'aux voix des Cigales
On me fit accorder les fleutes inegales,
Les chalumeaux de canne, & quelquefois aussi
Le flageol amoureux, & d'vn vent adouci
Trainer à petits sauts la troupe camusette
Aux fredons animez du son de ma musette ?

BELLIN.

Toinet mon cher souci, Toinet il ne faut point
Se repentir d'auoir si proprement conioint
Les chalumeaux ensemble, & d'auoir mis en bouche
Le pipeau qui si bien en tes leures s'embouche.
Pan fleuta le premier, & les Faunes apres,
Qui firent tressaillir les monts & les forests
Au son de leur bouquin, & n'eurent iamais honte
De faire des bergers quelque petit de conte :
Puis tu n'as pas appris à manier les dois
Sous vn petit sonneur. Ianot a fait ta vois,
Il t'a monstré comment (& en a pris la peine)
Il falloit retrencher les soufpirs & l'haleine,

Comme il faut donner vent, l'allonger, l'accourcir,
Le haster, l'enaigrir, le feindre, l'adoucir,
Comme il falloit aussi dessus la chalemie
Chanter vne chanson en faueur de l'amie.
Puis n'as tu pas gardé auec les pastoureaux
Et Perot & Bellot, les boucs & les cheureaux?
Et cent fois auec eux dedans les eaux clairettes
Relaué la toison des brebis camusettes?
Soufflé dans le pipeau? & de tes propres mains
Corne à corne conté leurs cheures & leurs dains?

TOINET.

Bellin, ces deux bergers ne sont plus és montagnes,
Ils ont abandonné les bois & les campagnes,
Les argentins ruisseaux & les tertres bossus,
Et se sont dérobez de ces antres moussus,
Loin de leurs compagnons, pour aller à la ville
Pour laisser Galatee, & cercher Amarylle,
Eschange qui leur plaist, pour auoir eu cet heur
De forger leur fortune, & tromper le malheur.
Ils y vont bien souuent, ayant les mains chargees
De formage & de lait, & de fraisches ionchees,
Ou d'vne peau de cheure, ou de quelque toison,
Sans rapporter leurs mains vuides à la maison.
Puis ils ont d'heritage vn troupeau sous leur garde,
Et tousiours le Dieu Pan de bon œil les regarde,
Tousiours les fauorise, & nous pauures chetifs
Nous languissons és bois entre les plus petits.

BELLIN.

Mais ie te pry, Toinet, laissons-là les complaintes,
Ie veux chanter à toy les cruelles attaintes
De Caton mon souci, Caton que i'aime mieux
Que mon cœur, que ma vie, & cent fois que mes yeux.
Ie gagnay l'autre iour pour iouster à la lutte
Vne toison de laine, & pour tirer en butte
Vn arc d'iuoire blanc, la fleche & le carquois,
Recouuert par dessus d'vn marroquin Turquois:

Et riche tout autour de cent peintures belles
Refigurant au vif les beautez naturelles
D'vn vieil antre mouſſu, d'vn argentin ruiſſeau,
D'vn taillis cheuelu, d'vn rocher, d'vn couſtau,
Et le dos recourbé d'vne haute montagne,
Sur le ventre applani d'vne verte campagne :
Les Faunes, les Syluains, au rond des cheſnes vieux
Vont talonnant de pres les Nymfes aux beaux yeux.
 Puis on voit ſur le flanc, dans le creux d'vne oualle,
Sur vn tapis de fleurs de couleur iaune & palle
Le pitoyable Adon eſtendu de ſon long,
Venus aſſiſe aupres, qui en larmes ſe fond,
Verſant d'vn œil terni plus de pluye nouuelle,
Que ne coule de ſang par la playe cruelle,
Et ne s'eſpand en vain : car de luy & des pleurs
Se naiſt vne moiſſon de roſes & de fleurs,
La vermeille en terniſt, & la blanche en derobe
Le beau pourpre vermeil pour les plis de ſa robe.
On voit autour du corps mille & mille Amoureaux,
Les vns la larme à l'œil ébranlent les cerceaux
De leur dos emplumé, & le ſang de la playe
Roulant à petits flots, de çà de là ondoye,
Emportant la blancheur de ce marbre tranſi.
 Les autres ba-volant, d'vn mouuoir addouci
Le vont lechant du bout de leurs pennes dorees :
Les autres vont verſant de cruches azurees
De l'eau pour le lauer, & de leurs doigts marbrins
Nettoyent à l'ennui les membres yuoirins
De ce corps englacé, & de face ternie
Cyprine va meſlant ſa bouchette bleſmie
A la bouche d'Adon, vefue de l'heureux bien
Qu'elle ſouloit baiſant meſler auec le ſien.
 L'vn fiche de ſon arc la corne contre terre,
Et de bras & de pieds tout courbé le tient ſerre,
L'autre de la main dextre à l'autre bout ſe pend
Hors de terre guindé, & le pié gauche eſtend
Sur le ventre de l'arc : puis en trainant la corde
Sous le bras dextrement il le plie & l'encorde.

Vn autre est si bien mis sur le corps endormi
D'vn long sommeil ferré, qu'au visage blesmi,
Et aux membres glacez on voit la couleur belle
Et l'esprit retourner au bransle de son aile :
Tant doucement & bien il esuente ce corps,
Qu'on voit presque mouuoir les membres desia morts.

 Les autres sont en foule, & de main enfantine
Branlent contre la dent de la beste mutine
Vn gros espieu noüailleux, & au lieu de brandon
S'arment tous à l'enui des armures d'Adon.

 Or voila le carquois que ie mettray pour gage,
Si tu restes vainqueur, ce sera ton partage,
Regarde si tu veux accorder à ce poinct.

TOINET.

Quant à moy ie suis prest, ie ne m'excuse point,
I'ay du gentil Bougar vne coupe taillee
D'vn fresne bien choisi, cil qui me l'a baillee
L'auoit receue en pris, pour auoir quelquefois
Vaincu de son flageol vn berger dans ces bois,
Ie la garde soigneux qu'ell' ne soit point touchee.

 Elle est faitte au grand tour, obliquement creusee,
Cernant vn double rond, en ouale estendu :
Sur les flancs de la cuue on y void épandu
Le tortis raboteux d'vne tendre vignette,
Monstrant tout à l'entour sa fueille verdelette,
Dont naissent à l'enui de mille & mille parts
Vn escadron mouuant de verdoyans lezards,
De bourdonnans frélons, & de rouges limaces,
Et d'autres dans les creux de leurs tendres cocasses.

 Le tige est tout courbé de petits oysillons
Becquetans sur le dos des legers papillons :
Le pié, bien reuestu, de la mesme racine
Qui sort des entrelas troussez de branque-vrsine,
Ombrageant tout le bas de son fueillage tors.

 On y voit serpentant & courant sur les bors
De la patte arrondie, vn tortis de lierre,
Qu'vn filet delié en cent floccons enserre,

Liant subtilement la branche tout autour :
Le tout si bien poli, qu'en y voyant le iour,
Se flechit doucement de la leure pressee.

Le couuercle est taillé d'vne fueille amassee
L'vn sur l'autre en escaille, & le bord contrefait
De petits escargots, qui monstrent le refait
Et le deffait aussi de leur corne craintiue.

De ces fueilles de chesne, vne espaisseur naïue
De trois glans apparoist sur la pointe dressez,
Qui semblent sous le faix d'vne barque pressez,
Dont le bois figuré en ondes se fouruoye,
Et semble auec le iour que l'eau dedans ondoye.

Au milieu de la barque il se plante vn vaisseau
Creusé du mesme bois, où sur le renouueau
Ie mets du serpolet à la fueille nouuelle
Pour ietter dans le sein de Caton trop cruelle.

L'anse de ceste coupe est faite d'vn leurier
Haulsé sur le deuant, que le gentil ouurier
A si bien labouré, que la teste arrengee
Et mise entre ses piés, est si bien allongee,
Qu'estant sur les ergots estendu de son long
Il semble s'efforcer à boire dans le fond
De quelque ruisselet à la source argentine.

Or voyla le thresor de ma pauure cassine,
Elle est encor pucelle, & sent encor du bois
La nouuelle fraischeur, & les artistes dois
De ce gentil ouurier, qui tailla l'engraueure,
Et ce vase embelli de si iuste emboucheure.

Ie la mets contre toy, pour pareille valeur
Que l'arc & le carquois, si ton gage est meilleur
Ie mettray le surplus. Mais ie voy, ce me semble,
Au bord de ce ruisseau, à l'ombre de ce Tremble,
Perot ce grand cheurier : c'est luy, ie l'entreuoy,
C'est le iuge, à propos, & de toy & de moy,
Il luy souuient encor de l'ancien ramage,
Iamais il n'oubliera le train du pasturage.

BELLIN.

Hà Perot, le Dieu Pan d'vn regard adouci
Puiſſe œillader tes Boucs, & de toy ait ſouci.

PEROT.

Hé qu'auez vous garçons ?

TOINET.

Il nous eſt pris enuie
De chanter l'vn à l'autre en faueur de l'amie,
La gageure eſt ia faitte, il ne fault que chanter,
Tu ſeras noſtre iuge, il te fault eſcouter :
Tu verras vne couppe & vn carquois d'iuoire,
Le loyer de celuy qui aura la victoire.

PEROT.

I'ay l'oreille vn peu ſourde, haulſez vn peu la vois,
Et vous ſeyez tous deux à l'ombre de ce bois.

TOINET.

Tout eſt rempli du nom de Iupiter,
  S'il faut chanter, par luy ſeul ie commence,
  Par luy la terre & le vague de l'air
  Eſt habité & plein de ſa puiſſance.

BELLIN.

Ie porteray mon front de lauriers verds
  Touſiours couuert, c'eſt l'arbre que ie priſe :
  Car Apollon a ſouci de mes vers,
  Il me cheriſt, il m'aime, & fauoriſe.

TOINET.

L'eau de la Sarte, & les riues du Clin,
  Et l'ombre eſpais de la verte Gaſtine,
  Seront teſmoins comme i'ay le cueur plein
  Du nom aimé de ma belle Francine.

BELLIN.

Ces lauriers verds, où le vent de Zephyre
  Niche en tout temps, & les oyſeaux de l'air,

Sçauent le nom pour lequel ie souspire,
Mesmes ces rocs ne le pourroyent celer.

TOINET.

De ces Peupliers les escorces empraintes
　Portent son nom engraué de mes dois,
Tousiours croissant comme croissent mes plaintes,
　Qui de douleur font larmoyer ces bois.

BELLIN.

L'entour poly du flageol que ie porte
　Est engraué des lettres de son nom :
Si ie l'embouche, il faut que ce nom sorte,
　Dieux ie ne puis chanter autre chanson !

TOINET.

Sur le printemps les brebis camusettes
　Dedans les prez ne recognoissent mieux
Le trefle espais, ny le thym les auettes
　Entre les fleurs, que ie cognois ses yeux.

BELLIN.

Aux fleurs le vent, aux espis meurs la gresle,
　La grosse pluye au verd bourgeon qui poind
Donne la mort, & à moy l'œil de celle
　Quand par courroux ell' ne m'œillade point.

TOINET.

De saule amer se paissent les cheureaux,
　Et les bleds verds de celeste rosee,
De thym l'abeille, & d'herbe les aigneaux,
　Moy d'vn baiser de sa bouche sucree.

BELLIN.

Le petit fan ne cognoist mieux sa mere
　Au temps nouueau en luy suçant le pis,
Ny le berger son chien, & sa louuiere,
　Que moy les yeux de celle qui m'a pris.

TOINET.

J'ay de Perot vne toison houpee
De laine blanche, & la peau d'vn cheureau,
De mainte marque en rond entrecoupee,
C'est pour Caton, car le present est beau.

BELLIN.

J'ay de Bellot vn tortis d'Amaranthe,
De mariolaine, & de passeuelours,
De pouliot, de narcisse, & d'acanthe,
Ce beau present sera pour mes amours.

TOINET.

Au plus matin la gaye sauterelle
Ne se paist mieux de l'appast sauoureux
Qui vient du ciel, que des yeux de la belle
Se paist mon cœur doucement langoureux.

BELLIN.

Ma Francine est plus fraische que la rose,
Et sa couleur plus blanche que le lis,
Plus beau le teint de sa leure declose,
Que les œillets au poinct du iour cueillis.

TOINET.

Fuyons, bergers, & menons paistre ailleurs
Nostre troupeau, & quittons la musette,
Le fier serpent est tapy dans ces fleurs,
Fuyons, bergers, ie voy qu'il nous aguette.

BELLIN.

Comme des prez la parure est vermeille
Au mois d'Auril, m'amour est tout ainsi,
Et le miel que nous confit l'abeille
Dedans sa bouche, est en la sienne aussi.

TOINET.

Plus qu'vn cheureuil ma Francine est fuyarde,

Plus que le vent ou le coulant d'vne eau,
Plus dedaigneuſe & cent fois plus hagarde
Que celle-la qui deuint vn rouſeau.

BELLIN.

Ma Catelon à la courſe s'eſgale
  Au ieune cerf lancé de ſon repos :
De cruauté à la Vierge, en Theſſale
  Qui en laurier fiſt reuerdir ſes os.

TOINET.

Si le dieu Pan en rien ne fauoriſe
  Ni mon flageol, ni ma muſette auſſi,
I'ay mon Ianot qui la vante & la priſe,
  Et qui de moy a touſiours eu ſouci.

BELLIN.

Si le Dieu Pan n'a de moy cognoiſſance,
  I'ay mon Charlot qui m'œillade en ſon lieu,
C'eſt mon ſeul bien, c'eſt ma chere eſperance,
  Ie l'aime auſſi, car c'eſt vn demi-Dieu.

TOINET.

Fuyons bergers, fuyons la troupe armee
  De ces frellons, que ie voy peu à peu
Paſſer l'épais d'vne nüe enfumee
  Qui ſort d'vn cheſne, où on a mis le feu.

TOINET.

C'eſt mon Ianot qui fait que ie fredonne
  Sur mon pipeau à l'ombre de ces bois,
Il daigne bien s'abaiſſer quand ie ſonne,
  Pour eſcouter les douceurs de ma vois.

BELLIN.

C'eſt mon Charlot qui fait que ie ſouſpire,
  C'eſt à luy ſeul que ie dreſſe mon vœu :
Par luy ie vy, ſa faueur me retire
  L'eſté ſous l'ombre, & l'hyuer pres du feu.

TOINET.

J'ay mon Ianot qui toufiours me fait place
A l'ombre frais, & fournit de roufeau,
D'huille & de fil & de cire mollaffe,
Pour affuter les trous de mon pipeau.

BELLIN.

C'eft mon Charlot, qui m'a de fon laitage
Toufiours fourni, & n'a iamais permis
Que i'euffe faute ou d'œufs ou de fourmage,
Et au troupeau des bergers il m'a mis.

TOINET.

De leurs toreaux la tortiffe ramee,
Leurs pafturons puiffent iaunir en or :
Leurs eaux, leurs prez, & leur terre femee
Soyent de rubis & de perles encor.

BELLIN.

Que de leurs boucs les barbes & les cornes
Et le long poil fe changent en or fin,
De leurs paftis les caillous & les bornes
En or maffif, & leurs ruiffeaux en vin.

PEROT.

Bergers, le fouuenir d'vne maiftreffe belle
Fait toufiours inuenter quelque chanfon nouuelle :
Vous me femblez égaux, & à voftre chanter
Il me fouuient de voir corne à corne luter
Deux belliers efchauffez iufqu'à perte d'haleine,
Ne voulant point quitter le troupeau ny la plaine.
Or vous eftes amis, vous n'auez pas chanté
L'vn à l'autre pour gain, ni pour eftre vanté
D'auoir de fon ami defrobé quelque gloire,
Il faut partir le gain, & partir la victoire.
Et quant aux gages mis, Toinet merite bien
D'auoir le tien Bellin, & toy d'auoir le fien.

Mais defia le foleil du fommet des montagnes
Peu à peu fe defrobe, & deffus les campagnes
On ne voit plus brouter ny cheures ny cheureaux,
Les bouuiers amaffez remmenent leurs toreaux :
Bergers il s'en va tard, ie crains de faire attendre
Trop long temps à fouper ma bergere Caffandre.

Pendant ce difcours qui n'ennuya gueres à ces bergeres, huit heures fonnent, & foudain toute la compagnie fort de la terrace & donne le bon foir à cefte venerable princeffe, chacun fe retirant à fon logis, ie defcens comme les autres cefte fafcheufe defcente, & perdis ma compagnie. Or à fin que fçachiez l'affiette de ce lieu, comme i'auois entrepris de vous dire dés le matin, il y a au pié de ce chafteau vne petite villette ceinte de murailles, & de la Marne qui va lechant fes bords : cefte ville eft riche de toutes les commoditez que les bergers, cheuriers, bouuiers, laboureurs pourroyent fouhaitter, fuft pour trouuer panetieres ouurees & taillees au poinçon auec leurs écharpes, colliers heriffez de clous pour les maftins, houlettes tournees, polies, & bien ferrees, fuft de pince, fuft de crochet, mufettes au ventre de cerf à grand bourdon, embouchees de cornes de daim, ou de laton, fleutes, flageolets de canne de fureau, d'efcorce de peuplier, cages d'ozier & de ronces efcarrees & pertuifees auec vne brochette rougie au feu, & écliffees de petits barreaux de troinelle pelee, garnies de cocaffes de Limas pour feruir d'abreuoir & d'augettes pour les oifeaux, couples de crein de cheual, fonnettes, iects, longes, veruelles, petites prifons de ioncs mollets, pour enfermer des fauterelles, ceintures, rubans, bracelets, vans, fleaux, ecliffes, oules, bartes, terrines, tiroüers, & toutes fortes de vaiffeaux propres à la bergerie, vacherie, & labourage : entr'autres ie vey vn berger, qui manioit le tour si proprement que les petis vases qui se deroboient de ses dois estoient si delicatement tournez & polis que les pressant doucement de la leure ils se ployoyent & obeissoyent comme le plus fin papier qui se trouue, encores qu'ils fussent de buis, de corneiller, d'iuoire, de corne de bufle, d'ebene, ou d'autre bois. Ce berger estoit si parfait en son art qu'il tournoit les moulevres des chapiteaux de colonnettes en quarré, en triangle, en ouale, & en toutes figures. Ie vous descriray vn chef-d'œuure qu'il fist de sa main : C'est vn baston que luy mesme auoit inuenté, vous iugerez par ce que ie vous en diray s'il est beau : La poignee est de corne de cerf, blanchie, polie, & bien arrondie sur le tour : l'entour de cette poignee est tracé de sept lignes & sept espaces, desquelles y en a six de mesme longueur : la septieme est plus longuette que les autres, & c'est celle qui monstre & marque les heures, deuant midy en descendant, & celles qui suyuent apres en montant. Les douze signes du zodiaque sont compris dedans les six espaces en montant iusques au solstice d'Esté, & six en deualant. Ces six lignes sont tirees egales en longueur & paralleles, mi-parties d'vne ligne plus courte, puis entre ces diuisions, qui sont douze, y a encores deux petites lignes & trois espaces, qui ne sont que marques ou poincts, lesquelles contiennent entre elles l'espace de cinq iours, lesquels multipliez six fois, font trente iours, ou trente degrez, que tient chacune espace, ou signe du zodiaque, lesquels mis ensemble, font le cours solaire, ou vn an entier. Il y a d'autres lignes tortues qni tournent obliquement, marquees & tirees sur celles qui tombent à plomb : par elles se cognoist la hauteur du Soleil, chaque heure, chaque iour, & chaque figne, felon le cours d'iceluy. Par le mouuement du chapiteau ou pommelle inferieure ouurant vne petite eguille qui s'y emboifte, & l'arreftant au iour & figne du mois, tenant auffi le bafton perpendiculairement, on cognoift les heures & minutes par l'ombre du Soleil. La haute pommelle eft faite de bois d'ebene, où font marquees douze efpaces contrefaites en petits goldrans, lefquels par le fubtil mouuement d'vne calamite ou eguille aimantee enfeignent les quatre diuifions de la terre, le Leuant, le Ponant, le Midy, le Septentrion. Les huit qui reftent defcouurent les vents conftans & inconftans, & monftrent le chemin que l'on veult tenir par tout le monde. Le tige de ce bafton fe met en quatre pieces qui feruent de quatre fleutes à neuf trous, fort belles & bien compaffees : ce que me monftrant ce gentil ouurier, fe trouuerent quatre ieunes bergers, fi à propos, qui les accorderent, & chanterent cefte chanfon.

CHANSON.

O cruel enfant,
Qui vas triomphant
De mon cueur captif,
Qui tremble & chancelle
Sous ta main cruelle
Poureux & craintif :
Trois fois abatu
Tu m'as combatu,
Efclaue à tes loix :
Mais cefte victoire
Seule a plus de gloire
Que toutes les trois.
Vaincu des beaux yeux
Doux & gracieux

D'vne, dont l'ardeur
Et la chaste flame
Va brulant mon ame,
Et seiche mon cueur.
Or' que i'apperçoy
Que ie n'ay de toy
Ny tréue ny paix,
Amour, ie deteste
Ta flamme celeste,
Ton arc, & tes traits.
Puis que ce doux feu
S'esteint peu à peu,
Qui chaud me bruloit,
Sain ie me retire
Du fascheux martyre
Qui me trauailloit.
Si ta cruauté,
De ma loyauté
Triomphe à ce coup,
Amour, ie despite
Tes pas & ta suite,
Ta force & ton coup.
Plus ne me deçoit
L'œil qui me forçoit
En mes ieunes ans,
Plus ie ne m'abuse
D'vne douce ruse
Qui trompoit mes sens.
Ce bel or frizé
Que tant i'ay prisé
Plus ne me tient pris,
Le lis & la rose
Sur ton sein éclose
Me vient à mespris.
Ie quitte cet heur
D'estre seruiteur
A ta Deïté,
Pour faire vn échange

D'vn seruice estrange
A ma liberté.
Tu n'es qu'vn trompeur,
Effronté menteur,
Qui traistre seduit
Par douce finesse
La tendre ieunesse,
Qui folle te suit.
Tant que tu voudras
Tu te vanteras
Estre fils des Dieux,
Mais au vray ie pense
Que telle semence
Ne croist dans les cieux.
Ton arc me desplaist,
Rien plus ne me plaist
Qui vienne de toy,
Tes feux ne me touchent,
Tes fleches rebouchent,
Mousses contre moy.
Mon œil preuoyant,
N'est plus larmoyant
En tes vains plaisirs,
L'ame qui s'appaise
N'est plus la fournaise
De nouueaux souspirs.
Va contente toy
D'auoir pris de moy
Et sens & raison,
Iamais ton enfance
N'aura de puissance
Sur mon poil grison.

Apres auoir chanté & rejoint ce baston, ce gentil artizan m'enseigna comme il pouuoit seruir à arpenter, à prendre largeurs, longueurs & hauteurs : à cognoistre quel chemin fait la Lune en vne heure artificielle, les distances des estoiles fixes de l'vne à l'autre : comme le creux de la pommelle peut seruir à mettre crayons & peintures liquides, & celuy des fleutes à mettre plumes, pinceaux, compas, esquierre, papier, pour designer païsages, villes, chasteaux, & bastimens rustiques, pour mettre aussi petits coutelets, pour faire modelles à leuer fardeaux plus à l'aise, releuer charrettes & chariots versez : engins hydrauliques pour puiser l'eau subtilement du bas en haut. Il me monstra aussi comme on trouuoit aisément la demie toise sur le dos de ce baston qui contient trois pieds, chacun pied douze pouces, chacun pouce douze onces ou lignes : les marques en sont d'iuoire sur le bois d'ebene : de ces trois pieds on en fait la toise qui est de six, on en fait la coudee qui est d'vn pied & demy, la perche doublant la demy toise huit fois : de l'autre costé on y trouue l'aune comme de Paris, de Lyon, de Prouins, la canne & la brasse. Au reste il peut seruir pour aller par païs, & pour s'appuyer estant bien ferré par le bout d'embas, & bien encorné d'vne belle corne de Daim. Voyla le baston que me donna ce gentil artizan, ce que ie n'ay voulu obmettre pour les commoditez d'vn si gentil instrument. Or pour clorre & pour seeller ce beau iour d'vn seau & d'vne marque memorable à iamais, ie vey dedans la prairie sur les bords de la Marne vne troupe de Nymfes portans le crespe d'or de leur cheueleure, flotant & ondoyant sur leurs espaules, cordonné seulement d'vn petit ruban de couleur, & ferré d'vne couronne de paruanche, ie la peu fort aisément discerner du laurier, parce que la Lune lors fauorisoit mon bonheur, luy ayant fait ceste requeste.

Lune porte-flambeau, seule fille heritiere
  Des ombres de la nuit au grand & large sein,

Seule dedans le ciel qui de plus viſte train
Gallopes tes moreaux par la noire carriere :
Seule quand il te plaiſt qui retiens ta lumiere
D'vn œil à demi-clos, puis la verſant ſoudain
Montres le teint vermeil de ton viſage plein,
Et les rayons ſacrez de ta belle paupiere :
Laiſſe moy, ie te pry, ſous le ſilence ombreux
De tes feux argentez au ſeiour amoureux
De ces rares beautez qui m'ont l'ame rauie,
Et cauſent que ſans peur i'erre dedans ce bois
Vagabond & ſeulet, comme toy quelquefois
Pour ton mignon dormeur ſur le mont de Latmie.

Elles monſtroyent l'vne à l'autre en toute priuaute (car elles ne me pouuoyent apperceuoir) leurs gorges, leurs gréues, & leurs ſeins. Entre autres i'en vey vn large blanchiſſant, rehaulſé de deux montagnettes ſoupirantes d'vn doux & mignard tremblement, abouties de deux petites fraizettes rougiſſantes ſur le bout : le teint de ceſte enfleure mignonne reſembloit vn vaſe de cryſtal comblé de lis & de roſes, tant eſtoit naifuement coloré. Toutes eſtoient en cottillon, l'vne le portant iaune, l'autre verd, l'autre d'eſcarlatin violet, tiſſus en broderie de leurs chiffres & deuiſes. Elles auoyent les piés nuz ſans chauſſure, deſcouurant quelquefois en danſant vn talon qui reſembloit mieux vne roſe attachee contre la baſe d'vne colonne, que ce que c'eſtoit : quelquefois monſtroyent vne gréue longue & droite, ſemblable à deux colonnettes d'albaſtre bien choiſi, pour le ſouſtien & fondement d'vne ſi noble architecture. Or ayant donné contentement à mes yeux, de ſi doux & ſi gracieux appas, il falloit bien que l'aureille receuſt quelque plaiſir : & pour ne la laiſſer mal-contente, vne de la troupe commence vne chanſon, mais non ſans auoir eſté importunee de ſes compagnes, par ce qu'elle affeuroit l'auoir trouuee en la pochette d'vne bergere, qui la tenoit fort cherement, ayant esté composee en sa faueur en la personne de son amy qui souhaittoit la baiser : elle commence ainsi.

  Comme la vigne tendre
   Bourgeonnant vient estendre
  En menus entrelas
   Ses petits bras,
  Et de façon gentille,
  Mollette s'entortille
  A l'entour des ormeaux,
  A petits nœuds glissante
  Sur le ventre rampante
  Des prochains arbrisseaux.
Et comme le lierre
  En couleurant se serre
  De maint & maint retour
   Tout à l'entour
  Du tige & du branchage
  De quelque bois sauuage,
  Espandant son raisin
  Dessus la cheuelure
  De la verte ramure
  Du chesne son voisin.
Ainsi puissé-ie estreindre
  Ton beau col, & me ioindre
  Contre l'iuoire blanc
   De ton beau flanc,
  Attendant l'escarmouche
  De ta langue farouche,
  Et la douce liqueur,
  Que ta leure mignonne
  Liberale me donne,
  Pour enyurer mon cueur.
Sus donq que ie t'embrasse

Auant qu'on entrelaſſe
Tout autour de mon col
Le marbre mol
De tes longs bras, maitreſſe :
Puis me baiſe & me preſſe,
Et me rebaiſe encor
D'vn baiſer, qui me tire
L'ame quand ie ſoupire
Deſſus tes leures d'or.
De moy, ſi ie t'approuche,
I'enteray ſur ta bouche
Vn baiſer eternel,
Continuel :
Puis en cent mille ſortes
De bras & de mains fortes
Sur ton col me liray
D'vn neu qui long temps dure,
Et par qui ie te iure
Qu'en baiſant ie mourray.
Si i'ay cet heur, ma vie,
Ny la mort ny l'enuie,
Ny le ſomme plus doux,
Ny le courroux,
Ny les rudes menaces,
Non pas meſmes les Graces,
Les vins, ny les appas
Des tables enſucrees,
De tes leures pourpreés
Ne m'arracheroyent pas.
Mais ſur la bouche tienne
Et toy deſſus la mienne
Languiſſans nous mourrions,
Et paſſerions,
Deux ames amoureuſes,
Les riues tortueuſes
Par deſſus la noire eau,
Courant dedans la ſalle
De ce royaume palle,

En vn mesme bateau.
Là par les vertes prees
De couleurs diaprees
En ce royaume noir,
Nous irions voir
Les terres parfumees
Qui sans estre entamees
Sous le coutre trenchant,
De fecondes mammelles
Les moissons eternelles
Sont tousiours épanchant.
Là tousiours y soupire
Vn gracieux Zephyre,
Qui d'vn vent doucelet,
Mignardelet,
Se ioue & se brandille,
Se branche, & se pandille
D'ailerons peinturez
Sous la forest myrtine
Et la verte crespine
Des beaux Lauriers sacrez.
Là les lis & les roses
De leurs robes décloses
Font renaistre en tout temps
Vn beau printemps,
L'œillet, & l'amaranthe,
Le Narcisse, & l'acanthe,
Cent mille & mille fleurs
Y naissent, dont l'haleine,
L'air, les bois & la plaine
Embasme de senteurs.
Là sur la riue herbeuse
Vne troupe amoureuse
Rechante le discours
De ses amours :
Vne autre sous l'ombrage
De quelque antre sauuage,
Lamente ses beaux ans,

Mais làs! en ce lieu sombre
Ce n'est plus rien qu'vne ombre
Des images viuans.
Ie sçay bien qu'à l'entree
Vne troupe sacree
Clinera deuant nous,
Et deuant tous
Nous fera cette grace
De choisir nostre place
Dessus de verds gazons,
Tapissez de veruaine,
De thym, de mariolaine,
Et d'herbeuses toisons.
Ie sçay qu'il n'y a dame,
Non celle dont la flame
Vint la flame tenter
De Iupiter,
Qui s'offensast, cruelle,
De nous voir deuant elle
Nous mettre au plus haut lieu,
Ni celle qui la guerre
Alluma dans sa terre
Fille de ce grand Dieu.

Cette chanson finie ie demeure tout éperdu tant pour la douceur de la voix larronnesse de mon ame, que pour les parolles passionnees de l'amour. Et croy que cette Nymfe auoit choisi ce suiet propre à ses passions, autrement il n'eust esté possible de si bien chanter & de si bonne grace, sans estre époinçonnee de quelque amoureuse affection. I'ay ouy au mois d'Auril les accens redoublez, & tirez à longue haleine, & les fredons entre-coupez du Rossignol, i'ay ouy le tin-tin des Cigales au mois le plus chaud de l'Esté, i'ay ouy doucement glisser la rosee sur les herbes emperlees de son degout, i'ay ouy entre deux montagnes cauerneuſes les vieilles querelles de la parlante Echo, i'ay ouy couché deſſus vn ruiſſelet, tapiſſé de verdure & calfeutré de mouſſe, le murmure d'vne eau roulante à petits flots au trauers de petites pierrettes & de grauois menu, i'ay ouy dedans le ſaint horreur des foreſts les plus obſcures les chanſons de Daphnis : mais, pour dire la verité, cette voix eſtoit toute autre choſe. Or de peur d'eſtre découuert i'eu patience derriere vn ſaule creux où ie m'eſtois tapi, ou de frayeur, voyant tant de diuinitez enſemble, ou de peur d'interrompre leur plaiſir, ou ſous l'eſperance d'en entendre dauantage : mais ie ne démeuray gueres que ſoudain ie ne les viſſe toutes au plonge fendre l'eau à coups de bras, puis ſoudain s'euanouir, & ſe dérober de mes yeux. Enyuré de tant de plaiſirs, enuiron les dix heures ie me retire en ma chambre pour prendre mon repos. Ie vous laiſſe à penſer ſi ce dormir me fut plaiſant & doux. Car ſi toſt que le Sommeil eut couuert de ſes ailes humides la laſſe & pareſſeuſe paupiere de mes yeux, l'enchantereſſe & charmereſſe memoire de ce que i'auois veu & entendu ce beau iour, accompagné d'Amour, de plaiſir, & poſſible de quelque paſſion, tous enſemble viennent ſuborner mes ſens, faiſant nouuelle recharge & nouuelle eſcarmouche à mes apprehenſions. Car non ſeulement il me ſembloit veoir ce que i'auois veu, ouyr ce que i'auois ouy, entendre ce que i'auois entendu, admirer ce que i'auois admiré, mais ie penſois véritablement auoir tel heur, de continuer le plaiſir de mes yeux. Mais las ! Somme trompeur, trop ialoux de mon plaiſir, & mortel ennemy de mon aiſe, vrayment à bon droict les anciens te faiſoyent ſacrifices & parfumoyent tes autels d'encens & de pauot : Tu n'es qu'vne douce fumée qui s'euanouiſt en l'air, tu n'es qu'vne odeur paſſagere qui trauerſant nos apprehenſions charme & enſorcele nos ſens, tu n'es qu'vn maſque fantaſtiq, trompeur, & menteur, deguiſant le faux en apparence de vray. Hà belle & trop amoureuſe Aurore tu pouuois bien demeurer encores quelque temps en ta couche pourpree, frizottant le poil de ton mary griſon, ſans que l'Amour t'eſpoinçonnaſt de ſi toſt nous ramener le iour. Hà belles & gentilles eſtoiles, pourquoy n'auez-vous repouſſé & mis en fuite les cheuaux du Soleil, ſans mettre fin à mes ſonges ſi plaiſans? Que pleuſt à Dieu que ceſte nuict m'euſt eſté vne nuict perpetuelle, ſans iamais pouuoir deſſiller mes paupieres pour œillader ce beau Soleil, & qu'vn ſonge tel couuaſt eternellement deſſus mes yeux. Et ſi me voulois faire tant de grace, le careſſant ie dirois.

Vien Somme vien, ton pouuoir n'eſt aux cieux,
 Rien n'y ſommeille, & de l'humeur ſorciere
 De ton pauot, arroſe ma paupiere,
 Mon front, mon poil, mes temples, & mes yeux :
Charme le mal d'vn charme obliuieux
 Qui me trauaille, & fait que plus n'eſpere
 Mon pauure cœur, qui ſoupirant s'altere
 Et qui n'eut onc faueur d'eſperer mieux.
Vien donc à moy, & du vent de tes œlles
 Euente vn peu les angoiſſes cruelles
 Qui ſans pitié me minent iuſqu'à l'os :
Et tous les ans, ſi tu m'es fauorable,
 Ce meſme iour i'eſpandray ſur la table
 De ton autel, du miel & des pauots.

Mais quoy? Ie cogneu lors que tout ce qui prend vie, & tout ce qui ſoupire ſous ce grand ciel ne ſe peut continuer en ſon eſtre, & qu'il faut par neceſſité qu'il prenne quelque fin fuyuant le fil ordonné de la main de ce grand Dieu. Ainfi ie paffé ce beau iour, & cefte douce nuict. Ie vous prie, fi toute noftre vie eftoit difpenfee en cefte façon, mefnageant les iours & les heures en tels plaifirs, fans offenfe, fans malheur, fans apprehenfion fafcheufe, fans alteration de noftre naturel, francs & libres d'auarice, d'enuie, & d'ambition, aurions-nous regret en mourant d'auoir vefcu fi doucement en ce monde?

FIN DE LA PREMIERE IOVRNEE

DE LA BERGERIE.

NOTES

NOTES

I. LES OEVVRES POETIQVES DE REMY BELLEAV.

Ce titre est celui des diverses éditions collectives, qui toutes ont paru après la mort du poëte. Le frontispice de la première, qui est en deux volumes de petit format in-12, porte :

LES OEVVRES POETIQVES DE REMY
BELLEAV.
Redigees en deux Tomes.

A PARIS,
Par Mamert Patiffon Imprimeur du Roy,
au logis de Robert Eftienne.

M. D. LXXVIII.

AVEC PRIVILEGE DU ROY.

Il y a des exemplaires qui portent l'adresse : *A Paris, Pour Gilles Gilles, libraire, rue de S. Iehan de Latran, aux trois couronnes.*

Au verso du titre du tome I, se trouve :
Le contenu en ce 1. Tome.
Les amours & nouueaux efchanges des pierres precieufes.

Difcours de la Vanité pris de l'Ecclefiafte.
Eclogues facrees prifes du Cantique des Cantiques.
La Bergerie, diuifee en vne premiere & feconde Iournee.
Apparances d'Arat, poete Grec.
(*Les Prognofiques & Prefages d'Arat Poëte Grec,* qui terminent le volume, ne sont pas mentionnés dans ce *Contenu.*)

Le tome I a deux séries de folios.

La première, qui finit au folio 110, comprend *Les Amours & nouueaux Efchanges des pierres,* le *Difcours de la Vanité* et les *Eclogues.*

En tête de cette série, après l'épître de Belleau à Henri III, reproduite dans notre réimpression, viennent les pièces préliminaires suivantes :

Ad Henricum III. Galliæ & Poloniæ Regem, de Remigii Bellaquæi Lapidibus pretiofis Io. Auratus Poeta Regius;

Des vers Latins de M. d'Aurat (traduction des vers précédents);

In lib. Remigii Bellæi de Gemmis G. Valens Guellius PP;

Du Latin de M. de Pimpont (traduction des vers précédents);

Εἰς εἰκόνα τοῦ P. Βελλαίου (pièce grecque, signée : N. Γουλόνιος (Nicolas Goulu);

Au Peuple de France (sonnet, signé *Sce. de Saintemarthe*);

In Poëmata Rem. Bellæi (pièce de vers latins, signée : *I. Geffeus*);

Un sonnet sans titre, signé : *Pafc. Rob. Du-faux;*

Au Lecteur (avertissement que nous reproduisons en tête de notre réimpression).

La seconde série, qui finit au folio 189, comprend *La Bergerie, Les Apparences* et *Les Prognofiques d'Arat.*

En tête de cette série se trouvent 4 feuillets, non chiffrés, contenant les pièces préliminaires suivantes :

In Ouile R. Bellæi (pièce latine, signée : PP. au verso du faux titre de *La Bergerie*);

A Monfeigneur Charles de Lorraine Marquis d'Elbeuf (épître de Belleau, reproduite dans notre réimpression);

In Remigii Bellaquei Poëmata. Io. Auratus Poëta Regius;

Sur la Bergerie de R. Belleau (6 sonnets, signés : 1º P. de Ronfard, 2º Ph. des Portes, 3º et 4º A. Iamyn, 5º R. Garnier, 6º Eft. Tabourot, Dijonnois).

Aux folios 83 et 84, après le faux titre de la seconde journée de la Bergerie, se trouvent : l'épître de Belleau *A Monfeigneur Loys Monfieur de Lorraine,* et une pièce latine, *In Remigii Bellaquei Bucolica,* signée : *Io. Auratus Poëta Regius.*

Le tome II a un titre particulier que voici:

LES
ODES D'ANACREON
TEIEN, POETE GREC,

traduictes en François,

PAR REMY BELLEAV.

Auec quelques petites Hymnes de fon inuention, & autres diuerfes poefies : Enfemble vne Comedie.

A PARIS,

Par Mamert Patiffon Imprimeur du Roy, au logis de Robert Eftienne.

M. D. LXXVIII.

AVEC PRIVILEGE DV ROY.

Ce volume commence par l'épître de l'auteur à J. Gassot. Les deux pièces préliminaires qui suivent appartenant en propre aux *Odes d'Anacréon*, nous en parlons dans les notes consacrées à cet ouvrage, p. 324.

Après l'*Ode fur les recherches de E. Pafquier*, viennent : 1° un quatrain latin : *De apibus polonis & R. Bellaqua. A. B.*; 2° la *Traduction de quelques Sonnets François, en vers Latins par le mefme Belleau*. Voici le premier vers de chacun de ces sonnets, qui sont au nombre de six :

> *Mouches qui maffonnez les voûtes encirees...*
>
> *Quand ie preffe en baifant ta leure à petits mords...*
>
> *Ce begayant parler, ce fous-ris amoureux...*
>
> *Si mille œillets, fi mille liz i'embraffe...*
>
> *Que lafchement vous me trompez mes yeux...*
>
> *Voyant les yeux de toy, Maiftreffe efleue...*

Le texte français des trois premiers sonnets est de Belleau (*Seconde iournee de la Bergerie*, p. 86 et 87); celui des trois derniers, de Ronsard (*Les Amours*, sonnets xxix, cliiii et lxvii).

Deux pièces latines suivent le sonnet *Au fieur Salomon*. La première, sans titre, a onze vers. La deuxième, *Ad P. Ronfardum de fonte D. Theobaldi*, se compose de huit distiques.

Les Imprecations fur la mort du feigneur du Gaʒ et *l'Epitaphe d'Anne de Montmorency* sont accompagnées de leur texte latin.

Après le sonnet, *S'il faut, comme tu dis, que le fcandale aduienne*, qui termine les *Petites Inuentions*, est imprimée la comédie *La Reconnue*, que suit *Le Tombeau de Remy Belleau*, formé de pièces françaises, grecques et latines.

Ce tome II a 159 folios, plus 3 folios non chiffrés pour la *Table* et l'*Extrait du priuilege* (donné à Blois le xj. iour de Septembre *1571*).

Cette édition a servi de base à la nôtre, mais nous en avons modifié le plan général en classant les divers ouvrages dont elle se compose d'une manière plus conforme à leur date de composition ou du moins de publication. Ainsi nous donnons d'abord *Les Odes d'Anacréon* qui, dans l'édition de 1578, commencent le tome II.

Quant au texte, il a été souvent rectifié au moyen d'un examen fort attentif, tant des éditions originales de chacun des poëmes, que des éditions collectives postérieures. M. Royer, dont j'ai eu à mentionner en tant de circonstances le zèle amical, a bien voulu se charger de cette laborieuse collation et m'en communiquer tous les résultats, entre lesquels je n'ai plus eu qu'à choisir.

Après l'édition de 1578, viennent les trois éditions posthumes suivantes, toutes de même format, toutes divisées en deux tomes et accompagnées chacune de la mention : « reueuës & corrigees en cefte derniere impreffion. »

1585. — *Paris, Mamert Patiffon.* (Il y a, comme pour l'édition précédente, des exemplaires qui portent l'adresse de Gilles-Gilles.)

1592. — *Lyon, Thomas Soubron.*

1604. — *Rouen, Thomas Dare.*

(Il y a des exemplaires qui portent l'adresse de Iean Berthelin.)

A ces anciennes éditions il faut ajouter une excellente publication qui fait partie de la *Bibliothèque elʒevirienne :*

« *Œuvres complètes de Remy Belleau,* nouvelle édition

publiée d'après les textes primitifs avec variantes et notes par A. Gouverneur. — Paris, Franck, 1867. » 3 vol. in-12.

Malgré son titre d'*Œuvres complètes*, cette édition ne contient, comme les précédentes et comme la nôtre, que les *Œuvres poétiques*. Les *Commentaires fur le fecond liure des Amours de Ronfard*, que nous placerons, au moins par extraits, dans notre édition de Ronsard, en ont été systématiquement exclus.

2. LES ODES D'ANACREON TEIEN, POETE GREC, p. 1.

L'édition originale porte le titre suivant :

LES ODES
D'ANACREON TEIEN,
TRADVITES DE GREC

en François, Par Remi Belleau de
Nogent au Perche, enfemble
quelques petites hymnes de
fon inuention.

Mufa dedit fidibus Diuos, puerófque Deorum,
Et pugilem victorem, & equum certamine primum,
Et Iuuenum curas, & libera vina referre.
            Hora.

A PARIS.

Chez André Wechel, rue fainct Iehan de
Beauuais à l'enfeigne du cheual-
volant. 1556.
Auec priuilege.

In-8, 103 pages.

On lit, page 3, la dédicace suivante, que M. Gouverneur n'a pas recueillie :

A Monfeigneur Chretophle de Choifeul, Abbé de Mureaux.

Monfeigneur, la faueur & la reuerence que vous portés aux bonnes lettres, & à tout ce qui peut refter des ruines de la venerable antiquité, ont fait (outre l'obligation de l'honnefte amitié que vous, & toute voſtre maiſon, de long temps me portés) que pour le deuoir & feruice que ie vous dois, ie n'euffe peu choifir homme, qui de meilleure affection euft voulu fauorizer ce mien petit labeur, que vous, qui de voſtre grace m'auez mis le moien & l'occaſion en main de l'ofer hardiment entreprendre. Dauantage, Monfeigneur, qu'auez efté le premier participant, ou de l'importunité que vous en ay faicte, le liſant, ou du feiour que i'ay fait en voſtre abfence, quant pour plus de faueur m'auez donné le loifir de feiourner quelque temps en cefte ville, pour auoir plus de commodité le mettre à fin. Puis ie m'affeure que pour la diuerfité des gentilles inuentions de l'auteur, & induſtrie des anciens, prendrez plaifir à cefte mienne petite traduction, vous fuppliant bien humblement la vouloir prendre d'auffi bon vifage, que d'obeiffante volunté & entiere deuotion ie vous la prefente pour gage de quelque œuure plus grand, & plus digne de vous, ce que i'efpere de bien toft entreprendre & acheuer, par voftre moien : Et fur cefte affeurance ie pry Dieu,

Monfeigneur, vous donner
treſlongue & tresheureu-
fe vie. De Paris ce
quinziefme iour
d'Aouſt.
1556.

Cette dédicace a été remplacée par une épître « au Seigneur Iules Gaffot » que nous avons réimprimée. « Cette préface, dit M. Gouverneur, a été faite pour l'édition de 1572. »

A la page 6, on trouve : *Elegie de P. de Ronfard, à Chretophle de Choifeul, Abbé de Mureaux,* devenue, à partir de 1572, *Elegie de P. de Ronfard à Iules Gaffot.* Nous n'avons pas donné ici cette pièce qui prendra place dans les *œuvres de Ronfard.* A la page 10, on lit une petite pièce latine : *In Anacreontem a R. Bellaqueo Gallicè expreſſum*, signée : *Io. Auratus* (Jean Dorat). A la page 63, commencent, avec un simple titre de départ, les *Petites Inuentions par le mefme Belleau du Perche.* Ces *Petites Inuentions* sont disposées dans le même ordre que dans notre édition, mais ne contiennent que les dix premières pièces, et finissent avec *La Cerife.* Enfin, on lit à la page 101 la *Traduction de quelques Sonetz de P. de Ronfard, par le mefme Belleau.* Nous n'avions pas à recueillir ces traductions en vers latins. Elles s'appliquent aux sonnets qui commencent par :

Amour, quiconque ait dit que le ciel fut ton pere.

Que lâchement vous me trompés mes yeux.

Voiant les yeus de toy, Maiſtreſſe elüe.

Voici la liste des autres éditions des *Odes d'Anacréon*, qui sont parvenues à notre connaissance :

1572 et 1574. — *Paris, Gilles-Gilles.* — Petit in-16.

1573... *Nouuellement reueu : corrigé & augmenté pour la troiſieme Edition. Plus quelques Vers Macaroniques du meſme Belleau.* — A Paris. De l'imprimerie de Robert Granion, ruë Sainct Iean de latran à l'Arbre ſec. — Petit in-16.

L'exemplaire que nous décrivons est celui de la Bibliothèque Mazarine. Il n'est ni paginé ni folioté, et se compose de huit cahiers de huit feuillets chacun, portant les signatures typographiques A.-H. Les pièces qui composent ce recueil sont les mêmes que celles des pages 1-107 de notre édition, et sont disposées dans un ordre identique, sauf les différences suivantes : l'*Epigramme* et le huitain « *A ſa maiſtreſſe* » (p. 8), ne se trouvent pas en 1573 ; leur place est occupée par le sonnet « *A ſa maiſtreſſe : — Veus tu ſonder le fond de mon martire* » (p. 117). Le sonnet sans titre : *De mille morts...* (p. 91), manque ici et se retrouve plus loin. Avant le *Dictamen metrificum* (p. 101) viennent trois sonnets : « A M. M. (A ma maistresse) » : 1° *Depuis que ie baiẑé...* (p. 147); 2° *De mille mortẑ.*; 3° *Veus tu ſonder...* répété ici. Après le *Dictamen* se trouve, comme dans l'édition de 1556, la *Traduction de quelques Sonets François, en vers Latins...* Ces traductions s'appliquent aux six sonnets que nous avons cités p. 321. Le premier et le deuxième sonnets sont séparés par le quatrain latin *De apibus polonis...*

Le volume se termine par *Le Mulet* (p. 108), qui ne porte que ces mots en guise de titre : *A Monſieur Nicolas Secretaire du Roy.*

M. Gouverneur, qui ne mentionne pas cette édition, en décrit une autre dont le titre est tout à fait semblable, et qui porte également la mention : « troiſieme Edition, » mais à laquelle il attribue la date de 1571. Enfin, on en connaît encore trois autres, de petit format in-16 :

1574. — *Paris, Nicolas Bonfons.*

1574... *Nouuellement reueu, corrigé & augmenté pour la quatrieſme edition.* — *Paris, Iehan Chanon.* A la fin de cette édition se trouve un « extrait du Priuilege » accordé à Belleau

« l'vnziefme iour de Septembre 1567 » avec une permission de Belleau « à Gilles-Gilles & Iehan Chanon d'imprimer, vendre & diftribuer... iufques au terme de dix ans. »

1577. — *Lyon, Rigaud.*

Les *Odes d'Anacréon* ont, en outre, été réimprimées avec un titre spécial dans le second tome des diverses éditions posthumes. Voyez la note précédente, p. 322.

Pour l'appréciation de cette traduction des *Odes d'Anacréon*, comparée aux autres tentatives contemporaines analogues, voyez *Anacréon au seizième siècle*, p. 440-456 du *Tableau de la poésie française au* XVIe *siècle*, par Sainte-Beuve. — Charpentier, 1843. — In-18.

Cette édition de 1556, que nous avons attentivement comparée à celle de 1578, présente des particularités orthographiques intéressantes, qui ont, pour la plupart, disparu de cette dernière. Nous renvoyons, pour les passages cités, aux pages de notre édition.

C remplace *t* ou *d* à la fin de certains mots :

Lut (luth) (p. 8, v. 2; p. 61, v. 11) : *luc*;
Nid (p. 29, v. 29; p. 30, v. 1) : *nic.*

C est remplacé par *g* dans divers mots où il se prononçait comme cette dernière lettre :

Secrets (p. 52, v. 32) : *fegrés*;
Secretaires (p. 66, v. 12) : *fegretaires.*

G prend le son dur devant *e* muet, sans être précédé d'un *u* :

Vague (p. 56, v. 8) : *vage*;
Vaguement (p. 71, v. 3) : *vagement.*

Bigearre (bizarre) (p. 67, v. 7) est écrit *bigarre*, ce qui fait supposer qu'on prononçait parfois le *g* dur, comme dans *bigarré*.

N remplace *gn*, suivant la prononciation du temps :

Signal (p. 45, dernier vers) : *final.*

I remplace *ei* :

Cueillis (p. 11, v. 24) : *cuillis*;
Orgueilleux (p. 47, v. 2) : *orguilleux.*

Ei au contraire remplace quelquefois *i* :

Milieu (p. 44, v. 22) : *meillieu.*

NOTES.

O remplace *ou* :

Langoureux (p. 33, v. 10; p. 44, v. 10) : *langoreux*;
Troupeau (p. 31, v. 4; p. 44, v. 34) : *tropeau*.

Ou remplace *u* :

Surgeon (p. 61. v. 1) : *fourgeon*.

Eu remplace *u* :

Durs (p. 54, v. 19) : *deurs*.

J'ay (p. 9, avant-dernier vers; p. 30, v. 17) est écrit : *ié*.

A elle (p. 8, v. 13), écrit en 1578 sans *t* euphonique, se trouve, en 1556, avec le *t* caractéristique de la troisième personne des verbes : *at-elle*.

Eſt-ce (p. 30, v 13 ; p. 62 v. 9) est imprimé en un seul mot : *eſſe*. Il se trouve encore sous cette forme en 1578, à la fin d'un vers où il rime avec *maiſtreſſe* (p. 76, v. 18).

La première personne du pluriel de l'impératif n'a d'*s*, en 1556, ni devant une consonne ni devant une voyelle : au lieu de *l'entremeſlons* (p. 10, v. 24), on lit *entremelon*; au lieu de *beuuons* (p. 11, v. 11), *beuuon*.

La troisième personne du pluriel est souvent en *oint* : *retardoyent* (p. 21, v. 12) : *retardoint*.

Au lieu de *qu'il* on trouve *qui*, ce qui représente plus fidèlement la prononciation du temps, car l'*l* de *il* ne sonnait jamais devant une consonne :

... *l'hommage*
Qu'il lui doyt... (p. 61, v. 7);
... *l'hommage*
Qui luy doit.

Enfin, au lieu de : *Fidelle amy* (p. 60, v. 10), on trouve, en 1556 : *Fidelle my*, qui représente probablement la prononciation d'alors, dans laquelle l'*a* initial d'*ami*, confondu avec l'*e* final de *fidelle*, ne s'entendait sans doute presque point.

Les variantes entre l'édition de 1556 et celle de 1578 ne sont ni fort nombreuses ni fort importantes. Nous indiquerons les principales à mesure qu'elles se présenteront.

3. *Alors*... p. 9, v. 15.
1556 : *Et lors*...

4. *Deſſous ta treille*... p. 11, v. 8.
1556 : *Pres de ta treille*...

5. *La fille portant...* p. 11, v. 14.
1556 : *Que la fille aiant...*

6. *Me mort de morſure...* p. 12, v. 4.
1556 : *Me mordit, de fureur...*

7. *... pronte...* p. 12, v. 16.
1556 : *... molle...*

8. *Ie luy demande...* p. 14, v. 9.
Il y a bien, dans les éditions de 1573 et de 1578, le présent *demande*, mais le sens veut un passé; il vaudrait donc mieux lire *demandé* pour *demandai*, comme dans l'édition de 1556.

9. *... haſter ...* p. 15, v. 10.
1556 : *... croiſtre...*

10. *... le point du iour...* p. 15, v. 20.
Ainsi dans toutes les éditions, excepté celle de 1578, qui donne *poing*.

11. *...ſemont...* p. 16, v. 16.
1556 : *... prouoque...*

12. *... tout à trauers,* p. 16, v. 28.
1556 : *... par le trauers.*

13. *... ſur toute autre fleur,* p. 19, v. 4.
1556 : *... par ſus toute fleur.*

14. *... vineux...* p. 19, v. 6.
1556 : *... coulant...*

15. *Hâ que...* p. 20, v. 7.
1556 : *Or' que...*

16. *... eſtraindre,* p. 23, v. 4.
1556 : *... eſteindre.*

17. *... dorment...* p. 23, v. 14.
1556 : *... reſtent...*

18. *Le pourtrait de ſa Maiſtreſſe,* p. 24, ligne 13.
Cette traduction s'est transformée dans la *premiere iournee de la Bergerie* en une longue imitation. Voyez p. 260.

19. *...frond d'iuoyre,* p. 24, avant-dernier vers.

On lit à tort, dans l'édition de 1578 et dans les suivantes, *fond*, au lieu de *frond* que portent les éditions originales. Le texte grec, très-exactement traduit dans ce passage, ne laisse aucun doute sur la leçon qui doit être adoptée :

Ὑπὸ πορφύραισι χαίταις
Ἐλεφάντινον μέτωπον.

La faute contraire, *frond* pour *fond*, a été commise aussi dans certaines éditions, à l'occasion du passage suivant du *Pourtrait de Bathylle* :

...*fay luy le poil blond,*
Parfumé, noirciſſant au fond,
Le bout, iauniſſant... p. 25, v. dernier, et p. 26, v. 1 et 2.

Ici encore le texte ne laisse aucun doute sur le véritable sens :

Λιπαρὰς κόμας ποίησον,
Τὰ μὲν ἔνδοθεν, μελαίνας,
Τὰ δ'εἰς ἄκρον, ἡλιώσας.

Quant à l'orthographe *frond*, elle est constante dans 1556 et se retrouve encore plus d'une fois dans 1578. Voyez p. 15, v. 4 et passim.

20. *Parfumé, noirciſſant au fond*, p. 26, v. 1.
Voyez la note précédente.

21. *N'en pouuant ſortir deſormais*
Eſtant ſon eſclaue à iamais, p. 28, v. 1 et 2.
1556 : *Et touſiours y demourra pris,*
Eſtant à ſeruir bien appris.

22. *Et puis en adiouſte quinze,*
Et la troupe bien apprinſe, p. 29, v. 5 et 6.
Toutes les éditions portent *appriſe*, rimant avec *quinze*. Il est évident qu'on prononçait ici *apprinſe*, forme qu'on trouve très-souvent imprimée chez Belleau et ses contemporains, non-seulement dans la poésie mais aussi dans la prose. C'est ce qui nous a décidé à la préférer dans ce passage.

23. *Poindre...* p. 32, v. 18.
1556 : *Croiſtre...*

24. *De ſe promettre le futur ?*
De boire & danſer c'eſt mon heur, p. 35, v. 21 et 22.
Dans le *Dictionnaire des rimes françoiſes : premierement compoſé par Iean le Feure... Et depuis augmenté... par le Seigneur des Accords.* — Paris, Iean Richer... 1588. — in-8, à la suite des mots en *ur : Obſcur... Futur, Azur*, on trouve cette indication : « Rime auec *eur.* »

25. ... *les chants mignons*
   De ma lyre, & de mes sons, p. 36, v. 18 et 19.
1556 : ... *les chants diuers,*
   De ma lyre, & de mes vers.

26. ... *campagne,*
   ... *montaigne*, p. 36, v. 28 et 29.

Il y a *montaigne* dans toutes les éditions. La diversité dans 'orthographe n'empêchait pas l'identité dans la prononciation.

27. ... *ce qui le cœur poind*, p. 38, v. 24.
1556 : ... *ce que le cœur point.*

28. *Par elle ont auancé leur cours*
   La guerre & les morts execrables, p. 39, v. 5 et 6.
1556 : *Par elle mesme a pris son cours*
   La Guerre, les morts execrables.

29. *Trace moy, Peintre, vn beau paysage,* p. 39, avant-dernier vers.
1556 : *Sus Peintre fai moy vn païsage.*

30. ... *nourrissant*, p. 40, v. 17.
1556 : ... *noircissant.*

31. *De Dauphins courbez...* p. 42, v. 1.
1556 : *De poissons courbés...*

32. *Sus versez dedans le tonneau,*
   Et des pieds seulement y foulent, p. 42, v. 10 et 11.
1556 : *Sus versés-le dans le tonneau,*
   Que des piés seullement y foulent.

33. ... *germe...* p. 42, v. 13.
1556 : ... *bon vin...*

34. ... *longs...* p. 44, v. 15.
1556 : ... *vieux...*

35. *Aussi tost i'entre en allaigresse,* p. 45, v. 3.
1556 : *Soudainement i'entre en liesse.*

36. *Cybelle demeure auec nous,*
   De roses que lon me couronne, p. 45, v. 5 et 6.
1556 : *Atten moi Dame par sus tous*
   Ie veil soudain qu'on me couronne.

37. ... *retient!* p. 46, v. 15.
1556 : ... *detient!*

38. Av seignevr P. de Ronsard, p. 47, ligne 4.
1556 : A Pierre de Ronſard.

39. Avdit seignevr de Ronsard, p. 50, lig. 2.
1556 : A Pierre de Ronſard. — 1573 : A I. A. de Baif.

Le Papillon a été réimprimé en 1565, dans un petit recueil dont voici la description :

LE FOVRMY
DE P. DE RON-
SARD A R. BELLEAV.
LE PAPILLON
DE R. BELLEAV A P. DE
RONSARD.

MIS EN LATIN PAR P. EST. TABOUROT.
Auec quelques Epigrammes latins, dediés
A Illuſt. Seigneur G. LE GENEVOIS
Doyen en l'Egliſe de Langres.

A PARIS.
Pour Thibault Beſſault, en la rue S. Iacques à l'enſeigne de l'Elephant, pres les Mathurins.
1565.

In-8°, 16 ff. non chiffrés.

Le texte, assez défectueux, ne présente aucune variante intéressante, mais on lit en tête de cette plaquette : L'Adieu de R. Belleau à ſon Papillon ſur la verſion de P. Eſtienne Tabourot, pièce qui manque dans toutes les éditions des Œuvres poétiques, même dans celle qui a été publiée par M. Gouverneur. On la trouvera dans l'Appendice qui terminera notre tome II.

40. ... cet ormeau, p. 52, v. 5.
1556 : ... ce rameau.

41. . . *hideux*, p. 55, v. 17.
1556 : . . . *odieux*.

42. AV SEIGNEVR DE BAIF, p. 56, ligne 2
1556 : A P. de Ronſard.

43. *Soudain elle deuient*... p. 57, v. 8.
1556 : *Auſſi toſt ell'deuient*...

44. ... *Baif*... p. 58, v. 14
1556 : ... *Ronſard*...

45. AV SEIGNEVR GEORGE BOMBAS, p. 58, ligne 16.
1556 : A Nicolas Deniſot, Vallet de Chambre du Roy.

46. *Le globe*... p. 59, v. 33.
1556 : *Du globe*...

47. AV SEIGNEVR R. GARNIER, p. 60, ligne 23.
1556 : A Pierre de Ronſard.

48. *Qui veux entonner*... p. 61, v. 26.
1556 : *Qui veus étonner*...

49. ... *s'enſanglanta*, p. 64, v. 3.
1556 : ... *l'on ſanglanta*.

50. *Garnier*... p. 64, v. 18.
1556 : *Ronſard*...

51. AV SEIGNEVR NICOLAS, p. 64, ligne 28.
1556 : A N. Mallot.

52. *Le feu brillant des eſtoiles
    Qui rayonne contre bas*, p. 65, v. 29 et 30.
1556 : *Le cler ſeiour des eſtoilles
    Qui raïonnent contrebas*.

53. *A peine ſçauons qui nous ſommes*, p. 69, v. 7.
1556 : *A peine ſçauons nous quelz ſommes*.

54. *De ton meſnage*... p. 69, v. 24.
1556 : *De ta nature*...

55. . . . *carriere*, p. 70, v. 17.
1556 : . . . *barriere*.

56. . . . *les mieux*... p. 71, v. 26.
1556 : . . . *le mieux*...

57. *En ce fameux & bon vieil age*, p. 71, dernier vers

Le morceau qui commence par ce vers, et finit par :
Paſſe les autres fruits du monde (p. 74, v. 21), manque dans 1556. On le trouve dans 1573.

58. . . . *l'arc en ciel*, p. 75, dernier vers.
1556 : . . . *l'arc au ciel.*

59. . . . *laurier...* p. 82, v. 9.
1573 : . . . *arbre...*

60. . . . *conardiſe*, p. 87, v. 29.
1573 : . . . *cornudiſe.*

61. . . . *englace*, p. 89, v. 25.
1573 : . . . *renglace.*

62. Chant de triomphe. *Sur la victoire en la bataille de Moncontour*, p. 91, ligne 16.

Cette pièce a paru en 1569 dans le recueil intitulé *Peanes ſiue hymni*, dont nous avons donné la description dans la 15e note de notre édition des *Œuvres poétiques de Dorat* (p. 77). Elle y occupe le feuillet portant la signature *Cij*. Cette édition originale ne présente presque aucune variante qui mérite d'être rapportée.

63. *Et ces Ruſſeaux dont l'areine*
Se renferme entre deux mers, p. 94, v. 20 et 21.
Les Anglais sont clairement désignés dans ces vers.
L'édition originale, dont l'orthographe est assez semblable à celle des *Odes d'Anacréon* de 1556 (voyez note 2, p. 326), porte *Ruſſeaux* au lieu de *Rouſſeaux*.

64. ... *acquiſe*... p. 96, v. 1.
1573 : ... *acquis...*

65. ... *les prophetes oyſeaux*, p. 97, v. 25.
Cette leçon, d'ailleurs fort claire, est celle de toutes les éditions anciennes que nous avons vues. M. Gouverneur donne : *prophanes oiſeaux*, sans indiquer ce qui le porte à faire ce changement, qu'il a répété dans un autre endroit. Voyez note 144, p. 349.

66. ... *de mains ſanglantes*, p. 99, v. 22.
Édition originale et *Odes d'Anacréon* de 1573 : *des mains ſanglantes.*

67. Dictamen metrificvm de bello hvgvenotico... p. 101, ligne 24.
Ce poëme macaronique, dont on signale des éditions sans

date in-4° et in-8°, a été réuni aux éditions des *Odes d'Anacréon* publiées par Robert Grandjon et par Nicolas Bonfons (voyez note 2, p.324 et 325), et aux diverses publications posthumes des *Œuvres poétiques*. Il accompagne souvent la traduction de l'*École de Salerne* par J. de Milan.

Dans une édition de cet ouvrage intitulée « *L'Eſchole de Salerne. En vers Burleſques. Et poema macaronicum de Bello huguenotico*. A Rouen, chez Clément Malaffis. M. DC. LX. » le poëme de Belleau est suivi d'une imitation française annoncée en ces termes :

*Poeme Macaronique
De la Guerre Huguenotique
Traduit d'vn plaiſant Latin
En deux ſoirs & vn matin.*

Un *Recueil de poésies françaises et latines*, qui porte le n° 1663 des manuscrits français de la Bibliothèque nationale, contient la première partie du *Dictamen metrificum*, jusqu'à : *Ite, nec in noſtrum tam dulce recurrite vinum* (p. 105, v. 2, inclusivement). Cette copie diffère des imprimés en plusieurs endroits; nous signalerons les variantes principales qu'elle offre à mesure qu'elles se présenteront.

Quant au texte que nous adoptons, c'est, suivant notre coutume, celui de 1578, très-conforme d'ailleurs aux impressions précédentes. Nous n'avons pas cru devoir corriger ce morceau dont les bizarreries sont le plus souvent volontaires. Si par exemple on lit à la page 104, v. 20 : *pretorum*, et non *pretrorum* comme dans le manuscrit, quoiqu'il y ait *pretris* p. 103, v. 29, c'est peut-être dans une intention comique afin d'imiter la prononciation du peuple, qui disait et dit encore *prête* pour *prêtre*.

Il est d'autres corrections plus légitimes que nous aurions pu faire. Rien n'aurait été plus facile que de mettre partout l'orthographe rigoureusement d'accord avec la prosodie. Nous avons préféré reproduire le texte courant des éditions contemporaines. Toutefois nous avons substitué *monachis* (p. 104, v. 4) à *nonachis*, faute purement typographique de l'édition de 1578, qui ne se trouve ni dans le manuscrit, ni dans l'édition de 1573.

68. *Et conni horridulum...* p. 101, v. avant-dernier.
Ce vers manque dans le manuscrit.

69. ... *attacare penachium*, p. 101, dernier vers.
Manuscrit : ... *attachare penachum*, leçon exigée par la prosodie, mais que les imprimés n'ont point adoptée.

NOTES.

70. *Denique paſtillos...* p. 102, v. 16.
Ce vers et le suivant manquent dans le manuscrit.

71. ... *Tauanus*, p. 102, v. 18.
Ce mot est resté en blanc dans le manuscrit. La glose du vers suivant explique suffisamment qu'il est pris dans le sens de *taon*. La lettre capitale par laquelle il commence dans les imprimés pourrait faire croire qu'il y a une allusion à un Tavannes, si l'orthodoxie bien connue des membres de cette famille n'interdisait de les soupçonner d'avoir fait cause commune avec les protestants.

72. *Quidue fides...* p. 102, v. 25.
On lit après ce vers, dans le manuscrit, les deux suivants, qui manquent dans les imprimés :

> *Liber & arbitrius quidnam prædeſtinet vltra*
> *Ianua parens, annis qua non annoſior altra.*

73. ... *amorçando...* p. 102, v. 30.
Manuscrit : ... *incantando...*

74. ... *deſtrugere...* p. 103, v. 2.
Manuscrit : ... *deſtruere...*

75. ... *brigandior...* p. 103, v. 3.
Manuscrit : ... *ribaldior...*

76. *Egorgant....* p. 103, v. 4.
Manuscrit : *Saſſinat...*

77. *Incagant pretris...* p. 103, v. 29.
Dans le manuscrit on lit après ce vers :

> *Quem brancum Ionnam fratres dixere moderni.*

Ce dernier vers manque dans les imprimés.

78. ... *raſouero...* p. 104, v. 8.
Manuscrit : ... *raʒombo...*

79. ... *lignem...* p. 104, v. 30.
Manuscrit : ... *lignea...*

80. *Ha celuy qui t'a fondue*, p. 111, v. 24.
Ce vers est ainsi dans toutes les éditions. Pour qu'il soit juste il faut compter *celuy* de trois syllabes.

81. *Ode. Sur les recherches de E. Pafquier,* p. 117, ligne 20.

Cette ode a paru pour la première fois au recto du 4ᵉ feuillet liminaire de la première édition des *Recherches de la France,* dont voici la description :

DES

RECHERCHES

DE LA FRANCE

LIVRE PREMIER.

PLVS,

VN POVRPARLER DV PRINCE.

Le tout par Eftienne Pafquier, aduocat en la Cour de Parlement de Paris.

A PARIS,

Pour Vincent Sertenas, tenant fa boutique au Palais, en la galerie par ou on va à la Chancellerie : Et en la rue neuue noftre Dame, à l'enfeigne fainct Iean l'Euangelifte.

1560.

AVEC PRIVILEGE.

In-8°, 8 feuillets liminaires et 100 feuillets chiffrés.

Le privilége de cet ouvrage a été accordé « le dixhuictiefme iour de Ianuier, l'an mil cinq cens cinquante neuf. »

82. ... *la mafque*... p. 118, v. 20.

Ainsi dans les éditions de 1578 et de 1585, et cela n'a rien d'extraordinaire, car ce mot était souvent féminin au XVIᵉ siècle. On trouvera, dans le *Dictionnaire* de M. Littré, des exemples tirés d'Amyot et de Calvin, où il est employé à ce genre ; néanmoins il faut remarquer que dans la première édition il y a : *e mafque.*

83. ... *me haftes*... p. 133, v. 2.

Ainsi dans l'édition de 1592. Celle de 1578 porte, à tort, *ne*.

84. *Sous les fleurs*... p. 134, v. 29.

Ainsi dans l'édition de 1592. Celle de 1578 porte, à tort, *fur*.

85. ... *t'efpoinçonne*... p. 145. v. 29.

Les éditions anciennes portent *l'efpoinçonne* qui nous semble ne point donner de sens raisonnable.

86. ... *enuieux*, p. 154. v. 15.

Ainsi dans l'édition de 1592; *ennuieux* dans celle de 1578.

87. ... *Cynthien*, p. 158, v. 32.

Il faut suivre cette leçon, qui est celle de 1592; 1578 donne *Cythien*. C'est par suite d'une erreur d'impression qu'il y a *Cyrtien* dans notre texte.

88. *Ode. A Monfieur Garnier*, p. 159, ligne 11.

Cette ode a paru pour la première fois au verso du 6ᵉ feuillet de la tragédie dont voici le titre :

CORNELIE,
TRAGEDIE
DE ROB. GARNIER
CONSEILLER DV ROY
au fiege Prefidial & Sene-
chauffee du Maine.
A MONSEIGNEVR DE
RAMBOVILLET.

A PARIS,
De l'Imprimerie de Robert Eftienne.
M. D. LXXIII.
AVEC PRIVILEGE.

In-8º, 40 feuillets chiffrés et 1 blanc.

89. *De celle qui viue étouffee,* p. 159, v. 27.

A la suite de ce vers, on lit dans l'édition originale, en manchette : *Porcie,*
comme après le v. 3 de la p. 160 :
Aux Ombres mefmes des Enfers, *Hippolyte,*
et enfin, ce qui paraît tout à fait superflu, après le v. 5 :
Les iuftes pleurs de Cornelie, *Cornelie.*

90. *A monfieur Palingene, fur la traduction de Sceuole de Saincte-Marthe,* p. 160, ligne 22.

Ainsi dans l'édition de 1578.

Dans « *Les Œuures de Sceuole de Sainte-Marthe...* A Paris, par Mamert Patiffon, Imprimeur du Roy, au logis de Robert Eftienne. M. D. LXXIX. Auec priuilege du Roy » in-4°, le titre est : *A M. Palingene,* ce qui veut dire peut-être simplement *à Marcellus Palingene,* prénom auquel les premiers vers de la pièce font allusion. *Le Palingene de Sceuole de Sainte-Marthe. Contenant vn recueil de plufieurs Difcours tirez du Zodiaque de la vie,* commence au feuillet 45.

91. CHANT D'ALLAIGRESSE *fur la naiffance de Fran. de Gonzague, fils de Monfeigneur de Neuers. Du Latin de M. du Chefne Lecteur du Roy,* p. 161, ligne 6.

Cette pièce a paru d'abord, sans le nom du traducteur, Remy Belleau, dans un petit recueil dont voici la description :

AMPLISSIMÆ
fpei pupulo, Francifco Gon-
Zagæ, *nobiliffimi Principis, Ducis*
Niuernenfis filio.
LEODEGARIVS A QVERCV
Profeffor Regius, hoc Genethliacum
canit.
Chant d'alaigreffe, pris des vers
latins de M. du Chefne,
lecteur du Roy.

Plus vne autre traduction des œuures dudit du Chefne.

Sur la naissance de François de Gonzague,
fils de Monseigneur le Duc de Neuers.
M. D. LXXVI.

In-4°, 4 feuillets non chiffrés.

92. *Fauorisé.*..p. 161, v. 8.
1576 : *Prince cheri*...

93. ...*ces bons*...p. 161, v. 12.
1576 :...*si bons*...

94. *Enfantement*...p. 161, v. 22.
1576 : *Commencement*...

95. *Quand tu voudras bien-né*...p. 162, v. 1.
1576 : *Lors que voudras, bien nay*...

96. ...*deuois*...p. 162, v. 4.
1576 :...*tu dois*...

97. *Beantes l'attendoyent prestes à l'engloutir
Sans le diuin secours qui l'en vint garantir*, p. 162, v. 7 et 8.

1576 : *Beante l'attendoit ia preste à l'engloutir,
Sans le diuin secours qui la vint garentir.*

98. ...*d'vn si beau*...p. 162, v. 12.
1576 :...*du si beau*...

99. ...*chaisnes*...p. 162, v. 18.
1576 :...*chesnes*...

100. IMPRECATIONS *sur la mort du seigneur Loys du Gaz, prises du Latin de M. de PP.*, p. 163, ligne 25.

Louis Béranger du Gaz, ou du Guast, est mort le 31 octobre 1575. Les initiales PP. désignent Vaillant de Guede, abbé de Pimpont.

101. EPITAPHE *d'Anne de Montmorency Conestable de France, du Latin de M. de Pimpont*, p. 166, ligne 15.

Blessé le 10 novembre 1567, au combat de Saint-Denis, Anne de Montmorency succomba le 12 du même mois.

102. EPITAPHE *de Monseigneur le Duc de Guyse*, p. 168, ligne 6.

Voyez la note 142, p. 348.

103. LA BERGERIE, p. 177.

Comme le remarque l'éditeur des *Œuures poëtiques* de 1578, cet ouvrage de Belleau « eſt vn recueil de diuers Poëmes qu'il auoit faiɛts la plus part en ſa grande ieuneſſe, & d'autres en ſon aage plus meür. » Ce recueil a paru en 1565.

M. Gouverneur, qui a eu entre les mains un exemplaire de la publication originale, beaucoup plus curieuse qu'utile, en a donné une description détaillée que nous allons reproduire, mais en renvoyant, pour les textes cités, aux pages de notre édition :

« La rareté de cette édition (qui a échappé aux savantes recherches de M. Brunet) nous engage à en donner sommairement une analyse : Elle porte pour titre : *La Bergerie* de Remy Belleau, à Paris, pour Gilles Gilles, petit in-8° de 127 ff., avec titre encadré dans un frontispice au bas duquel se trouve le chiffre de l'imprimeur M P. (Maurice de La Porte). La dédicace est adressée à monseigneur le marquis d'Elbeuf, comme dans les éditions suivantes. La 1ʳᵉ églogue, dont les interlocuteurs s'appellent Francin et Charlot, se termine après le vers 22 de la page 186. La description reprend à « Ces Bergers, » page 193, puis continue par l'*Ode à la Royne*, intitulée *Ode à la paix* : « Laisse le ciel, belle Astree, » sans variante. L'*Ode au duc de Guiſe* ne commence qu'à la 7ᵉ strophe pour finir après la 17ᵉ. Les vers qui suivent se retrouvent dans l'*Été*, les *Vendanges*, etc.; le *Tombeau du duc de Guiſe* n'offre non plus nulle variante. *La Chaſteté* ne consiste qu'en quelques vers, sans titre et commençant au 27ᵉ vers de la page 225 pour finir au 14ᵉ de la page 227, avec même quelques suppressions. Le joli poème des Vendanges ne comprend que les 40 premiers vers de notre version. La chanson, *Faites-vous la ſourde Macee*, est, sans autre différence que celle du nom de *Francine*, substitué à celui de *Macée* (voyez ci-après, note 161). L'épithalame est sans variante, puis viennent plusieurs sonnets, le portrait de ſa maîtreſſe, disséminés dans la 1ʳᵉ et la 2ᵉ journée de l'édition de 1572. Le *Chant* sur la naissance de monseigneur le marquis du Pont n'offre aucun changement. Puis vient le *Chant des trois Parques*, à la suite duquel est imprimée une mascarade composée par Ronsard à Bar-le-Duc (circonstance qui en motiva sans doute l'insertion) et que le lecteur trouvera au tome IV, p. 134, des Œuvres de Ronsard, édition de M. P. Blanchemin. Quelques sonnets... puis la chanson de *La Vigne*, terminent la Bergerie de 1565, qui, on le voit, présente une foule de regrettables suppressions, notamment celles des gracieuses chansons d'*Avril,* du *Printemps,* de *l'Ode à la Royne,* etc. »

La première édition complète est celle dont voici la description :

LA

BERGERIE

DE R. BELLEAV, DIVI-
SEE EN VNE PREMIERE
& feconde Iournee.

A PARIS,
Chez Gilles Gilles, Rue S. Iean de Latran,
aux trois Couronnes.
1 5 7 2.
AVEC PRIVILEGE DV ROY.

In-8°, 4 feuillets liminaires
106 feuillets chiffrés, 2 feuil-
lets et 110 feuillets chiffrés.

On trouve au verso du titre : IN OVILE R. BELLAEI, signé : PP. Les feuillets liminaires comprennent : 1° la dédicace « *A Monfeigneur Charles de Lorraine,* » que nous avons réimprimée p. 179; 2° *In Remigii Bellaquei Poemata. Io. Auratus Poeta Regius;* 3° *Au lecteur. P. D. Ronfard* (pièce qu'on trouvera dans notre édition des œuvres de ce poëte); 4° *Sonnet,* signé : R. Garnier; 5° *Sur La Bergerie de R. Belleau. Sonnet,* signé : Ph. des Portes.

Les feuillets non chiffrés qui terminent la première journée contiennent : 1° *Deux Sonnets : A l'autheur par Am. Iamyn;* 2° *A monfieur Belleau fur fa Bergerie. Par Eft. Tabourot Dijonnois. Sonnet;* 3° *Extraict du Priuilege du Roy.* Les lettres patentes qui y sont mentionnées sont « Donnees à Blois l'vnziefme iour de Septembre, l'an mil cinq cens feptante & vn ». A la suite de cet extrait, se trouve la cession que Remi

Belleau fait à Gilles Gilles, « le 19. iour de Iuing 1572 » des droits contenus dans ce privilége. *La seconde Iournee* a un titre particulier au verso duquel est un quatrain latin :

In Remigii Bellaquei Buccollica.

signé : « Io. Auratus Poëta Regius. »

104. TENOT, BELLOT, PEROT, p. 183, ligne 10.
Ce dialogue a d'abord paru sous ce titre :

Chant Pastoral
DE LA PAIX.
PAR R. BELLEAV.

A PARIS,
De l'imprimerie d'André Wechel.
1559.
AVEC PRIVILEGE DV ROY.

In-4°, 10 feuillets non chiffrés.

Le « privilege » qui se trouve au dernier feuillet a été donné « A Reins l'vnziesme de Iuing 1557. » Dans cette édition, les deux premiers interlocuteurs ont des noms un peu différents de ceux qu'ils portent dans les suivantes. On lit en tête de la pièce : « Les pasteurs, Bellin, Thoinet, et Perot. » Et ces formes sont employées dans tout le cours de l'ouvrage, sauf un seul endroit (voyez note 117). *Bellin,* ou plus clairement *Bellot,* n'est autre que Belleau lui-même ; *Thoinet* ou *Tenot,* diminutif d'Antoine, désigne Antoine de Baïf ; *Perot,* Pierre de Ronsard, et sur la fin du dialogue sa *Cassandre* figure sous le nom de *Cassandrette.* Dans l'édition originale, le dialogue est fort peu coupé. Bellin, qui le commence, garde la parole jusqu'au dernier vers de la page 185. La première édition a été publiée à l'occasion de la paix de Cateau Cambrésis, et les souverains dont il est question sont Henri II et Philippe II ; dans l'édition de 1572, la pièce célèbre une des trêves conclues entre les catholiques et les protestants ; et les principaux personnages deviennent Charles IX et François de

Guise. Les notes suivantes font connaître les remaniements à l'aide desquels cette substitution s'est opérée.

105. *Hé qui feroit heureux* .. p. 183, v. 5.

1559 : *Hé qui feroit heureux? quant deſſus la campagne,*
Nous voions les foudars & de France & d'Eſpagne
Tous armez s'eſbranler, & pour quelque bon-heur
Cherement acheter vn miſerable honneur.
   Ne voy tu des le tems que noſtre pauure terre
Suporte ſur le dos les meurtres de la guerre,
Qu'a peine & maugré ſoy depite elle produit
Comme par vn deſdain, ſon herbage & ſon fruit?
Ne voy tu...

106. *Prez, monts, iardins...* p. 184, v. 10.
1559 : *Vous mons rochers...*

107. ... *flanc de ces ormes...* p. 184, v. 12.
1559 : ... *front de ces arbres...*

108. ... *Bellot...* p. 184, v. 17.
1559 : ... *Thoinet...*

109. *Des chardons heriſſez en pointes d'aiguillons?* p. 184, v. 22.
1559 : *Les chardons heriſſez de poignans eguillons?*

110. ... *les pis...* p. 184, v. 26.
1559 : . . . *le pis...*

111. *Qu'y ferons-nous, Bellot?...* p. 185, v. 21.
1559 : *Que ferons nous Thoinet?...*
Dans cette édition, ce nom est bien placé, puisque le monologue de *Bellin* continue ; mais, quoique depuis il ait été coupé, le nom de *Tenot* est resté par erreur dans l'édition de 1572 et dans les suivantes.

112. ... *ſe dérobe ma vois.* p. 185, v. dernier.
1559 : ... *s'eſt derobé ta voix.*

113. *Il m'en deſplaiſt, Bellot, & s'y i'euſſe penſé,* p. 186, v. 11.
Ce vers et le suivant ne se trouvent pas dans l'édition de 1559.

114. *Car lors que ie l'enflay...* p. 186, v. 13.
1559 : *Et lors que ie l'enflai...*

115. ... *la fontaine*
  Qui prend son nom d'Hercule... p. 187, v. 18 et 19.
Arcueil, ou Hercueil, comme on disait alors.
Voyez : Œuvres d'Estienne Iodelle, t. I, p. xx.

116. ... *rend si doux ombrage*, p. 187, v. 23.
1559 : ... *fait si bel ombrage.*

117. *Bellin t'escoutera...* p. 188, v. 22.
1559 : ... *te respondra...*
Ce passage est le seul où la forme Bellin n'ait pas été remplacée par Bellot.

118. *Le Berger plus deuôt...* p. 188, v. 30.
1559 : *Lors Thoinet plus deuot...*

119. ... *lon voye vne saison pouffee*, p. 190, v. 4.
1559 : ... *l'on voie vne saison dorée.*

120. *Si que le ciel, & la terre engroffee*, p. 190. v. 6.
1559 : *Et que le ciel & la terre honorée.*

121. ... CHARLES *nostre grand Roy*, p. 190, v. 23.
1559 : ... *la magesté d'vn Roy.*

122. ... *par les yeux d'vne face diuine*, p. 190, v. 28.
1559 : ... *des beaux yeux d'vne beauté diuine.*

123. ... *nous relachant...* p. 190, v. 33.
1559 : ... *& leur laches...*

124. *De lauriers verds ce grand Roy des François,*
  Roy le plus grand de ceste basse terre, p. 191, v. 7 et 8.
1559 : *De lauriers vertz le front de ces deux Roys,*
  Roys les plus grandz, de cette basse terre.

125. *L'vn à ce Roy dont les vertus entieres*
  Et la vaillance... p. 191, v. dernier, et p. 192, v. 1.
1559 : *L'vn à cellui dont les vertus entieres*
  Et la faconde...

126. *Pour sa grandeur...* p. 192, v. 4.
1559 : *En son honneur...*

127. *De ce grand Roy...* p. 192, v. 6.
1559 : *De son merite...*

128. ... *la fage ieuneffe,*
   Le meur confeil, la vaillance & le bras, p. 192, v. 8 et 9.
1559 : ... *la fage vieilleffe,*
   Le meur confeil efprouué de noʒ Roys.

129. ... *entre les peuples bas,* p. 192, v. 11.
1559 : ... *au millieu des François.*

130. *Tant que leurs preʒ & leur terre arrofee*
   Soyent à iamais d'vn printemps eternel. p. 192, v. 18 et 19.

Tel est le texte dans toutes les éditions. Le participe *arrofee* s'accorde seulement avec *terre,* qui le précède, tandis que *foyent* se rapporte à *preʒ* et à *terre.* C'est une de ces constructions hardies que les langues anciennes souffrent plus volontiers que la nôtre et qu'il eût été bon de ne pas imiter.

131. ... *pour auoir...* p. 192, v. 34.
1559 : ...*fans auoir...*

132. A Monseignevr le dvc de Gvyse, Ode. p. 196, ligne 20.
L'édition originale de cette pièce a pour titre :

ODE
Préfentée à monfei-
GNEVR LE DVC
DE GVYSE A SON
retour de Calais.
PAR R. BELLEAV.

A PARIS,
De l'Imprimerie d'André Wechel.
1 5 5 8.
AVEC PRIVILEGE.

In-4º, 4 feuillets non chiffrés.

133. AVRIL, p. 201, ligne 12.

Cette jolie pièce ne se trouve pas dans la **première édition** de *La Bergerie* (voyez note 103, p. 341); elle n'a été insérée que dans la seconde. Elle figure, sans nom d'auteur, au commencement d'un « Recueil de poésies du xvie siècle » qui porte le n° 842 dans le *Catalogue des manuscrits français, ancien fonds* de la Bibliothèque nationale. Ce texte présente quelques variantes que nous avons relevées dans les notes suivantes.

134 *Dreſſent encor és foreſts*
　　Des doux rets, p. 201, v. 16 et 17.

Manuscrit : *Dreſſent encor des aretz*
　　Et des retz.

135. *De Cypris,*
Le flair & la douce haleine, p. 202, v. 12 et 13.
Manuscrit : *De Cypris*
　　Et des aleines molettes.

136. ... *de la plaine,* p. 202, v. 16.
Manuscrit : ... *des fleurettes.*

137. *Decoupe deſſous l'ombrage,* p. 202, v. 31.
Manuscrit : *Decouppe au frais de l'ombrage.*

138. *May vantera ſes fraiſcheurs,*
　　Ses fruiɕts meurs, p. 203, v. 9 et 10.
Manuscrit : *May vantera ſes fruiɕtz meurs*
　　Ses chaleurs.

139. MAY, p. 203, ligne 25.

Le manuscrit que nous venons de décrire (note 133) contient, à la suite de l'*Auril,* une pièce intitulée *May,* qui n'a avec celle-ci d'autre rapport que l'identité de titre et de rhythme. Est-ce une première rédaction de Belleau, dont il n'aurait rien conservé? Cela paraît bien peu probable. J'y verrais plus volontiers un morceau supprimé comme formant longueur et soigneusement conservé par quelque amateur du poëte. Il se pourrait fort bien aussi que ce fût là un essai d'un contemporain désireux de s'exercer sur le même sujet que Belleau, dans le rhythme choisi par lui. En tout cas il nous a paru intéressant de recueillir cette pièce, qui n'est pas sans quelque mérite.

MAY.

Mere d'Amour Venus la belle
Que n'as tu pris en ta tutelle
Du beau may le mois vigoureux?
Si l'Auril a pris ton cœur tendre,
Au moins ton filz Amour deût prendre
Du doux May le temps amoureux.
Car May non ſeulement deuance
Auril en douceur & plaiſance,
Mais ſeul encores il vaut mieux
Que tout le reſte que l'an dure,
Gâté de chaud ou de froidure,
Tant ce mois eſt delicieux.
May le plus beau mois de l'année
Montre ta teſte coronnée
D'vn printemps d'odorantes fleurs,
Mene ta bande d'alegreſſe,
Le ris la dance la ieuneſſe
Chaſſe le ſoin & les douleurs.
Bien qu'Auril de Venus ſe louë
Qui le celebre & qui l'auouë,
Si le ſurpaſſes-tu dautant
Que le bouton clos de la roſe
Eſt moindre que la roſe ecloze,
Qui ſa fleur au ſoleil eſtend :
Dautant que la frêlle eſperance
Eſt moindre que la iouiſſance
Entre deux amans bien apris :
Dautant que madame ſurpaſſe
Parfete en toute bonne grace
Les beautez de plus rare pris.

140. *Des rateaux edentez il replante des dents :*
   L'autre de franc ozier tortille des liens, p. 207, v. 15 et 16.
Cette rime indique qu'on prononçait *lians*. Du reste on écrivait souvent ce mot de la sorte.

141. *Adieu troupeau petit, à Dieu huraut qui donte*
   Les loups plus affamez... p. 211, v. 14 et 15.
M. Gouverneur met une majuscule au mot Huraut, et en fait le nom du chancelier « Philippe Huraut, comte de Cheverny, l'un

des protecteurs de Remy Belleau ». L'observation est juste au fond ; il faut remarquer toutefois que, dans toutes les éditions, *huraut* est imprimé sans capitale, que, c'est un nom commun qui désigne un chien de forte taille, capable de défendre un troupeau (voyez Cotgrave, Dictionnaire français-anglais), et que ce n'est que par suite d'une allusion, d'ailleurs fort transparente, qu'il désigne ici Philippe Hurault.

142. Tombeav de monseignevr François de Lorraine, *Duc de Guife, & Pair de France*, p. 215, ligne 4.

C'est, comme on le sait, le 18 février 1563 que le duc de Guise a été tué devant Orléans par Poltrot de Méré. Remy Belleau a écrit à cette occasion une *Epitaphe* (voyez p. 166) et un *Tombeau* qui se trouve au recto du 10ᵉ feuillet d'un petit recueil publié en 1566, et dont voici la description :

LARMES SVR

le Trefpas de Monfeigneur

RENE' DE LORRAINE, ET DE

MADAME LOVYSE DE RIEVX

Marquis & Marquife
d'Elbeuf.

ENSEMBLE LE TOMBEAV DE

Monfeigneur François de Lorraine Duc de Guyfe
& Pair de France.

PAR R. BELLEAV.

A PARIS,
Chez Gabriel Buon, au clos Bruneau
à l'enfeigne S. Claude.

1566.

In-4°, 14 feuillets chiffrés.

Les deux premières pièces ont été insérées par Remy Belleau dans La ſeconde iournee de la Bergerie, où nous les retrouverons. Au verso du feuillet 13 est un sonnet de Jean-Antoine de Baïf, qui a pour titre : Svr les larmes de R. Belleav. I. A. D. B. ; nous le publierons dans les œuvres de Baïf.

Enfin, au feuillet 14, vient une inscription latine en prose, consacrée aux Guise, en ces termes :

FRANCISCI GVISII MAIORIS, EXERCITVVM PATRIS, FRANCISCI MINORIS, ET RENATI, LOTARINGORVM CLASSI PRAEFECTORVM, FRATRVM AETERNAE MEMORIAE.

Elle est signée : R Bellaqueus PP. B. M. m. P.

143. ... *ce qu'au fond*... p. 215, v. 17.
Ce qu'au pour *ce qui au*.

144. ... *prophetes oiſeaux*, p. 215, v. 26.
Cette leçon est celle de toutes les éditions anciennes ; néanmoins M. Gouverneur a mis, ici comme plus haut (voyez note 65), *prophanes* au lieu de *prophetes*.

145. ... *œillarder*... p. 217, v. 33.
Œillader dans les premières éditions, *œillarder* dans celle de 1578. Cette forme figure dans le Dictionnaire français-anglais de Cotgrave, qui l'indique comme un équivalent d'*œillader*.

146. ... *ſoudars*, p. 219, v. 17.
1566 : ... *ſoldars*.

147. La Chasteté, p. 221, ligne 17.
Cette pièce a paru sous le titre de : *La Verité fugitiue*, dans le petit recueil suivant (Bibliothèque de l'Arsenal, n° 6525) :

L'INNOCENCE

PRISONNIERE,

L'INNOCENCE TRIOM-

phante,

LA VERITE' FVGITIVE,

A MONSEIGNEVR
le Prince de Condé.

M. D. LXI.

In-4°, 15 feuillets non chiffrés
et 1 feuillet blanc.

Il n'a ni pagination, ni nom d'auteur, ni adresse. Ces trois pièces étaient dédiées à Louis de Bourbon, prince de Condé, seigneur de Nogent-le-Rotrou, patrie de Remy Belleau, à l'occasion de son arrestation en 1560, aux États généraux d'Orléans, de sa condamnation à mort et de sa mise en liberté. *L'Innocence prifonniere* et *L'Innocence triomphante* ont été placées, sous les titres de *Complainte* et de *Chant de triomphe*, dans *La feconde iournee de la Bergerie*, où nous les retrouverons. Un long passage de *La Verité fugitiue*, supprimé dans *La Chafteté*, est très-favorable aux idées protestantes. Voyez note 157.

L'année même où ce recueil paraissait, Florent Chrétien a fait une traduction latine de *La Verité fugitiue*, sous ce titre : *Sylua, cui titulus Veritas fugiens, Ex. R. Bellaquei Gallicis verfibus Latina facta, a Florente Chriftiano Aurelio. Ad illuftriff. & fapientiff. Principem Condæum, Ludouicum Borbonium.* — Lutetiæ, Ex officina Roberti Stephani Typographi Regij. M. D. LXI. — In-4°, 6 feuillets non chiffrés.

148. ... *claire*... p. 222, v. 27.
1561 : ... *belle*...

149. ... *arcades*... p. 222, v. 35.
1561 : ... *couronne*...

150. ... *fouefuement*... p. 223, v. 10.
1561 : ... *doucement*...

151. *La Chafteté, qui iamais ne fommeille,*
En defillant la paupiere & les yeux
Se met en fuitte... p. 225, v. 12-14.
1561 : *Et Chafteté qui iamais ne fommeille*
Vient defiller fa paupiere & fes yeux,
La met en fuyte...

152. ... & *fillonnant*... p. 225, v. 16.
1561 : ... *va fillonnant*...

153. *Dreſſe*... p. 225, v. 18.
Dreſſant...

154. ... *maiſtreſſe?* p. 225, v. 27.
1561 : ... *Deeſſe?*

155. *Venez à moy*... p. 225, v. 28.
1561. *Retournez vous.*

156. ... *viue*... p. 226, v. 30.
1561 : ... *ſeule*...

157. *Des vents ſourdauts il ſeme ſes parolles*, p. 227, v. 16.
Après ce vers, vient dans l'édition de 1561 le morceau suivant, supprimé dans toutes les éditions de *La Bergerie* et des *Œuures poetiques* :

> *Pauure Berger, il fault attendre encor*
> *Les iours heureux d'vn autre ſiecle d'or :*
> *La Verité ne veult eſtre forcee,*
> *Iacob en eut vne cuiſſe froiſſee,*
> *Quand pour tirer du Ciel la Verité,*
> *Il vint en lutte auec la Maieſté*
> *De ce grand Dieu, depuis la nuict brunette,*
> *Iuſques à tant que l'Aube vermeillette*
> *Du iour poignant, le ſalüaſt vainqueur,*
> *Et le beneiſt des graces du Seigneur.*
>   *Simon qui prend le ſurnom de Magie,*
> *Penſant rauir ceſte grace eſlargie*
> *Sur Iſraël, pour la mieux efforcer,*
> *Au pois de l'or la vouloit balancer :*
> *Mais vn tel bien ne ſe met point en vente :*
> *Il fault combatre, & que noſtre ame exempte*
> *De paſſions, inuoque le Seigneur,*
> *Auant qu'elle entre & campe dans vn cueur.*
>   *Fay donc Seigneur, fay Seigneur qu'elle ſorte*
> *De ces defers, par la puiſſance forte*
> *De ton ſainct nom, de long temps irrité,*
> *Pour nous monſtrer ta fille Verité :*
> *Ta fille, làs! au plus creux recelee*
> *De ces foreſts, & de nous reculee*
> *Et de nos yeux, ſillez d'vn noir bandeau,*
> *Que l'Ignorance a filé au fuzeau,*

>   Et de ſes dois ourdi l'eſpeſſe trame,
>   Pour faire vn voille aux deſirs de noſtre ame,
>   De ſi long temps priſonniere en la nuict
>   De faulſe erreur, qui l'aueugle & ſeduit :
>   Mais qui vaincra, car d'autant qu'on s'efforce
>   A l'oppreſſer, elle double ſa force,
>   Opiniaſtre, ainſi que le rameau
>   D'vn vert palmier, ſous vn peſant fardeau.
>   Doncques Seigneur, monſtre toy fauorable
>   A ce berger, & d'vn œil pitoyable,
>   Regarde ceux, qui maugré les peruers,
>   Vont confeſſant ton nom par l'vniuers,
>   Qui de leur ſang vont ſignant la memoire
>   Dedans le Ciel, des effects de ta gloire :
>   Qui vont fondant leur rampart & leur fort
>   En toy, Seigneur, par vne heureuſe mort :
>   Qui vont cherchant par la trace cruelle
>   La Verité qui iamais ne chancelle :
>   Mais qui s'oppoſe aux perilleux torments,
>   Comme vn rocher à la fureur des vents.

158. ... *chambre*, p. 228, ligne 31.

Ainſi dans toutes les éditions. Des formes analogues existent dans plusieurs dialectes. Le chanvre se nomme *cambre* en normand (*Histoire et Glossaire du Normand...* par Édouard le Héricher, tome II, p. 217) et en provençal (*Lexique roman...* par M. Raynouard, tome I, p. 309, col. 2).

159. Vendangevrs, p. 229, ligne 11.
1572. Vendanges.

160. ... *perdriau*... p. 234, v. 15.

Ainſi dans 1572. Les éditions posthumes donnent *perdreau*, qui rend le vers faux.

161. ... *Macee?* p. 236, v. 14.

A entendre M. Gouverneur, dans l'édition de 1565, « la chanson *Faites-vous la ſourde Macee*, est sans autre différence que celle du nom de *Francine*, substitué à celui de *Macée*. » (voyez ci-dessus, p. 340). La nécessité de la rime exige cependant que le quatrième vers de la pièce présente également une variante.

162. Epithalame de Monseignevr le Dvc de Lorraine & de Madame Claude... p. 238, ligne 13.

Le mariage de Charles de Lorraine et de Claude de France a été célébré en 1558. L'*Epithalame* de Remy Belleau a paru d'abord sous le titre suivant :

EPITHALAME
SVR LE MARIAGE
DE MONSEIGNEVR LE
DVC DE LORRAINE,

& de Madame Claude
Fille du Roy.

 CHANTE' PAR LES
Nymphes de Seine, & de Meufe.
PAR R. BELLEAV.

A PARIS,
Chéz André Wechel, rue Sainct Iean de Beauuais, à l'enfeigne du cheual volant.

1559

Auec priuilege du Roy.

In-4°, 15 pages.

163. ... *azur*, p. 239, v. 11.

Il y a dans l'édition de 1559 *azeur* au lieu d'*azur*, pour mieux indiquer aux yeux la rime de ce mot avec *fœur*. Voyez la note 24.

164. *Le Portrait de fa Maiftreffe*, p. 260, ligne 1.

C'est le développement de la traduction d'une des *Odes d'Anacréon*. Plusieurs vers sont communs aux deux pièces. Voyez p. 24.

165. . . . . *i'ay peur*
    Que ton art dérobe l'honneur
    De ces montagnes iumelettes, p. 264, v. 1-3.

Le sens nous a engagé à substituer *art* à *arc*, qui, nous devons le remarquer, se trouve dans toutes les éditions originales ; mais nous tenons à conserver au moins ici le souvenir de cette orthographe. *Arc* pour *art* doit être rapproché de *luc* pour *lut* et de *nic* pour *nid*. Voyez note 2, p. 326.

166. CHANT D'ALLAIGRESSE SVR LA NAISSANCE DE MONSEIGNEVR le Marquis du Pont Henry de Lorraine, p. 285, ligne 1.

Ce prince est né en 1563, du mariage que Remy Belleau avait célébré dans l'*épithalame* dont nous avons parlé note 162.

167. TOINET, BELLIN, PEROT, p. 293, ligne 1.

La première partie de cette églogue a paru d'abord sous le titre suivant

CHANT PASTORAL
SVR LA MORT DE IOA-
CHIM DV BELLAY ANGEVIN.

Par

REMI BELLEAV.

A PARIS

De l'Imprimerie de Robert Eſtienne.

M. D. LX.

In-4°, 8 feuillets non chiffrés.

Ce chant, réimprimé en 1566, dans le même format, chez le même libraire, a été recueilli à la suite des *Œuures poëtiques* de du Bellay, par son ami Aubert, parmi les pièces qui forment le *Tombeau* du poëte. Ce recueil, dont la première édition est de 1568, a été souvent réimprimé.

Les personnages du *Chant paſtoral* sont ainsi indiqués : Les *paſteurs, Thoinet. Bellin. Et An. Be. Nymphe de la Seine.*

168. ... *de canne*... p. 293, v. 13.
1560 et 1568 : ... *d'auoine*...

169. ... *proprement*... p. 293, v. 18.
1568 : ... *promptement*...

170. ... *tu n'as pàs...* p. 293, v. 25.
1568 : ... *tu n'as point...*

171. *Comme il faut donner vent...* p. 294, v. 1.
1568 : *L'entonner doucement...*

172. ... *le pipeau...* p. 294, v. 9.
1560 et 1568 : ... *leur pipeau...*

173. *De forger leur fortune...* p. 294, v. 18.
1560 et 1568 : *De trouuer la fortune.*

174. ... *fauoriſe...* p. 294, v. 25.
1560 et 1568 : ... *fauorit...*
Favorit, troisième personne du présent de l'indicatif du vieux verbe *favorir* qui n'a laissé qu'une seule trace dans la langue actuelle : l'adjectif féminin *favorite*, ancien participe passé de ce verbe.

175. *Mais ie te pry, Toinet, laiſſons-là les complaintes,* p. 294, v. 27.
Dans l'édition de 1568 on lit :
Mais qu'eſt-ce que ie ſens? las ie voy ce me ſemble
Au bord de ce ruiſſeau, à l'ombre de ce Tremble;
et la variante continue comme elle est indiquée ci-après p. 356, note 185. Dans l'édition de 1560 la pièce est ici entièrement conforme à notre texte.

176 : *Que ne coule...* p. 295, v. 14.
1560. *Qui ne coule...*
Qui est ici pour *qu'il*, conformément à la prononciation du temps, ainsi que nous l'avons déjà rencontré souvent.

177. ... *de roſes & de fleurs,* p. 295, v. 16.
1560 : ... *de cent ſortes de fleurs.*

178. ... *de çà de là...* p. 295, v. 22.
1560 : ... *de ça & la...*

179. *Emportant...* p. 295, v. 23.
1560 : *Empourprant...*

180. *Qu'elle ſouloit baiſant meſler...* p. 295, v. 32.
1560 : *Qu'ell' ſouloit en baiſant tremper...*

181. ... *lezards*, p. 296, v. 26.
1560 : ... *lizards*.

182. *Se flechit*... p. 297, v. 3.
1560 : *Ell' flechit*...

183. ... *fur la pointe*... p. 297, v. 9.
1560 : ... *en leur pointe*...

184. ... *ouurier*... p. 297, v. 27.
1560 : ... *Bougard*...

185. *Au bord de ce ruiffeau, à l'ombre de ce Tremble*, p. 297, v. 32.

Après ce vers vient, dans les diverses éditions du *Chant pastoral*, le morceau suivant, que nous donnons d'après 1560 :

> Quelque diuinité : car vne horreur ie fens,
> Qui me fait heriffer, & chanceler mes fens,
> Vne froide fueur s'efcoule dans mes veines,
> Qui me glace le fang, les chofes ne font vaines.

BELLIN.

> Le prefage eft certain, car ie fens comme toy
> Rouler vne frayeur hault & bas dedans moy :
> I'ay crainte que ce iour ne couue que trifteffe.

THOINET.

> Hà, Bellin, ie la voy, hà, c'eft vne Deeffe,
> Ie recognoy fes pas, fon vifage & fa voix.
> Il y a du malheur efpandu par ces bois,
> Car elle eft des bergers meffagere fidelle :
> Mais toufiours apportant quelque trifte nouuelle.

BELLIN.

> Ha Pan, dieu des forefts, oncques ie n'eus ceft heur
> De receuoir de toy quelque douce faueur,
> Contre le ciel defpit ta puiffance eft mal feure :
> Nous auions entrepris de chanter par gageure
> L'vn à l'autre à l'enuy, mais toufiours le Deftin
> Sur le point du plaifir nous tranche le chemin.

THOINET.

> Approchons mon Bellin, les dieux font accoftables,
> Nous entendrons au vray ces plaintes lamentables.

Dans l'édition de 1568, et dans le *Tombeau* de Du Bellay, les noms des interlocuteurs sont intervertis; on lit *Thoinet* partout où il y a *Bellin* et réciproquement.

Ici viennent, dans le *Chant paſtoral,* les plaintes de la nymphe, que nous retrouverons dans *La ſeconde iournee de la Bergerie.*

186. TOINET, p. 301, ligne 24.

Ce quatrain est, comme le précédent, accompagné dans toutes les éditions du nom de *Toinet,* pour indiquer qu'il les dit tous les deux. D'après les habitudes de la typographie actuelle on supprimerait toute indication de nom en tête du second quatrain. C'est probablement pour la satisfaction de l'œil qu'on a voulu que chaque quatrain fût surmonté d'un nom.

TABLE DES MATIÈRES

CONTENUES DANS LE PREMIER VOLUME.

	Pages.
Notice biographique sur Remy Belleau	1
Au lecteur	XVII

LES ODES D'ANACREON.

Au Seigneur Iules Gaffot, Secretaire du Roy.	3
Que fa lyre ne veut chanter que d'Amours.	7
Que Nature a donné vne particuliere force & vertu à chacun	8
Songe ou Deuis d'Anacreon & d'Amour.	8
De faire honnefte chere pendant qu'on vit.	9
La Rofe.	10
Qu'il faut dancer & boire.	11
Qu'Amour l'importune d'aimer	11
Songe.	12
La Colombe & le Paffant	12
D'vn image d'Amour fait en cire.	14
Excufe de fa vieilleffe aux dames.	14
L'Arondelle	15
Qu'il veut folaftrement boire.	15
Qu'il eft vaincu d'Amour	16
Le dépris de Richeffe.	17
Qu'il ne veut chanter que de s'amie.	17
La façon d'vn vafe d'argent	18

TABLE DES MATIÈRES.

	Pages.
Autre façon de vafe.	18
Qu'il faut boire par neceffité.	19
Qu'il fe voudroit voir transformé en tout ce qui touche fa Maiftreffe.	20
Or fus filles que lon me donne.	20
Ce qu'il veut pres l'image de fon Bathyl.	21
Que la Richeffe ne peut rien contre la Mort	21
De viure gayement.	22
Du plaifir qu'il a de boire.	22
Le mefme.	23
Le mefme.	24
Le pourtrait de fa Maiftreffe.	24
Le pourtrait de Bathylle.	25
Qu'Amour eft prifonnier de la Beauté, & feruiteur des Mufes.	27
Qu'il ne veut d'autres armes que le vin.	28
Le nombre infini de fes amours.	28
L'Arondelle.	29
A fa maiftreffe.	30
Sur vn tableau du rauiffement d'Europe.	30
Qu'il ne veut apprendre qu'à boire & non de fuiure le barreau.	31
Defcription du Printemps.	31
Qu'il boit mieux vieillard que les ieunes.	32
Du plaifir de boire.	33
D'Amour picqué d'vne mouche à miel.	34
Hymne à Bacchus	34
Comme il veut viure.	35
La Cigalle.	36
Songe de l'Amour.	37
Les fleches d'Amour.	38
Que c'eft grand malheur d'aimer & de n'aimer point.	38
I'aime la gaillarde vieilleffe.	39
Donnez moy la lyre d'Homere.	39
Le portrait d'vn payfage.	39
Efiouiffance de la prochaine vandange.	40
La façon d'vn baffin d'argent, où Venus iffant de la mer eftoit enleuee.	41
Defcription des vandanges.	42
Les louanges de la Rofe.	43
De foymefme	45
Qu'on cognoift les amoureux.	45

TABLE DES MATIÈRES.

	Pages.
Traduction d'vne ode de Sapphon.	46

PETITES INVENTIONS ET AVTRES POESIES.

L'Heure.	47
Le Papillon	50
Le Coral	53
L'Huiftre	56
Le Pinceau	58
L'Efcargot.	60
L'Ombre	64
La Tortue.	66
Le Ver luifant de nuict	70
La Cerife	71
Election de fa demeure	78
Les Cornes	83
Epigramme	88
A fa maiftreffe.	88
Complainte du feu d'Amour	88
Sur des graines femees par vne damoifelle qui ne pouuoient leuer ny croiftre	89
Sonnet.	91
Chant de triomphe fur la victoire en la bataille de Moncontour.	91
Dictamen metrificum de bello Huguenotico & Reiftrorum piglamine, ad fodales	101
Le Mulet.	108
Sur l'importunité d'vne Cloche.	111
Sur la maladie de fa maiftreffe.	115
A fa maiftreffe.	117
Ode. Sur les recherches de E. Pafquier	117
De la perte d'vn baifer de fa maiftreffe	120
Chanfon.	122
Complainte, fur la mort d'vne maiftreffe.	124
Le Defir.	127
D'vn bouquet ennoyé le Mercredy des Cendres.	128
A fa maiftreffe.	129
La Nuict.	130
D'vne dame	133
Elle mefme.	133
De la bleffeure d'Amour.	134
Chanfon.	136

	Pages.
Chanſon.	137
Complainte	139
Amour medecin	140
Sonnets.	141
Quand i'entreuoy ceſte eſpaule auancee	141
Ie fuy comme la mort ceſte vieille importune.	141
A ſa maiſtreſſe (Sonnets)	142
Sur vne Lettre bruſlee.	145
(Sonnets)	145
Vous me dites ſans fin, & le tiens pour le ſeur.	145
Deux ans ſont ia paſſez, vous le ſçauez Maiſtreſſe	146
Maiſtreſſe croyez moy ie ne ſuis point menteur	146
Douce mere d'Amour, mais farouche & cruelle.	147
Depuis que ie baiſé ta bouche vermeillette.	147
Euſſé-ie autant de fois baiſé ta bouche tendre	148
Vous me dites ſans fin que ce n'eſt la ſaiſon	148
Cartel. Des Cheualiers d'Amour	149
Cartel.	150
Cartel.	151
Cartel.	152
A l'Amour.	153
Ode. A Monſieur Garnier	159
A Monſieur Palingene, ſur la traduction de Sceuole de Saincte-Marthe.	160
Chant d'allaigreſſe ſur la naiſſance de Fran. de Gonzague, fils de Monſeigneur de Neuers	161
Au ſieur Salomon.	162
Dialogue.	163
Imprecations ſur la mort du ſeigneur Loys du Gaz, priſes du Latin de M. de PP.	163
Epitaphe d'Anne de Montmorency Coneſtable de France.	166
Epitaphe de Monſeigneur le Duc de Guyſe.	168
Epitaphe du Baron de Santonay	170
L'ombre du ſieur de Sillac aux ſoldats François.	170
Contre l'Amour.	171
Priere à Dieu	172
Au Roy, ſur vn Crucefix peint dans ſes heures ſortant d'vn ſepulchre (Sonnets).	175

LA BERGERIE.

                                                                                            Pages.

A Monseigneur Charles de Lorraine Marquis d'Elbeuf. . 179

La premiere iournee de la Bergerie.

Tenot, Bellot, Perot 183
Chant de la paix. 189
Ode à la Royne, pour la paix. 194
A Monseigneur le Duc de Guyse, Ode. 196
Auril. 201
May 203
L'Esté. 207
Epitaphe 214
Tombeau de Monseigneur François de Lorraine, Duc de
    Guise, & Pair de France. 215
La Chasteté 221
Vendangeurs. L'Amour Rustique 229
Epithalame de Monseigneur le Duc de Lorraine, & de Ma-
    dame Claude fille du tres-chrestien Roy Henri II. . . . 238
Vœu à l'Amour (Sonnets). 252
Le Portrait de sa Maistresse. 260
Chant d'allaigresse sur la naissance de Monseigneur le Mar-
    quis du Pont Henry de Lorraine 285
Toinet, Bellin, Perot 293
Chanson. 305

Notes. 317

ACHEVÉ D'IMPRIMER
LE QUINZE MARS MIL HUIT CENT SOIXANTE-DIX-SEPT
PAR A. QUANTIN
ANCIENNE MAISON J. CLAYE
POUR A. LEMERRE, LIBRAIRE
A PARIS

34-70
201-268

www.ingramcontent.com/pod-product-compliance
Lightning Source LLC
Chambersburg PA
CBHW052034230426
43671CB00011B/1640